工业物联网技术与应用研究

李鑫 著

天津出版传媒集团
天津科学技术出版社

图书在版编目(CIP)数据

工业物联网技术与应用研究 / 李鑫著. -- 天津：天津科学技术出版社，2022.7

ISBN 978-7-5742-0255-9

Ⅰ.①工… Ⅱ.①李… Ⅲ.①物联网－应用－工业企业管理 Ⅳ.①F406-39

中国版本图书馆 CIP 数据核字(2022)第 112564 号

工业物联网技术与应用研究
GONGYE WULIANWANG JISHU YU YINGYONG YANJIU

责任编辑：王 璐

出　　版：	天津出版传媒集团 天津科学技术出版社
地　　址：	天津市西康路 35 号
邮　　编：	300051
电　　话：	(022)23332399
网　　址：	www.tjkjcbs.com.cn
发　　行：	新华书店经销
印　　刷：	北京银祥印刷有限公司

开本 710×1000　1/16　印张 14.5　字数 261 000
2022 年 7 月第 1 版第 1 次印刷
定价：58.00 元

前　言

工业物联网亦称工业无线,是一种在实时性与确定性、可靠性与环境适应性、互操作性与安全性、移动性与组网灵活性等方面满足工业自动化应用需求的无线通信技术,为现场仪表、控制设备和操作人员间的信息交互提供了一种低成本的有效手段,为工业生产提供了低成本、高可靠、高灵活的新一代泛在制造信息系统,是影响未来制造业发展的革命性技术,也是降低成本、提高自动化系统应用范围的最有潜力技术,更是未来几年工业自动化产品新的增长点。

2015 年我国提出智能制造战略,传统行业各细分领域的头部企业纷纷开始工业物联网项目试点,期望能够及时布局,保持自己在行业的领先优势。同时,工业物联网的应用领域也在不断拓展,工厂之外的智慧楼宇、城市管理、物流运输、智能仓储、公共交通等领域亦产生了大量工业物联网应用场景。

工业物联网,以德国工业 4.0 和美国工业互联网所确立的网络物理系统(CPS)为代表,将具有监控、感知能力的传感器或控制器、移动通信、云计算、大数据等技术融入到生产过程中,从而提高生产效率,降低生产成本,改善产品质量,最终完成传统工业向智能化方向的转型。

工业物联网主要强调在制造业生产方面的应用,并且在能源、运输、工业控制等方面对整体运行的安全性有着比物联网更高的要求。相比于普通物联网更多关注消费领域,工业物联网建立在工业基础设施上,用于提升而非替代原有工业生产设备。

根据 PwC(普华永道)数据显示,35% 制造业已经采用智能化的传感器,10% 预计将在 1 年内安装,8% 预计 3 年内完成安装。2022 年物联网设备预计达到 44

亿台,价值30亿美元,预计创收76亿美元。

近年来,工业物联网持续高速增长。Accenture(埃森哲科技公司)的研究报告指出,全球工业物联网市场规模将在2022年超过5000亿美元。基于目前投入水平分析,预计工业物联网在2030年将为世界经济带来至少10万亿美元。

纵观国际物联网产业的发展经历,世界范围内物联网呈现出蓬勃发展趋势。然而,因各国的信息化程度与工业基础各有不同,各国工业物联网技术发展上也存在差异。其中,发达国家在某些方面有着无可比拟的优势,因此分析它们的工业物联网发展现状有着重要的借鉴意义。

本书以工业物联网关键技术问题和与具有自主知识产权的技术积累为基础,在对工业物联网以及其关键技术进行详细介绍的基础上,系统地研究了工业物联网关键技术以及工业物联网体系架构研究。进而从工业物联网的边缘计算、安全建构和云计算三个方面进行技术性的分析。本书的编写遵循从理论到实践的思路,将工业物联网及其应用技术进行系统地研究与知识架构。本书对高校物联网专业的师生以及工业物联网领域的相关工作者的学习具有重要的参考价值。

本书在编写的过程中参考了大量的资料,在此对相关作者表示由衷感谢,由于本人水平有限,书中难免存在疏漏之处,敬请读者批评指正。

作者

2022年6月

目 录

第一章 工业物联网概述 ………………………………………………… 1
 第一节 物联网起源与内涵 …………………………………………… 1
 第二节 工业物联网起源与内涵 ……………………………………… 5
 第三节 工业物联网的逻辑结构体系 ………………………………… 9
 第四节 工业物联网与工业自动化的区别 …………………………… 12
 第五节 工业物联网的构建原则 ……………………………………… 14
 第六节 工业物联网与万维网的异同 ………………………………… 16

第二章 工业物联网体系架构研究 ……………………………………… 18
 第一节 工业物联网攻击、对策和威胁模型初探 …………………… 18
 第二节 从业务视角到体系架构 ……………………………………… 22
 第三节 关于工业物联网体系构建的思考 …………………………… 27
 第四节 工业物联网技术趋势 ………………………………………… 30
 第五节 工业物联网数据流 …………………………………………… 33
 第六节 工业物联网网络连接 ………………………………………… 36

第三章 工业物联网关键技术 …………………………………………… 74
 第一节 工业物联网关键技术分析 …………………………………… 74
 第二节 工业无线网络的精确时间同步方法 ………………………… 76
 第三节 工业无线网络的确定性调度机制 …………………………… 82
 第四节 基于确定性调度的工业无线网络 Mesh 路由 ……………… 90

第五节 基于时隙通信的自适应跳信道方法 …………………… 96

第六节 工业无线网络的冗余路径建立方法 …………………… 104

第七节 基于轻量级加密算法的安全通信方法 ………………… 112

第四章 工业物联网核心技术——安全架构 …………………………… 120

第一节 工业物联网安全：一种商业必然 ……………………… 120

第二节 网络安全与网络物理物联网安全 ……………………… 121

第三节 工业"物"、连接和运维技术 …………………………… 123

第四节 工业物联网中的身份和访问管理 ……………………… 126

第五节 端点安全与可信度 ……………………………………… 134

第六节 确保连接和通信安全 …………………………………… 140

第七节 保护 IIoT 边界、云端与应用 …………………………… 145

第五章 工业物联网核心技术——云计算 ……………………………… 151

第一节 云计算概述 ……………………………………………… 151

第二节 上云的挑战：错误预期 ………………………………… 159

第三节 虚拟化技术 ……………………………………………… 162

第四节 服务化 …………………………………………………… 165

第五节 Docker 容器技术 ………………………………………… 173

第六节 Kubernetes 资源管理 …………………………………… 176

第七节 C/S 与 B/S 架构 ………………………………………… 179

第六章 工业物联网核心技术——边缘计算 …………………………… 181

第一节 边缘计算的基本概念与发展 …………………………… 181

第二节 边缘计算基本架构与关键技术 ………………………… 186

第三节 边缘计算网关的开放性 ………………………………… 194

第四节 边缘计算网关的可维护性与可靠性⋯⋯⋯⋯⋯⋯⋯⋯⋯ 198

   第五节 边缘计算网关的安全性⋯⋯⋯⋯⋯⋯⋯⋯⋯⋯⋯⋯⋯ 203

第七章 工业物联网技术的创新发展⋯⋯⋯⋯⋯⋯⋯⋯⋯⋯⋯⋯⋯⋯ 214

   第一节 工业物联网技术创新应用⋯⋯⋯⋯⋯⋯⋯⋯⋯⋯⋯⋯ 214

   第二节 工业物联网技术创新发展策略⋯⋯⋯⋯⋯⋯⋯⋯⋯⋯ 217

参考文献⋯⋯⋯⋯⋯⋯⋯⋯⋯⋯⋯⋯⋯⋯⋯⋯⋯⋯⋯⋯⋯⋯⋯⋯⋯ 220

第一章 工业物联网概述

第一节 物联网起源与内涵

一、物联网起源

物联网,英文名称叫"The Internet of things"(简称IOT),是继计算机、互联网与移动通信网之后世界信息领域的第三次革命。其概念最初是由美国麻省理工学院(Massachusetts Institute of Technology,MIT)自动识别中心(Auto-Identification Center,亦Auto-ID Center)在1999年提出的。早期的物联网是指依托射频识别(Radio Frequency Identification,RFID)技术和设备,按约定的通信协议与互联网相结合,使物品信息实现智能化识别和管理,实现物品信息互联而形成的网络。

其后,包括英国剑桥大学在内的四所世界著名研究性大学相继加入参与研发,并成立了电子产品码全球组织(Electronic Product Code global,简称EPC global)。

2005年,国际电信联盟(International Telecommunications Union,ITU)发布了《ITU互联网报告2005:物联网》,对物联网概念进行了扩展,对实现物联网所需采用的技术、未来应用和市场做了进一步的阐述,使得物联网概念走向成熟;提出了任何时刻、任何地点、任何物体(anytime,anywhere,anything,3A)之间互联,无所不在的网络(Ubiquitous Networks)和无所不在的计算(Ubiquitous Computing)的发展愿景。这种新的模式体现于,在"任何时间""任何地点""任何人"交流的基础上,增加了一个新的维度——任何事物的交流。(图1-1)除RFID技术外,传感器技术、纳米技术、智能终端等技术得到更加广泛的应用。

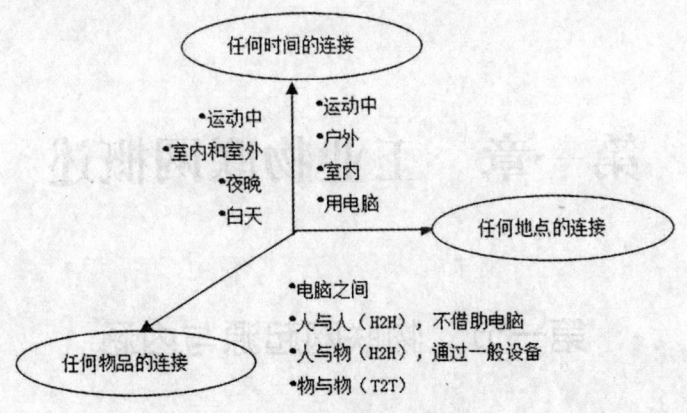

图 1-1　三维结构的物联网交流模式

资料来源：The internet of things. ITU internet reports[R]2005.11.17.

2009 年 1 月，IBM(International Business Machines)提出"智慧地球"构想，物联网为其中不可或缺的一部分。奥巴马对"智慧地球"构想做出了积极回应，并将其提升为国家层级的发展战略，从而引起全球广泛关注。

二、物联网概念

随着技术和应用的发展，物联网内涵不断扩展。尽管人们对物联网的发展前景基本达成共识，但对其概念和性质的认识仍各执一词。

物联网定义大致可分为两类：网络说和技术说。

（一）网络说

1. 物联网即互联网或传感网

中国工信部对物联网的定义：物联网是通信网和互联网的拓展应用和网络延伸，它利用感知技术与智能装置对物理世界进行感知识别，通过网络传输互联，进行计算、处理和知识挖掘，实现人与物、物与物信息交互和无缝链接，达到对物理世界实时控制、精确管理和科学决策目的。它具有普通对象设备化、自治终端互联化和普适服务智能化三个重要特征。

通俗地讲，物联网就是"物物相连的互联网"，是将各种信息传感设备通过互联网把物品与物品结合起来而形成的一个巨大网络。其中两层意思，第一，物联网是互联网的延伸和扩展，其核心和基础仍然是互联网；第二，其用户端不仅仅是个人，还包括任何物品。

相比互联网，物联网的应用方向与其是完全不同的。互联网的核心是"媒体＋应用平台"，而物联网则是通过一定的技术手段，来完成对一些物品和设备的监控或运营监测，实现一些终端到终端或者设备到设备的信息交互，比如基于射频识别技术(Radio Frequency Identification，RFID)的支付、信息确认等。它是把所有物品通过射频识别等信息传感设备与互联网连接起来，实现智能化识别和管理。

2. 物联网是一个全新的信息网络

欧盟的定义：物联网将是未来互联网的一个重要组成部分。它是一个动态的全球性基础网络。通过采用标准化和通用的通信协议，物联网可以自由、自主地配置网络环境。在物联网中，不论是实体的"物品"还是虚拟的"物品"都将拥有自主标识，都将包含实体属性和虚拟属性。而且物联网将使用智能化接口，并可以和现有的以及未来的信息网络无缝整合。

在物联网中，"物品"将成为社会、信息、商业活动中的自主参与者。它们可以相互间自主交流与沟通；可以自主感知所处的环境，并根据情况与所处环境交换数据和信息；可以对"现实世界"中的事件做出自主反应；并且可以不论在有人还是无人的情况下自主记录行为或动态建立相应的服务接口。

在未来的物联网中，以服务为形式的各种智能接口将促进网络中各种"智能物品"之间的交互，方便查询和改变这些物品的状态和信息，并且将可以时刻保障它们自身的安全性和解决它们所涉及的隐私安全问题。2010年中国政府工作报告将物联网定义为：物联网是通过射频识别(RFID)技术、红外感应器、全球定位系统、激光扫描器等信息传感设备，按约定的协议，把物品与互联网连接起来，进行信息交换和通讯，以实现智能化识别、定位、跟踪、监控、精确管理和科学决策的一种网络。

在这种定义之下，物联网是互联网的延伸与发展，二者具有替代关系：互联网只能连接人，物联网可以连接物；互联网连接的是虚拟世界，物联网连接的是物理世界；物联网是互联网的下一代，物联网要取代互联网，物联网就是泛在网。[①]

3. 物联网是以太网

物联网是让真实世界里的物体在虚拟世界里模拟出来并回馈真实世界，与真实世界互动。以太网与传感网的最大区别是，以太网核心是数据流，用数据流模拟真实世界；而传感网的核心是传感器，只是用来采集数据并传输到网络上而

---

① 泛在网是在预订围务的情况下，个人或设备无论例时、何地，用何种方式以量少的技参限制实理服务和通体的能力。物或网是泛在网的内容之一，物联网不能等于泛在网，而只是泛在网的一部分。

已。换而言之,以太网是先有需求,再找相应的技术实现方法,而传感网则是依靠技术的发展创造出新的应用市场。

(二)技术说

物联网是指各类传感器和现有的互联网相互衔接的一个新技术。中国工程院副院长邬贺铨认为:很多物体不一定非要连到网上,而且物联网不是网络而是应用和业务。物联网的主要特征是每一个物件都可以寻址,每一个物件都可以控制,每一个物件都可以通信。

物联网的底层包含一个传感网,将一组传感器的信息汇集,并传送到核心网络。核心网是基础的网络,承担物物互联。物联网可用的基层网络可以有很多种,根据应用的需要可以是公共通信网、行业专网甚至是新建的专用于物联网的通信网。一般来说,互联网最适合作为物联网的基础网络,特别是当物物互联的范围超出局域网时,或者当需要利用共同网络传输信息时。但并不是只有互联网才能当物联网的基础网络,物联网既可以连接人也可以连接物,既可以连接虚拟世界也可以连接物理世界。

在这种定义之下,物联网与互联网承担的业务和功能不同,二者是互补关系;互联网是全球化的,只要计算机接入互联网就与全球相连。物联网建设在互联网之上,但是并不是任何人都能接入。例如,电力系统的物联网只有电力系统的相关人员才能进入,交通系统的物联网只有交通系统的相关人员才能接入,所以物联网实际上是专网。互联网是全球性的,物联网是区域性的。物联网的核心网,既可以是下一代互联网,也可以是现有的互联网。

总体来看,物联网的核心是将互联网或者移动通信网络作为一种工具,主要目标是提高对设备终端动态信息的掌控力,或者对于业务服务流程的自动化改进。物联网把新一代信息技术(Information Technalog,IT)充分运用在各行各业之中,具体地说,就是把感应器嵌入各种物体中,然后将"物联网"与现有的互联网整合起来,实现人类社会与物理系统的整合,在这个整合的网络当中,存在能力超级强大的中心计算机群,能够对整合网络内的人员、机器、设备和基础设施实施实时的管理和控制,在此基础上,人类可以以更加精细和动态的方式管理生产和生活,达到"智能"状态,提高资源利用率和生产力水平,改善人与自然间的关系。

三、物联网内涵

1. 物联网的核心在于"物",实质在于"控"

物联网的"网"是媒介,是众多参与者组成的或松散或严格的组织。对于物联网，信息的生产者(information provider)和消费者(consumer)均可以是智能化的设备，设备本身就成为系统的参与者，不再仅是人工管理的执行者，如此庞大的相对对等的终端群为超系统的存在提供了基础。因此，物联网有两层含义：一是信息传输与交流要通过网络(互联网或专用网都可以作为信息传输手段)；二是物物相联结成网状。物联网的本质是要实现物与物、物与人之间的互动，在网络的范围之内，可以实现人对人、人对物以及物对物的智能化识别、定位、跟踪、互联互通、监控和管理。在方式上可以是点对点式的，也可以是点对面或面对点式的。因而，互联网延伸了物联网的边界，而物联网延伸了管理的触角，使得管理摆脱了调度的模式，而得以成为一种协同工作的机制。

2. 物联网是具有3C特性的物理系统

物联网不是虚拟网络，也不是一般意义上的物理网络，而是一种具有通讯、计算、控制的3C(Communicatiom，Computer，Control)特性的物联系统，具有泛在感知、泛在连接、泛在智能的特点。即利用RFID、传感器、二维码，及其他各种的感知设备随时随地的采集各种动态对象，利用以太网、无线网、移动网将感知的信息进行实时的连接与传送，然后对物体实现智能化的控制和管理，真正达到人与物的沟通。

3. 物联网本质上是经济和社会的深度信息化

信息与通信技术水平更高，信息技术、通信技术与其他技术(如传感技术等)的融合更深入，信息化涉及的领域、对象更多，信息基础设施更完善，数据更海量，信息互联互通更广泛深入，信息处理能力更高，信息化为人类生产、生活做出的贡献更大。也就是说，物联网只不过是信息化推进到某一阶段而已，在这个阶段里，很多特征比此前的信息化更加显著、更加深入。

第二节 工业物联网起源与内涵

一、工业物联网起源

工业物联网并非空穴来风或是概念炒作，而是工业自动化发展的必然。随着工业技术的进步、市场竞争的加剧，为了提高生产效率和产品质量，充分利用资源、减轻劳动强度、适应批量生产需要，工业自动化应运而生。20世纪70年代到20世纪80年代初，工业自动化技术主要是信息远传技术。20世纪80年代后期到20世纪90年代初期主要是以数据库为中心的数字化技术，如甲骨文

(Oracle)数据库管理系统。21世纪初,以西门子、ABB(Asea Brown Boveri Ltd.)、霍尼韦尔(Honeywell)、三菱、菲尼克斯等为代表的公司开始提供面向对象、面向服务的自动化控制技术。2005年以后,以模式驱动为主,各行业都用一种平台,如Wonderware系统平台。可以说,目前工业自动化技术已发展到了第四代(图1-2)。随着信息技术(Information Com-munication Technology,ICT)的发展,突破局域网的限制,将企业信息化系统延伸到互联网,实现基于互联网的广域自动化的第五代工业自动化技术——工业物联网技术已日渐成熟,被美国通用电气公司(General Electronic Co.,GE)首席经济学家Marco Annunziata称为继互联网革命后的第三次革命。

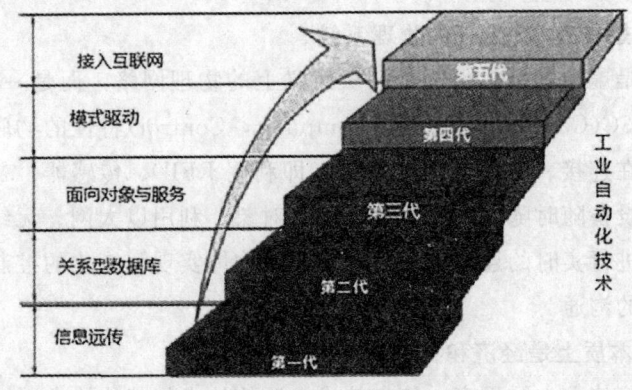

图1-2 工业物联网的技术演进路径

纵观测控系统网络化的发展历程,从仪表电气、现场总线、工业以太网到无线网络,我们可以注意到目前无线融入技术与有线无线异构成为测控网络化的发展趋势,而这也从一方面助推着物联网在工业领域的深化发展。无线通信技术能够在工厂环境下,为各种智能现场设备、移动机器人以及各种自动化设备之间的通信提供高宽带的无线数据链路和灵活的网络拓扑结构。目前,无线通信技术已经从最初的作为有线技术的补充,发展为无线有线共存,最终将会发展到实现感知网络,实现工业环境下的物联网世界。

因此,可以说,工业物联网是从工业自动化行业分离出来的,使传感器经历着从传统传感器(Dumb Sensor)到数字化传感器(Digital Sensor)到智能传感器(Smart Sensor)再到嵌入式Web传感器(Embedded Web Sensor)的内涵不断丰富的发展过程,逐步实现工业设备的微型化、智能化、信息化和网络化。

二、工业物联网内涵

工业物联网核心理念是基于信息安全技术(Security)、网络通信技术(Net

work)和广域自动化技术(Automation)的充分融合,把新一代信息技术充分运用在各行各业之中。具体地说,就是把感应器嵌入和装备到电网、铁路、桥梁、隧道、公路、建筑、供水系统、大坝、油气管道等各种物体中,然后将"物联网"与现有的互联网整合起来,实现人类社会与物理系统的整合。在这个整合的网络当中,存在能力超级强大的中心计算机群,能够对整合网络内的人员、机器、设备和基础设施实施实时的管理和控制。在此基础上,人类可以以更加精细和动态的方式管理生产和生活,达到"工业智能"状态,提高资源利用率和生产力水平。

工业物联网使传统企业信息化系统延伸到互联网,能够实现基于互联网的广域自动化,如远程监控、远程维护、工厂管理等。因此,工业物联网可以定义为依托公众网络,连接专用网络,以生产自动化为基础,实现企业全面信息化的技术体系。正如美国经济学家 Lance Cordon(2000)所说:"工业物联网(industrial internet)能使互联网络成为企业的工作互联网(Working Internet),而不仅仅是销售互联网(Selling Internet)。"

2012年GE提出了工业物联网的概念。GE认为工业物联网(industrial internet,2012)是全球工业系统与高级计算、分析、传感技术及互联网的高度融合。它通过智能机器间的连接并最终将人机连接,结合软件和大数据分析,重构全球工业、激发生产率,让世界更快速、更安全、更清洁、更经济。

工业物联网,是由机器、设备、集群和网络组成,能够在更深的层面和连接能力、大数据分析相结合,从而能更有效地发挥出各机器的潜能,提高生产力。工业物联网最显著的特点是能最大限度地提高生产效率,节省成本,推动设备技术的升级,从而提高效益。

上海可鲁系统软件有限公司2004年就提出了工业物联网的概念,并将工业物联网解释为"The Internet of Things for Industry"。这里的"industry"概念,并非传统意义上的工业概念,而是一个行业、产业的概念。工业物联网是将物联网技术应用于工业领域的产物,是在广义工业及类工业领域内物联网技术的应用体系。要理解工业物联网确切的技术定义,需要从它的概念范围、逻辑结构、与传统工业自动化的区别及具体应用领域进行综合了解。

1. 企业单元

企业单元是由企业本体及其输入输出构成的工业物联网的基本单元(图1-3)。

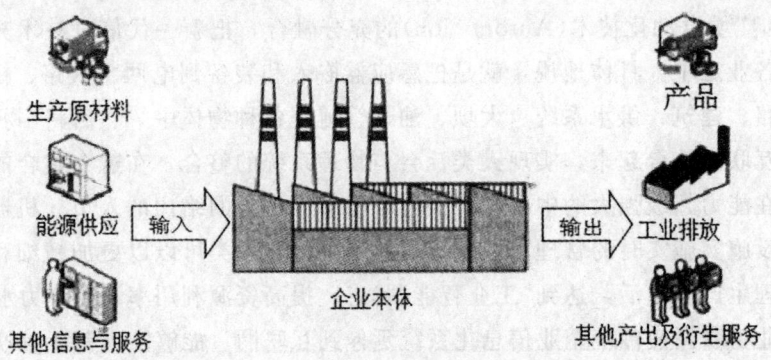

图 1-3 工业物联网企业单元

资料来源：上海可鲁系统软件有限公司技术有限公司

企业本体，是指从事实际生产运营的企业，包含了企业所有运营、生产、管理的机制和环节。

输入，是指将企业本体看作一个机构，将外部信息、原材料、能源等外部资源送入企业的环节。

输出，是指将企业本体看作一个机构，将产品、排放、其他衍生服务等产出资源送出企业的环节。

企业单元不同于一般意义上的企业的概念，而是将企业的输入/输出环节与企业本体作为一个完整的系统进行研究。企业单元是工业领域及工业物联网的基本构成单元，工业物联网的构建，是以企业单元的一个或几个要素为主题，以企业单元为节点，互联互通而构成的网络体系，并基于这样的广泛范围的网络实现智慧应用和信息共享。例如，企业管理加上公共能源管理平台，就是将企业单元中的输入、输出及企业本体运营中的"能源因素"作为主题，利用一定技术构建起网络及服务平台，并以此为基础进行相关智慧应用的开发和信息的共享。

2. 类工业领域

基于企业单元的概念，可以找到一般工业物联网的组成规律。然而，在实际工业领域的生产运用中，存在着某些大型的行业型企业，例如电力系统、石油石化等。由于这些企业规模大，其子系统分布广泛，并且其子系统往往具备一般企业单元中企业本体的基本特征，并有着企业单元中必不可少的输入输出环节，例如电力系统中的输配电站、发电厂、电力调度中心等，这些类企业单元构成的并不是一般意义上的工业领域，而是一种被称为"类工业领域"的垂直概念。

类工业领域实质上是某个行业中垂直应用的集成，属于工业领域中比较特殊的一种。因此，工业物联网的概念范围，也包含了类工业领域，类工业领域中的工业物联网应用一般称为"垂直应用"。

3. 广义工业

传统的工业是指采集原料，并把它们在工厂中生产成产品的工作和过程。而工业物联网所涉及的广义工业概念，已经不再局限于生产的工作和过程，而是覆盖了所有与工业相关的各类因素和领域，将行业甚至是公共社会的概念引入"工业"的范畴，将"工业"概念打造为一种"公共服务"的平台和各类资源的集成与整合。简单言之，广义工业是社会化的工业概念，是公共事业的统称。

工业物联网的广义工业概念，是由物联网的特性所决定的。物联网最基本的物物相联的特性，以及普通对象设备化、自治终端互联化和普适服务智能化的特征，决定了工业物联网绝不是单一的局限于工厂以及工业生产的应用，而是涵盖整个社会及国民经济框架的泛在体系。

工业物联网的广义工业概念，明确了最大程度上的工业物联网的概念范围，也为工业物联网的应用领域指明了方向。理解了工业物联网的广义工业概念，对于研究、发掘和建立工业物联网的标准体系和具体实践，有着非常重要的意义。

第三节 工业物联网的逻辑结构体系

一、一般意义上的物联网逻辑结构

根据国际电信联盟 2005 年提出的概念，物联网在技术逻辑结构上，可分为三层：感知层、网络层、应用层。

(1) 感知层由各种传感器以及传感器网关构成，例如二氧化碳浓度传感器、温度传感器、湿度传感器、二维码标签、RFID 标签和读写器、摄像头、GPS (Global Position System)等感知终端。感知层的作用相当于人的眼耳鼻喉和皮肤等升级末梢，它是物联网获识别物体，采集信息的来源，其主要功能是识别物体，采集信息。

(2) 网络层由各种私有网络、互联网、有线和无线通信网、网络管理系统和云计算平台等组成，相当于人的神经中枢和大脑，负责传递和处理感知层获取的信息。

(3) 应用层是物联网和用户(包括人、组织和其他系统)的接口，它与行业需求结合，实现物联网的智能应用。

二、工业物联网的技术逻辑结构

工业物联网作为物联网的一个特殊领域，具有以仪器仪表和专用网络为基础构件向不同的方向不断延伸的内部架构，其自身技术因此也带有不同于一般物联网技术的特点。

1. 嵌入式

嵌入式是工业物联网最主要的一个技术特点，是将"无感知物体"转变为"智能物体"的关键技术，该特性使物体具备根据外部环境变化进行反应的能力。

嵌入式智能技术的特点是将硬件和软件相结合，利用了嵌入式微处理器的低功耗、体积小、集成度高，以及嵌入式软件的高效率、高可靠性等优点，综合人工智能技术，推动工业物联网中智能环境的实现。

嵌入式系统涵盖嵌入式硬件和软件两大部分。硬件由嵌入式处理器、存储器与外围设备、现场总线组成。硬件的嵌入是指工业物联网通过在工业设备终端嵌入形形色色的智能传感器而获取数据和采集数据。这些传感器包括温度传感器、压力传感器、速度传感器、光敏传感器等。

软件包括操作系统、文件系统、图形用户接口等。软件的嵌入，也就是工业物联网的固件技术。固件是担任着一个工业物联网最基础最底层工作的软件。固件就是硬件设备的灵魂，决定着工业设备的功能及性能。

2. 高度异构

广义工业领域的数据，具备高度异构的特点，尤其是工业实时数据，相互间的结构差异非常大，这一点与传统物联网中的数据有着明显的差异。在工业物联网中，某一个企业/行业的应用系统中，某一个企业/行业的应用系统中，往往包含了各种领域的数据，例如温度、pH酸碱度、浓度、材料物理尺寸、原来配比乃至企业的管理数据、运营数据等。而且每个参与的数据库计算机体系结构异构，这些数据库分别运行在大型机、小型机、工作站、PC或嵌入式系统中。各个数据库系统的基础操作系统也异构，有Unix、Windows NT、Linux等不同的操作系统。数据管理系统(Database Management System，DMBS)本身的异构，有的是同为关系型数据库系统的Oracle(甲骨文)服务器、SQL(Structured Query Language，结构化查询语言)服务器等，也可以是不同数据模型的数据库，如关系、模式、层次、网络、面向对象，函数型数据库共同组成一个异构数据库系统。

这些数据的类型和结构完全不同，体现出工业物联网数据高度异构的特性。

另外，基于工业物联网广义工业概念的特点，工业物联网中实时数据、媒体数据和关系型数据共存，专用网络和公用网络并存，造成了整体结构充满各种异构性的特点。简而言之，工业物联网中企业、行业、领域及位置的不同而造成更高度异构特性。

3. 大数据

工业物联网与传统物联网相比，由于其涵盖的范围涉及跨企业、跨行业、跨领域的特点，使其所包含的数据量要远远大于传统的物联网应用，越来越多的业务部门都需要操作海量数据，如规划部门的规划数据，水利部门的水文、水利数据，气象部门的气象数据，这些部门处理的数据量通常都非常大，使工业物联网所包含的数据量要远远大于传统的物联网应用。它包括各种空间数据、报表统计数据、文字、声音、图像、超文本等各种环境和文化数据信息。此外，目前的企业数据多为类型复杂的非结构化数据，海量数据主要是结构性数据，是从存储的角度去考虑问题，而大数据除了包括数据存储，还包括商务智能和数据分析。

随着网络技术的发展，特别是国际互联网（Internet）和企业内网（Intranet）技术的飞快发展，使得非结构化、类型复杂数据的数量日趋增大。有调查发现，复杂数据中有85%的数据属于广泛存在于社交网络、物联网、电子商务等之中的非结构化数据。这些非结构化数据的产生往往伴随着社交网络、移动计算和传感器等新的渠道和技术的不断涌现和应用。

据互联网数据中心（Internet Data Center，IDC）的一项调查报告中指出：企业中80%的数据都是非结构化数据，这些数据每年都按指数增长60%。非结构化数据，顾名思义，是存储在文件系统的信息，而不是数据库。该报道还指出：平均只有1%~5%的数据是结构化的数据。因此，大数据是工业物联网又一明显特性。

4. 更高的安全要求

基于工业物联网的定义及其广义工业的概念，使其与传统物联网相比，有着更高的安全性的要求。

与传统物联网的应用相比，工业物联网的应用领域，企业往往有着更高的技术要求、运营风险及利益回报，这些特点决定了工业物联网在安全性上有着比传统物联网更高的要求，也就是在安全体系架构、网络安全技术、智能化设备的潜在风险、隐私保护、安全管理及保证措施上，有着比传统物联网更高的标准。从微观层面，安全性涉及企业的商业机密、商业利益；宏观上，安全性则涉及国家机密及技术安全。

根据工业物联网以上的特性，上海可鲁系统软件有限公司技术有限公司对于工业物联网的技术逻辑结构可以重新划分和分层，围绕"数据"的概念，将传统物联网概念的三层结构，转变为更加切合工业物联网特性和需求的四层结构。

正因为具备了上述特征，从技术角度看，工业物联网是物联网的关键技术体系，是物联网在工业领域应用的基石。

第四节　工业物联网与工业自动化的区别

工业物联网与以工业自动化为代表的先进制造技术有着根本上的区别。总的来说，工业自动化是面向企业内部生产的技术应用，而工业物联网是面向企业单元/类企业单元间的互通互联的服务应用。相比之下，工业物联网具有以下特点。

一、更广泛的互联互通

工业自动化是工业生产中的先进制造技术的一种，是提高生产效率、降低人力消耗、科学规划生产和管理的一种手段和途径。工业自动化的互联互通，是指生产设备以及生产技术人员间的互联互通，是工厂/企业内部的网络体系。工业自动化通过数据采集和反馈、生产工序的设计和调整以及简单的数据分析，来达到自动化生产的目的。

工业物联网有着比工业自动化远为宽泛的互联互通。目前中国的工业自动化大多是局域网内实现的，如电力、石油、铁路、煤炭等领域。虽然局域网保密性好，且便于数据信息的安全性管理，但是随着监控管理范围的扩大，局域网难以提供信息资源的及时有效传输以及整合利用。工业物联网能够依托公众网络资源实现局域网与广域网的完美衔接，在保证信息安全的前提下，提高资源整合和利用能力。从物理地域来说，工业物联网能够跨企业、跨区域；从规模角度来说，工业物联网能够跨行业、跨领域。也就是说，在广义工业的概念下，工业物联网是全社会联动的信息载体体系，从局域网延伸到广域网，使得企业能实现更广泛的互联互通，这和工业自动化有着根本的区别。

二、更全面的智能服务

工业自动化是初级的工业智能技术，其目的为以解放人力资源，提高生产效率。工业自动化通过对某一项或几项工业生产过程的分析，引入适当的传感系统、执行系统及人机交互系统，完成初级工业智能化的进程。工业自动化关注的是实际生产过程，是以"生产车间"为构架基础的技术体系。

工业物联网与工业自动化相比，有着更为全面的智能服务。除了在工业数据获取及执行控制方面与工业自动化有交集之外，工业物联网主要涉及企业/行业/公共事业的管理、运营、统筹、规划、决策等诸多方面。工业物联网与工业自动化相比，工业物联网以构建"智慧"工业为目标，因此有着更为全面和高级的智能服务。传统意义上的工业智能，是指工业领域中获取正确信息的能力；而工业物联网所倡导的智慧工业，则具备了主动索取正确信息的能力，在信息的协调和融合上，有着更高的要求。

三、信息共享的实现

工业自动化产生是面向企业生产环节的技术，因此，工业自动化并不涉及信息共享的概念。

工业物联网的初衷，正是将各个孤立的企业单元，通过一个或几个主题因素，通过物联网技术联结起来，实现信息的互联互通。所以，信息共享是工业物联网的一个基本特征，这也是工业物联网和工业自动化之间最大的区别所在。

综上所述，工业物联网与工业自动化有着本质上的区别。后者为前者技术体系中工业数据获取及控制执行的一种手段和方法，是前者感知层的一项技术体系。工业自动化面向企业内部，而工业物联网面向企业/类企业之间的信息沟通和智慧应用。从两者之间的对比分析中，可以进一步认清工业物联网的概念和确切含义。

四、更经济更便捷

工业物联网将广泛应用云计算和云存储实现数据有效处理。通过云计算技术，网络服务提供者可以在数秒之内，处理数以千万计甚至亿计的信息，达到和"超级计算机"同样强大的网络服务。云存储的概念与云计算类似，通过集群应用、网格技术或分布式文件系统等功能，将网络中大量各种不同类型的存储设备通过应用软件集合起来协同工作，共同对外提供数据存储和业务访问功能的一个系统。

工业物联网把智能终端采集到的数据传输到互联网上，通过云储存、云计算，实现工业传感网与互联网的巧妙链接。因而，对工业企业而言，不仅节省了大量局域网的建设费用，并且使得数据传输上了互联网的高速公路。因此，更经济、更便捷、更可靠、更安全的数据传输是工业物联网又一特点。

第五节 工业物联网的构建原则

工业物联网的构建应依照以下几个原则进行。

一、信息集成原则

由于网络信息资源的激增、资源的种类越来越丰富,数据库和信息资源检索系统越来越多,检索方式、检索手段各式各样。这形成了数据冗余、相互关联程度低,大量的信息孤岛出现,同时用户的检索负担也日益加重。因此,需要有一种手段把这些信息集中、整序、关联起来,把检索系统集成起来,使用户知道到哪里可以找到所需要的信息,怎样去查找这些信息,如何筛选检索结果。因此,需要信息集成(Information Integration),即将工业物联网中各子系统和用户的信息采用统一的标准、规范和编码,实现全系统信息共享,为工业物联网应用层提供基础数据通信平台,进而使企业在不同应用系统之间实现数据共享,即实现数据在不同数据格式和存储方式之间的转换,对来源不同、形态不一、内容不等的信息资源进行系统分析、辨清正误、消除冗余、合并同类,进而产生具有统一数据形式的有价值信息。

二、寄生原则

工业物联网产业依附于现有产业。工业物联网是集感知技术、信息传输技术和信息处理技术的网络,从而提供各种基于"物"的行业应用,因此,工业物联网产业并不是完全新型的产业,它依附于现有的产业。工业物联网涉及各行各业的应用,是综合性强、辐射面广的庞大产业体系。从产业属性上,工业物联网产业总体可分为服务业和制造业两大范畴,工业物联网服务业主要包括物联网网络服务业、存储与计算服务业、软件开发与集成服务业以及物联网应用服务业。工业物联网制造业以感知端设备制造业为主,可细分为传感器产业、RFID产业、嵌入式系统产业以及仪器仪表与测量控制产业等。传感器产业、RFID产业、嵌入式系统产业、仪器仪表产业、软件服务业等作为传统产业早就存在,并且很多工业领域、工业企业已经建立了局域网,工业物联网的兴起为这些产业带来了新的发展机遇,使这些产业围绕工业物联网应用重新聚集,成为工业物联网产业的重要组成部分。因此,工业物联网的建设是以现有的互联网通信网络以及工业领域的局域网为基础,不改变、不重建现有的网络通信基础设施,通过网关、协议转换技术等将局域网与互联网相连，组成工业物联网信息传输基础网络。因此，工业物联网的构建寄生并依附于现有产业与网络。

现阶段的工业物联网业务可以与现有业务通过目前的网络实现混载，也可以直接跨越混载阶段，采用新增接入层节点和汇聚层逻辑数据区分相结合的方式实现工业物联网业务区分承载的阶段，随着工业物联网业务的爆炸式发展，物联网业务承载进入独立承载阶段，新建接入层实现物理上的独立，在汇聚层进行逻辑子网划分实现虚拟上的独立，因为物联网是一张寄生网。

三、安全核心原则

工业是物联网应用的重要领域。具有环境感知能力的各类终端、基于泛在技术的计算模式，移动通信等不断融入工业生产的各个环节，可大幅提高制造效率，改善产品质量，降低产品成本和资源消耗，将传统工业提升到智能工业的新阶段。在工业领域，物联网的发展和应用最终可以落实在信息化层面，物联网将信息化贯穿到生产环节中的各个方面，使信息化更加深化和扩大，其大规模应用将有效促进工业化和信息化"两化融合"，成为经济转型、产业升级、技术进步、经济发展的重要推动力。同时，物联网在工业领域实施过程中，不仅要面临不同协议之间的数据处理问题，还需要面对当控制网络与信息网络连接后所面临的网络安全问题。

首先，网络安全涉及企业机密，而不同行业的物联网信息安全有自己的特点和重点。如石油、石化、电力、钢铁、煤矿等连续生产行业的监控，对连续生产的安全性和可靠性，以及信息安全有着极高要求。

其次，随着工业物联网在重要工业领域中的应用。如石油、石化、冶金、电力、煤矿等，其安全问题已经上升到了国家层面，事关国家信息安全。尤其是在美国的"棱镜门"事件之后，网络安全的重要性进一步提升。

因此，工业领域的信息安全比商业领域的更为重要，所以需要重构满足工业物联网应用需求的安全体系，侧重于安全策略的重建。

四、兼容原则

物联网通过一个真正具有可互操作性和兼容性的全球物联网架构把亿万的物体和东西通过电子连接起来，从而实现机器和机器之间的通信。

随着工业物联网应用不断深入，跨系统、跨平台、跨地域之间的信息交互、异构系统之间的协同和信息共享会逐步增多，因此需要建立通用客户端概念和信息交换标准，实现信息交流、监控与管理。而目前中国工业物联网编码标识方面存在的突出问题就是各应用编码标识不统一，方案互不兼容，无法实现跨行业、跨平台、规模化的物联网应用。

在现有各种应用系统基础之上，提出具有兼容性的解决方案，既能让现有各种编码系统继续发挥作用，又能充分考虑新的应用需求，制定统一的编码标识体系。应整合各种工业物联网的应用，实现多功能、多领域的兼容性的工业物联网编码标识技术，以支撑各个行业的工业物联网应用，推动中国工业制造的发展。

第六节　工业物联网与万维网的异同

工业物联网与万维网在通信网络、建设目标、功能以及技术手段上有许多相似之处（表1-1）。

表1-1　工业物联网与万维网的相似之处

	相似点要素
通信网络	构建于公众网络，企业局部和专有网络之上
建设目标	构建互联互通系统，实现广域范围的信息共享和发布，以提高工作效率，提升生活品质
功能	广泛的咨询获取，满足"任何地点（Anywhere）"和"任何时间（Anytime）"的工作或生活需要
技术手段	信息技术和网络技术有机结合

工业物联网和万维网是两个不同的概念，因此在使用对象、用户需求、通信网络、网络设备应用服务、安全目标等方面存在很大的不同。总结起来如表1-2所示。

表1-2　工业物联网与万维网的不同之处

	万维网	工业物联网
使用对象	大众用户	小众用户——工业用户
用户需求	方便性需求突出；吞吐量（大进大出）；无具体可靠性要求；安全性要求不高	可靠性要求高；安全性要求高；经济型要求高（竞争性）

续表

	万维网	工业物联网
通信网络	在统一协议栈的基础上，组网方式多样化，共享公众网络	在不同协议栈上的组网方式多样化，以专用网络为主，兼容公众网络
网络设备	PC(personal computer)服务器和路由器	智能设备、应用网关和应用服务
应用服务	Web服务器	自动化应用服务器
安全管理目标	开放，拒绝已知的非法访问者	授权管理，具有明显的专属特征
信息服务提供模式	有相对标准的服务提供模式，供应商分工明确	缺乏标准的服务提供模式，专业供应商缺乏
网络管理	无须专用的网管和远程维护设备 网关功能与设备高度融合 网管系统已标准化	需要专门的网管及远程维护设备与系统

第二章 工业物联网体系架构研究

第一节 工业物联网攻击、对策和威胁模型初探

掌握工业物联网供给的动态对安全风险的分析和缓解来说至关重要。威胁建模通常是一种安全对策。攻击树和故障树是监理安全威胁模型和表述攻击风险的两种有效方法。

在现实世界中，大多数攻击都是针对物联网产品和连接中的特定漏洞。许多攻击都针对零日漏洞，对于这种漏洞，不仅可以利用漏洞进行攻击，还可以通过互联网或企业网轻松扩散攻击影响，从而产生雪球效应。由于 IIoT 攻击需要巨大投入和专业技能，因此大多数攻击都涉及民族、国家，足以造成重大影响。

IIoT 环境中的一些常见攻击类型如下所示。

(1)恶意软件触发的勒索软件。

(2)有线/无线扫描和映射攻击。

(3)网络协议攻击。

(4)感染 ICS(工业控制系统)和智能 SCADA (数据采集与监控系统)。

(5)密码算法和密钥管理攻击。

(6)欺骗和伪装(认证攻击)。

(7)未经授权的端点控制以触发意外的控制流。

(8)数据破坏攻击。

(9)操作系统和应用程序完整性攻击。

(10)拒绝服务和服务拥塞攻击。

(11)物理安全攻击(例如，有意破坏或接口暴露)。

(12)访问控制攻击(权限提升)。

此外还存在许多其他攻击类型。如今，勒索病毒攻击事件的数量正在急剧上升。在 IIoT 中，如果勒索病毒将控制系统中的数据加密，则可能导致巨大的灾难。例如，医院的医疗数据被加密可能会导致大规模的致命后果。因此，我们需

要仔细研究部署中的可能攻击，以便更好地管理安全风险。

图 2-1 显示了漏洞、攻击和对策的相关性。

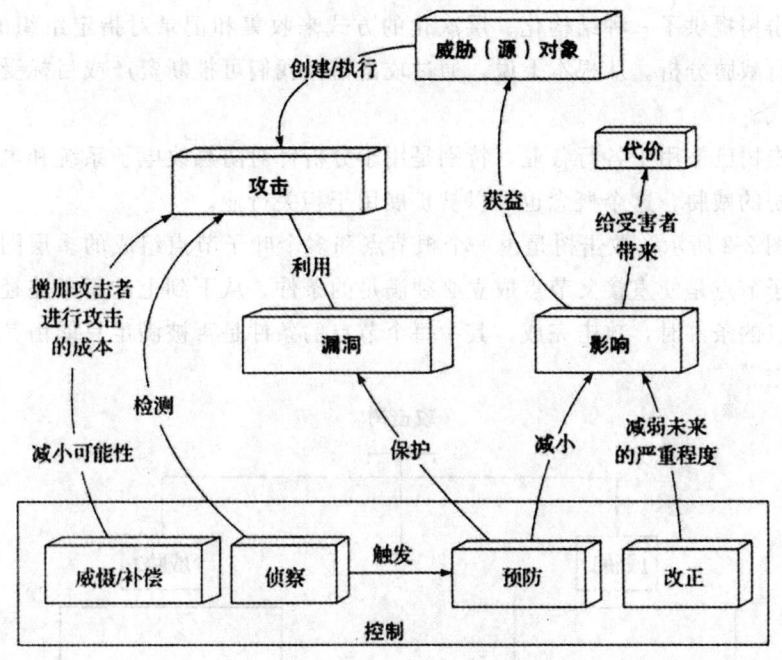

图 2-1 攻击动态和对策

一、攻击面和攻击向量

攻击面涉及可能导致攻击的各类系统组件。例如，在连接到 SCADA 网络的传统工控系统中，攻击面包括内部威胁、物理威胁、SCADA 专用协议中的漏洞等。但是，当工控系统连接到云平台时，云技术中存在的漏洞（例如，基于 IP 的 WAN 连接、远程配置以及设备管理等）也成了攻击面。总之，IIoT 显著地扩大了工业系统和基础设施的攻击面。

攻击向量包括攻击所用的工具和技术，这也与行业和所涉及的技术密切相关。攻击者可以利用各种工具和技术对系统发起攻击。因此，针对 IIoT 系统的攻击向量可能是物理层面的，或者是与网络、软件及供应链相关的。常见网络攻击向量的示例包括网络钓鱼、不安全的无线网络、可移动媒介、移动设备、恶意 Web 组件、病毒以及恶意软件。

鉴于 IIoT 涉及的风险具有网络和物理双重性质，在评估与任何 IIoT 部署相关的总体风险时，安全从业者必须考虑威胁、攻击面和攻击向量的物理后果。

二、攻击树

攻击树提供了一种结构化、层次化的方式来收集和记录对指定组织的攻击，以便进行威胁分析。从根本上说，通过攻击树，我们可推断资产或目标受攻击的可能方式。

攻击树已被用于各行各业，特别是用于分析针对防篡改电子系统和电网数字控制系统的威胁，这个概念也可以被扩展用于相关行业。

如图 2-2 所示，攻击树是由一个根节点和多个叶子节点组成的多层图。从下到上，子节点是使直接父节点成立必须满足的条件。从下到上的每条路径，当满足根节点的条件时，攻击完成，其中每个节点的条件是否被满足只能由其直接子节点决定。

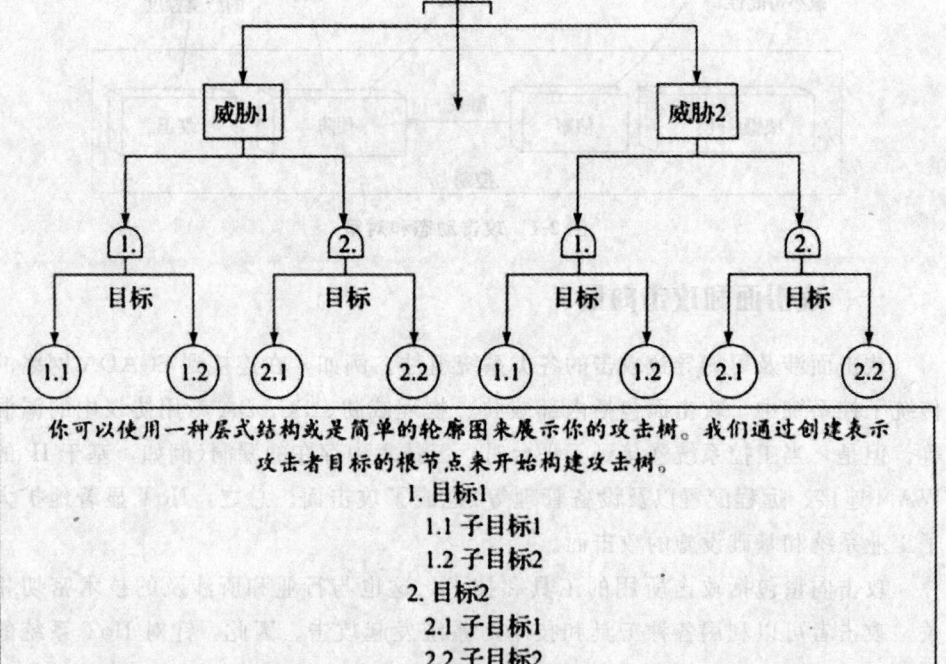

图 2-2 攻击树图示

攻击树通过推理方法来考虑所有攻击和威胁，而且这些推理可以与其他威胁模型集成，以创建一种透明且直接的攻击和攻击者的分析模式。

在传统的网络安全事件中，攻击目标可能是身份盗取、数据泄露、拒绝服务等。然而，对于涉及网络物理系统的案例来说，攻击目标可能涉及物理灾难：从关闭灯泡到关闭人类心脏 M(IOT-SEC)。同样，由于与物理世界的交互，我们还需要考虑针对根节点的新的威胁和攻击方式。

三、故障树分析

对 IIoT 而言，攻击从本质上具有网络和物理属性，且与安全性和可靠性工程密切相关，因此，故障树分析可以作为一种有效的工具来使用。

IIoT 系统和技术具有一定程度的复杂性，因此任何子系统发生故障都可能导致系统级故障。然而，我们通常可以通过改进系统设计来降低宕机的可能性。在故障树分析(FTA)中，我们对整个系统创建逻辑图，映射故障、子系统和冗余安全设计元素之间的关系。图 2-3 展示了故障树的示例。

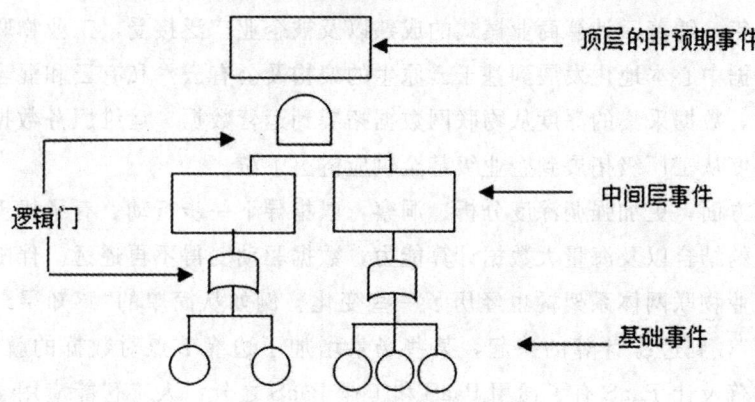

图 2-3　故障树的逻辑结构

与攻击树不同，FIA 是自上而下的、在这里，我们通过组合一系列较低级别的事件(包括子系统故障)来进行分析。通常使用布尔逻辑，组合这些事件来分析非预期的系统状态。这也是安全性和可靠性工程中常用的演绎故障分析方法，用于理解系统如何发生故障，从而找到降低故障风险的方法。

FTA 最初用于航空航天工业，其对安全保障的要求非常高。对于商用飞机，故障概率为 10^{-9}(十亿分之一)(IOT-SEC)。如今，除航空航天外，FTA 还用于其他行业，如核电、化学工程、制药、能源等。FTA 也用于软件工程，用于调试寻找漏洞，并且与错误排除技术密切相关。

以下一些行业和政府标准中描述了 FTA 方法：

(1) NUREG-0492 用于核电和航空航天工业。

(2) SAEARP4761 用于民用航空航天。

(3) MIL-HDBK-338 用于军事系统。

(4) IEC 61025 用于跨行业用途。

第二节　从业务视角到体系架构

我们应从业务视角明确企业应用工业物联网实现数字化转型的方向、目标和价值。并提供具体场景。从战略到目标价值，再到组织能力，最后落实到需要什么数据和信息，体系架构应该如何设计。从业务视角到体系架构是一个连续的过程。工业物联网发展到今天，体系架构已经基本成熟，层级逐步清晰，这体现在一些领先的工业物联网厂商正推行的商业产品和交付模式上。另外工业物联网各层级中的分工越来越多，不同公司聚焦于不同层级赛道，整个生态得以丰富。

近几年，随着云计算商业模式的成熟以及被企业广泛接受，工业物联网逐步从传统数据中心本地化发展到基于云原生的架构及公有云。私有云和混合云多种部署模式。数据采集的深度从物联网数据拓展到运营数据、运维服务数据，数据采集的广度从工厂级拓展到企业级甚至供应链上下游。

数据方面，更加强调深度分析、洞察，以指导下一步行动。有了机理模型和数据模型的结合以及海量大数据计算能力，数据驱动变得不再遥远。伴随着这些趋势，工业物联网体系架构也经历了一些变化。例如从简单的"感知层－网络层－平台层"，到边缘计算的兴起，某些场景增加了边缘节点对数据的就近处理；云计算的普及让 PaaS 有了通用 PaaS 和工业 PaaS 之分；人工智能应用于工业场景，于是有了数据模型研究。基于 OT 和 IT 的打通、融合，以及工业物联网支撑体系的加持，体系架构如图 2-4 所示。

整个体系架构从下至上。包括感知层、网络连接、平台层和应用层。感知层负责数据采集，是工业物联网体系的数据源泉，利用泛在感知技术对多源设备、异构系统、运营环境、智能产品等各种要素进行信息采集，对异构数据进行协议转换，必要时进行即时处理。工业现场的很多数据保鲜期很短，一旦处理延误，就会迅速变质，数据价值呈断崖式下跌。

为了解决数据实时性、网络可靠性和安全性等问题，边缘计算应运而生。感知层数据通过有线或无线网络连接到达远端数据中心或云平台。工厂内同时存在 OT 和 IT 网络，需要打通，实现网络互联、数据互通。平台层包括通用 PaaS 和工业 PaaS，通用 PaaS 为工业 PaaS 提供 IT 基础支撑。工业 PaaS 也称为工业物联网操作系统，它提供感知层数据接入能力、数据分析能力、工业数据建模能力并沉淀各种工业 APP 模板，方便快速开发和上线应用。平台最终通过应用（用例）服务业务场景。得到闭环。客户花钱买用例。而有了平台支持，能够更快、更简单、更容易地部署用例。对于传统企业信息管理系统如 ERP、WMS、CRM 等，可能需要与平台打通，以消除信息孤岛，实现数据联动。

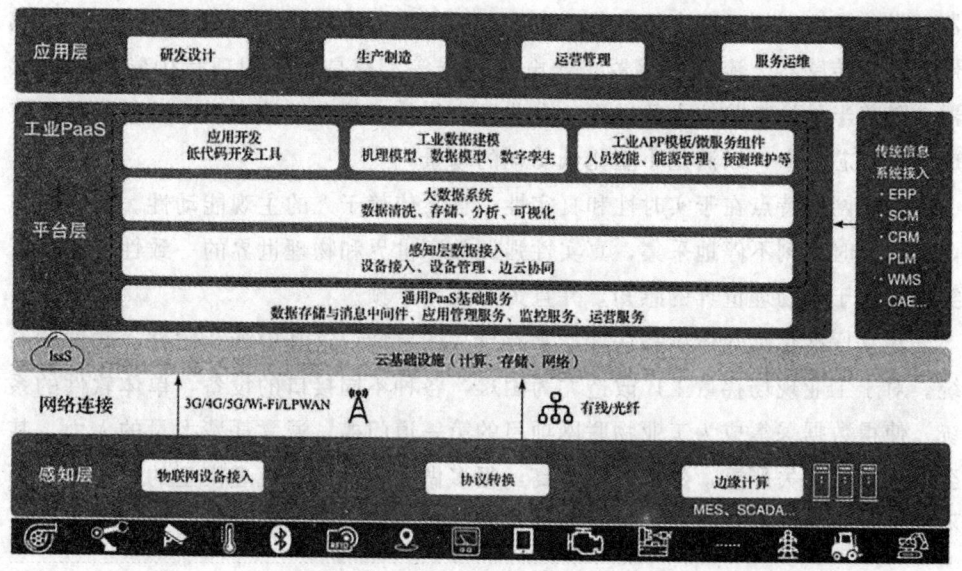

图 2-4　工业物联网体系结构

一、工业物联网感知

在整个工业物联网体系架构中。感知部分位于底层。在工业领域，感知即通常所说的工业数据采集。工业数据采集利用泛在感知技术对多源异构设备和系统、环境、人员等一切要素信息进行采集，并通过一定的接口与协议对采集的数据进行解析。信息的采集可以通过加装物理传感器，或者采集装备与系统本身的数据。工业数据采集的范围，广义上分为工业现场数据采集和工厂外智能产品/移动装备的数据采集（工业数据采集并不局限于工厂，工厂之外的智慧楼宇、城市管理、物流运输、智能仓储、桥梁隧道和公共交通等都是工业数据采集的应用场景），以及对 ERP、MES、APS 等传统信息系统的数据采集。

工业现场数据采集以有线网络连接方式为主，例如现场总线、工业以太网和标准以太网，以无线网络为辅，采集设备、产品、工艺、环境及人员等各种信息；工厂外智能产品/移动装备以无线网络连接方式为主，例如蜂窝移动通信网络、低功耗广域网等。工业数据采集的广泛性，使得它具有一些鲜明的特征，例如多种工业协议并存。大多数时候数据带有时间戳信息，并具有较强的实时性。

无论是通用控制器、专业数据采集模块还是智能产品和终端，都通过传感器获取大量数据。传感器是将物理信号和非电效应转换成电信号的转换器，是真实物理世界的探针。很多领域的重大突破和传感器技术的发展有着密切关系。传感器种类非常多，如温湿度传感器、速度和加速度传感器、压力传感器、位移传感器、声学传感器、流量传感器、光电探测器等，都是物联网项目中常见的传感器。随着半导体工艺技术的进步，有些厂商将传感器和微处理器以及通信单元集成到单颗芯片中，以满足小型化低功耗的场景。

物联网的特点在于实时性和真实性，且不依赖于人的主观能动性。实时性强调数据无时无刻不停地采集，真实性强调数字世界和物理世界的一致性，这种真实性依赖于对物理世界的感知，并且无须人为干预。

建立标准化感知体系是一件非常有挑战的事情，这其中涉及硬件、软件和系统。对于工业现场存量工厂改造尤为困难，各种不同接口的设备，单体软件的系统，使得数据采集成为工业物联网项目的第一道门槛，通常耗费大量的人力。甚至由于数据缺失严重，数据质量不高，很多做数据模型和机理模型的算法工程师不得不花很多时间驻扎在工厂收集数据，数据分析遥遥无期。

二、工业物联网网络连接

感知数据通过网络连接到达远端数据中心或云平台，不同系统之间相互访问也需要网络连接实现互联互通。网络连接就好比人体的血液输运系统。通过它数据才能被送到目的地。工厂内外同时存在 OT 和 IT 网络，彼此需要打通，实现网络互联、数据互通，工业控制网络和企业信息系统的无缝连接，例如工厂内的现场总线、工业以太网，工厂外的网络专线或移动通信网络等。同时，新的需求又不断催生新的网络连接技术。

网络连接分两个层次——网络互联（Interconnectable）和数据互通（Interworkable）。网络互联指实体间通过网络连接，实现数据传递，重点在于物理上的连通（物理层）和数据分发（链路层和网络层）。数据互通指建立标准的数据结构和规范，使得传递的数据能被有效地理解和应用，数据在系统间无缝传递，各种异构系统在数据层面能够相互理解。数据互通强调的是语义，即用计算机、控制器和设备等都能理解的语言，这样就能够轻松交互。OT 网络和 IT 网络之间的数据割裂，一方面是由于网络互联方面，链路层不兼容，例如现场总线不能与 IT 设施直接连接，工业以太网的数据包不能直接转发到 IT 系统；另一方面在于数据互通层面，语义不通，无法解析。

网络互联方面，针对有线和无线两种连接方式，诞生了很多新的技术，例如时间敏感网络(Time Sensitive Network，TSN)沿着工业以太网的思路，支持实时数据传输，但是它兼容以太网和IP。基于5G技术的高可靠低时延连接和海量物联两大场景主要面向物联网应用，通过对刚需场景的甄别，5G将带来新的变化。对于通信频次低、传输数据量少、数据速率低、占用带宽小、传输时延不敏感、对数据传输实时性要求不高且要求低功耗的场景，低功耗广域网将发挥它的作用。

数据互通方面，简单层次的互通可以在协议接口层面实现，通信双方约定好数据解析规则。例如对报文帧每个字段的长度和含义进行明确定义。这些通常发生在同层级或相邻层级的设备、系统之间。简单的数据互通之上，设备与设备之间、设备与控制系统之间、设备与IT管理运营系统之间、控制系统与IT管理运营系统之间，能使用统一的接口完成跨层级的横向和纵向互通。沿着数据互通的目标和方向，业界在不断努力，例如OPC UA被认为是有前途的、能实现持续信息交换的标准，它的信息模型用于解决语义的问题，让不同对象间相互理解，显然还有很长的路要走。

三、边缘计算

边缘计算主要为了解决实时性、网络可靠性、安全性等问题。工业物联网推动了数字化和智能化的浪潮席卷各行各业，包括制造、能源电力、交通、物流、农业、医疗和政府公共事业等。越来越多的终端与设备联网。联网设备数量激增给云端带来了网络带宽压力，如果将设备数据全部传入云端处理，不仅成本巨大，还将花费更多的时间，当网络不稳定时，系统可用性恋差。未来将会有相当比例的数据直接在网络边缘侧进行分析、处理，这正是边缘计算的实践场号。随着企业对生产制造、运营管理和服务运维等环节精细化管理的要求越来越高，越来越多的快速决策闭环将发生在现场，通过边缘节点承载，这将成为确定的趋势，云端处理将无法满足实时性的要求。

工业网关、工控机和服务器都在承担边缘计算的角色，事实上，应当把边缘计算当作一种理念，任何具备一定程度的数据计算、存储、网络通信能力的硬件设施都可以称作边缘计算。当前硬件厂商、云计算服务商以及移动运营商，均投身于边缘计算领域，硬件厂商根据市场的需求，致力于不断推出能满足行业应用场景的边缘计算产品。云计算服务商在云计算领域积累了庞大的用户群，并拥有先进的大数据处理能力，这些公司发展边缘计算的整体思路就是边云协同，将边缘和云端紧密结合。电信运营商不满足于被管道化,单纯地提供数据管道服务。为了帮助用户获得高性能低延迟的服务,移动运营商纷纷部署边缘计算,核心网下沉到离基站更近的地方,带来更好的用户体验。

边缘计算是相对云计算而言的,二者为互补关系,如果要让边缘计算发挥更大的威力,则需要将两者结合,即边云协同,边云协同涉及边缘计算架构设计。人工智能物联网融合了 AI 技术和 IoT 技术,而轻量级边缘智能恰恰是物联网在边缘端结合人工智能技术的 AIoT 应用,它在系统级芯片的基础上,加强了数据运算能力。AIoT 应用并非一定涉及 AL 芯片,有些只是采用了常规的微处理器甚至是单片机,在内存充足的情况下,它们也能运行一些基本算法,实现轻量级边缘智能。

工业现场需要的是实时数据处理,只是以前受限于计算能力,也没有工业大数据、边云协同和人工智能融合技术,所以无法实现。一旦时机成熟,边缘计算将在工业现场自动快速演进。无论是分布式控制系统(Distributed Control System,DCS)、数据采集和监视控制系统(Supervisory Control And Data Acquisition,SCADA),还是制造执行系统(Manufacturing Execution System,MES),它们自带边缘计算基因。深刻理解上述系统的功能层级和相应网络拓扑,才能更好地将边缘计算应用于工业现场,实现边缘计算与工业自动化的完美结合。

四、工业物联网平台

在整个工业物联网体系架构中,平台起着承上启下的作用。平台的建设是一个长期迭代的过程,将企业可复用的数字化能力沉淀下来。平台对相似业务逻辑的场景及对象进行抽象,形成一套可迁移、可扩展、灵活的系统架构,为应用软件快速开发及上线提供有力支撑。平台被视为物联网企业审慎布局的战略制高点,然而平台本身通常不直接面向业务问题,不创造业务价值,价值变现依赖于具体的应用,这导致客户或决策层有时很难理解平台的价值。建设平台应该坚持以目标价值为导向,尊重产业规律和行业特征,避免求大求全、大而不精或堆砌各种鸡肋功能。

从功能上,工业物联网平台将包含感知层数据接入、大数据系统、工业数据建模、工业 APP 模板/微服务组件以及应用开发 5 个部分。感知层数据接入包括设备接入、设备管理和边云协同功能,其中涉及平台如何通过各种物联网协议如 MOTT、HTTP 等获取感知层数据;物联网设备如何在平台注册与管理;边云协同的具体实施路径是什么;云端如何统一管理边缘节点,实现边缘节点注册、边缘应用部署和管理,云端如何通过边缘节点管理终端设备,实现跨层级的设备接入和统一管理。

大数据系统对感知层接入数据进行清洗、存储、分析与可视化，这是一个连续的过程。数据存储方面，用到关系型和非关系型数据库，以及时序数据存储。数据分析方面，涉及实时计算或离线计算。数据分析基于规则和算法，而工业数据建模可以为之提供相关的机理模型和数据模型，工业物联网强调行业Know-How以及行业知识图谱，工业界目前努力的目标之一，是要将大量的机理模型数字化，将专家的经验知识从线下搬到线上。

平台对相似业务逻辑的场景及对象进行抽象，形成工业APP模板，例如设备综合效能OEE、能源管理、人员效能、预测性维护、资产闲置洞察等。当用户提出相似需求时，通过模板支持工业APP快速开发和上线。工业APP模板的形成，依赖于从数据接入、数据分析到可视化整个链路，形成数据的无障碍流动。至于应用开发部分，平台要考虑如何以低代码的开发方式，通过提供各种模板、框架和工具，加速应用开发和上线。

无论是设备接入、设备管理、边云协同、大数据系统。还是工业数据建模和低代码开发，这些功能组件相互协作形成完整的平台，背后很重要的一点在于数据的自动流动。通过良好的架构设计，平台为数据的无障碍流动创造条件，使得平台组件之间的数据相互流通，形成多源数据联动，为数据分析、业务决策提供大力支持。

五、工业物联网应用

在工业物联网体系架构中，感知、网络连接、边缘计算、平台等，这些最终通过工业物联网应用服务于业务场景中，并形成闭环。通过应用实践，识别工业物联网技术创新与商业模式创新，洞察与思考成功案例背后隐藏的重要条件，理性看待企业战略层面驱动的重要性与制约性，理解聚焦的重要性及通过价值抓手实现项目的规模化应用。对工业物联网应用而言，成功从来不是那么容易的，虽然某些应用从原理上可能一句话就可以概括了，但背后的影响因素很多，都有可能左右项目的结果。

第三节　关于工业物联网体系构建的思考

一、架构千篇一律

如果单纯从工业物联网体系架构层级来看，似乎所有应用的架构设计都差不多，套路千篇一律，并不新鲜。各种工业物联网案例汇编、研究报告或企业新品发布会提到的架构都能拆解并映射到架构对应的层级，万变不离其宗。它更像是方法论，告诉我们如果要开展工业物联网，整个解决方案链条上需要什么能力，企业现有组织已经具备哪些能力，哪些能力需要补充或借助于外部合作伙伴。

也有变的地方，工业物联网的每个层级都有大量不同的参与方，每个参与方都会有意无意地强化自己所在层级的重要性。例如感知层的硬件厂商，会将自己的硬件产品矩阵罗列出来，并突出其中的核心技术，如多传感器融合、有线和无线通信等；工业 PaaS 平台厂商强调平台对多种应用场景的支持，行业 Know-How 的积累，应用可视化快速开发，沉淀的各种用例以及当前部要规模和生态情况；通用大数据厂商会察出实时计算、离线计算、数据仓库等大数据能力。

侧重点不同，专攻环节就会有差别，商业策略也就不同，企业应结合自身优势找到适合自己的落地场景与方向。有时候，我们会觉得相似的场景，架构差不多，解决思路也差不多，我们做失败了，别人再来做一遍也注定会失败，甚至对他人已经成功的项目产生怀疑，觉得仅仅是市场宣传效果。产生这种错误认知的原因在于，虽然对架构和大致方案了然于心，但我们对场景事实上理解得未必深刻，我们以为相似场景的客观条件对大家都是一样的，以为组织能力是一样的，实施过程所遇到的困难是一样的，业务方最关心的诉求是一样的，本质上我们并没有看透业务背后最大的痛点。

二、平台是效率最优的吗

这不是一个技术层面的问题，而是工业物联网具体开展过程中所面临的策略问题。理想情况下，应该先定标准、搭框架、开发平台，既考虑当前项目需求，又兼顾将来的扩展要求，很多项目应遵循这种方式开展，以保证顶层规划合理，实施有序，并根据结果反馈，不断迭代优化，制定新的标准规范，扩充新的功能。有时候，平台不总是最有效率的，尤其平台还没有搭建成熟，或者平台核心功能有缺失的时候。从用户角度看，他们关心的是如何快速满足需求，达成目标，而不是技术架构细节。

另外，对于大的类别，体系架构标准制定后，一定要遵循，否则落下技术债，标准就永远无法落地，不具备约束力，大家都纷纷以业务交付为由，标准形同虚设。对于零散的类别，可以业务先行，这对公司整体不会造成大的影响，让相关团队先实践起来即可。

谈论这些，是想说明在条件允许时，尽量按顶层统筹规划，有计划有步骤地推行，这样是最合理的，如果实际条件有限制，应直面客观现实，以最快的方式论证设想，得出结论。

三、工业物联网需要什么样的团队

这个问题虽然没有标准答案，但是大家都非常想了解。因为工业物联网是 OT 和 IT 融合的具体实现，所以它涉及的体系非常庞大。如何搭建一支工业物联网团队，需要经过慎重考量再设置职能岗位。而这和企业的战略定位与策略有关，于是又回到了企业如何找准定位的问题上。

对于硬件公司，例如开发数据采集终端、通信模块或工业网关的公司，需要产品和测试、硬件研发工程师、结构研发工程师、嵌入式软件开发工程师。通信方面如果只是使用通信模组，集成于硬件产品，则相对简单，有了解射频天线知识的工程师就可以。如果是研发底层无线通信协议、算法，那么属于更大的无线通信领域，还需要专业的通信技术人才。

工业 SaaS 服务商的工作重点在于为客户提供有价值的专业 SaaS 服务，团队需要优秀的软件架构师、产品经理、算法工程师、后端开发工程师、前端开发工程师、测试工程师、运维工程师。除此之外，团队需要对行业有深刻的了解，足够的行业 Know-How 知识，组建团队的时候需要注意这方面的能力。

具备这些知识和能力的人可以是产品经理、算法工程师或者售前，有些企业甚至设立咨询顾问岗位，例如工厂运营与工艺专家、能效管理专家等。如果 SaaS 服务商提供硬件，则涉及硬件公司的人员投入。

平台的建设是一个长期过程，而且投入大，IT 相关的人员包括产品、架构、后端、前端、测试、运维。工业数据建模部分需要算法工程师，有些算法工程师具备专业领域知识，例如振动算法工程师，对于振动机理、故障模式、特征图谱或数字信号处理有深入研究；通用算法工程师通过代码实现法。此外还有大数据挖掘与分析工程师、机器学习工程师。如果自己建设大数据平台，则涉及大数据领域能力建设，不能简单地归为物联网领域。同样，团队需要足够的行业 Know-How 知识。

以上只是列举了几个典型例子，实际情况更多样，例如某些人员身兼数职，而某些专业岗位会针对不同行业拆分得更细。工业物联网需要具备什么样能力的团队，要结合企业的定位和目标而定。

第四节　工业物联网技术趋势

工业物联网近些年发展迅猛，无论是 OT 还是 IT，都在积极探索和实践，一方面在于落地场景的价值论证，另一方面在于技术创新，以更好地应对场景挑战。

一、加速泛在连接

工业物联网通过自主感知数据采集、学习、分析和决策闭环，支撑工业资源泛在连接、弹性供给和高效配置，其中数据采集和泛在连接是基础。这既包括工厂内设备、人员、环境等各要素的数据采集、工厂外智能装备及智能产品的数据采集，也包括各种应用系统通过接口集成数据。推进工业物联网实施面临的第一道门槛就是多源异构的数据采集，如何将工厂内外各种 OT 和 IT 数据采集进来，其中存量设施涉及物联网数字化改造，增量建设则涉及标准制定。标准亦非常重要。否则一直疲于项目制交付，无法形成产品，更无法沉淀于平台。

OT 和 IT 要融合，必须打破多年以来形成的信息孤岛。例如工业以太网的发展，一方面在不断提高实时性，另一方面则要更好地兼容标准以太网和 TCP/IP，以消除连接障碍。时间敏感网络既支持高速率大带宽数据传输，又兼顾实时控制信息传输，向下兼容标准以太网，从概念和设计理念上来说，它比以往的工业以太网更先进，因此成为业界研究热点。

对于移动场景，5G 技术、低功耗广域网技术、4G Cat-1 以及短距离无线通信技术等，正在加速泛在连接的发展，支持海量物联。从长距离到中等距离，再到短距离，通过无线通信有效解决连接问题，不同技术各有优劣势及适用场景，有些速率高，有些速度低但功耗极低，有些信号穿透性强，能够在复杂环境下稳定通信。

工业物联网应用场景的差异化，对传感器体积、功耗提出了新的要求，小型化低功耗并且与芯片高度集成的传感器在一些工业场景得到广泛的应用，使得传感器具备数据处理、自校准、自补偿和自诊断功能，物联网终端更加的小型化、轻量化，续航能力更强，成本降低，使得大规模商业化应用成为可能。

二、工业大数据

不可否认，大数据和云计算的普及，加快了人们追逐数据驱动、数据应用的步伐。数据存储能力和计算能力的大幅提升，使得很多限制都已经消除了。例如传统的抽样分析转变为全量分析，通过全量数据分析大幅提升结论的准确性；某些领域从不可预测变为可预测。预测是基于历史规律对未来进行推断，大量的数据基础让分析从面向已经发生的过去转为面向即将发生的未来。

一直以来，工业领域强调机理模型、行业 Know-How 以及行业知识图谱。在具备一定行业认知及知识储备的基础上，将机理模型数字化之后，灌入物联网设备采集的大量数据，分析并得出结果。从因果关系出发，提出假设并验证。这些做法显著区别于消费互联网领域的大数据分析——在大量无序的数据中寻找某种相关性，而不在乎相关性背后的原因。

对于工业物联网，可以将因果关系和相关关系相结合，如图 2-5 所示，例如数据模型对机理模型进行校正、数据模型对机理模型结果进行后处理。将机理模型的部分结果作为数据模型特征等。举个例子、对生产制造或运营管理的某个环节，当利用传统分析方法从杂乱、无序的海量数据中无法找出问题时，可以试着利用 AI 无监督学习算法，对大量样本进行分析，得出基于某特征值的判断阈值，筛选出异常分支，再利用机理模型研究异常分支数据，依据理论和经验弄清楚它背后的原因，AI 帮助快速找出异常的数据集，找到初步分析方向。

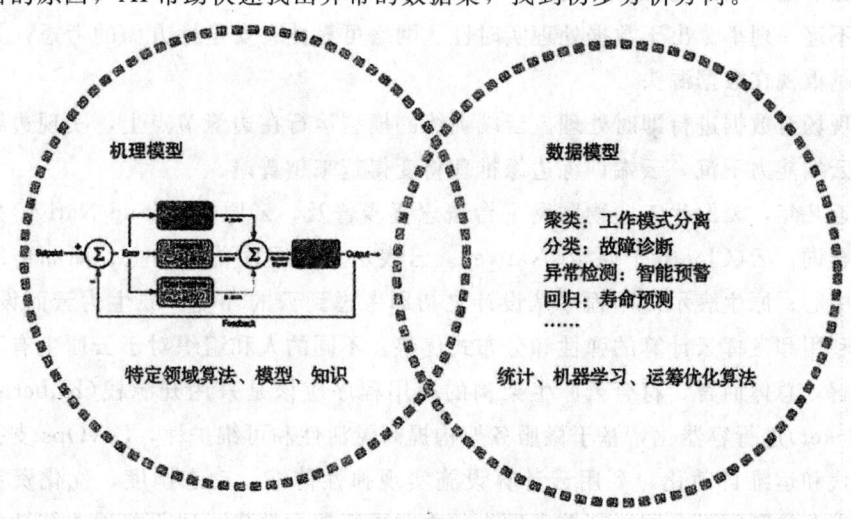

图 2-5 机理模型与数据模型

除此之外，AI 在一些传统领域也在尝试渐进式的改进和优化，例如视觉质检、图像识别。预测分析与诊断、巡检、公共安全等领域逐步应用 AI。AI 并非颠覆式的，在没有 AI 之前，这些事情每天都在发生，但不可否认的是，在某些场景中，AI 让事情变得更有效率、准确率更高。我们既不应该夸大 AI 的效果，大量 AI 项目在工业场景无法规模化落地时便已经指出了这个问题，也无须一味排斥 AI,而是应该保持开放的心态,仔细对 AI 在业务场景落地的可行性加以甄别和研究。

三、沉淀用例,能力复用

在工业物联网赛道,很多解决方案商希望向用户推广自己的平台。通过平台将硬件、云、算法及用例连接起来。平台的重心,一方面在于不断提升通用能力,夯实基础,使平台复制性变强;另一方面则是不断丰富平台上的用例,实现用例沉淀,能力复用,从做项目变为做产品,继而建立平台优势。工业物联网平台赛道的企业,在历经平台的建设期、迭代期和推广期之后,逐渐意识到用例的重要性,最终都需要通过应用服务于业务场景,得到闭环,平台大部分时候不直接面向业务问题,价值变现需要依赖于具体的应用落地。如何将企业可复用的数字化能力沉淀下来,如何对相似业务逻辑的场景及对象进行抽象,形成一套可迁移、可扩展的用例,如何沉淀足够多的行业 Know-How 知识并开发为工业 APP 模板,已成为区分工业物联网平台能力的核心。

除了上面列举的几点,还有一些趋势如边缘智能、云原生工业物联网平台等,不逐一列举。出于数据处理实时性、网络可靠性、安全性方面的考虑,人们越来越重视在数据源头

现场对数据进行即时处理。云端训练的模型运行在边缘节点上,实现边缘智能,云端能力下沉,云端训练边缘推理将变得越来越普遍。

近几年,云原生工业物联网平台概念逐步普及。云原生(Cloud Native)是一个组合词,云(Cloud)+原生(Native)。云表示应用程序位于云上,而非传统的数据中心;原生表示应用程序从设计之初即考虑到云的环境,原生为云而设计,充分利用和发挥云计算的弹性和分布式优势。不同的人和组织对于云原生有不同的理解,总体而言,符合云原生架构的应用程序应该是采用开源栈(Kubernetes+Docker)进行容器化,基于微服务架构提高灵活性和可维护性,DevOps 支持持续迭代和运维自动化,利用云计算设施实现弹性伸缩、动态调度,优化资源利用。工业物联网平台同样朝着云原生的方向进行架构迭代,以更好地支持功能标准化,易于生态合作,并且利于应用在公有云、私有云或混合云等不同基础设施上快速部署。

第五节 工业物联网数据流

一、工业物联网系统的可信度

保护网络物理系统(CPS)的概念是我们通常理解的网络安全和信息安全概念的超集。

为了确定 IIoT 安全的范围,我们使用术语可信度(NIST-CPS)(IIC-IISF)。根据 NIST-CPS,CPS 可信度的定义是:"可信度是指系统在其特征所对应的任何条件下都能够根据既有设计准则执行的可能性,其特性包括但不限于物理安全性、信息安全性、私密性、可靠性和弹性。"

工作人员高度重视 IIoT 系统的可信度,为使 IIoT 系统可信,我们必须结合 IT 和 OT 域的安全特性(IIC-IISF)。如图 2-6 所示,可靠的 IIoT 系统的关键特性结合了 IT 可信度(私密性、信息安全性、可靠性和弹性)和 OT 可信度(物理安全性、可靠性、信息安全性和弹性)等元素。本书中对 IIoT 安全的所有引用都建立在 IIoT 可信度的概念之上。

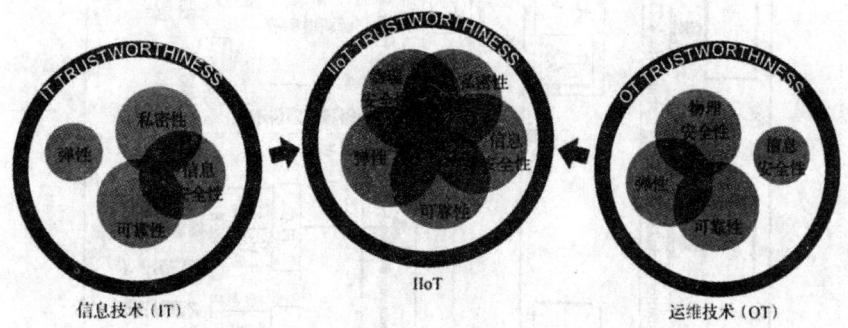

图 2-6　IIoT 可信度融合了 IT 和 OT 可信度(IIC-IISF)

在一个机构中,企业 IT 和 OT 团队对风险的看法完全不同,我们需要平衡考虑 OT 和 IT,以确保 IIoT 系统的可信度。就 IIoT 来说,控制流和数据流可能跨越多个中间者,信任还应贯穿整个系统生命周期,涉及各种参与者和功能实体:从硬件和软件组件构建、系统平台构建、供应链,一直到终端用户。

二、工业大数据管道和架构

数据是 IIoT 价值链中的主要资产,传感器、执行器和控制器等工业设备会生成状态并运行相关数据,这些工业大数据中固有的信息可用于实现各种描述性、规范性和预测性的应用以及进行商业洞察。从数据处理的角度看，针对这种端到端的数据流，首先使用提取、转换和加载（ETL）方法进行预处理，然后使用人工智能和机器学习，最后应用于数据可视化和业务应用，这一过程统称为工业大数据管道（图2-7）。

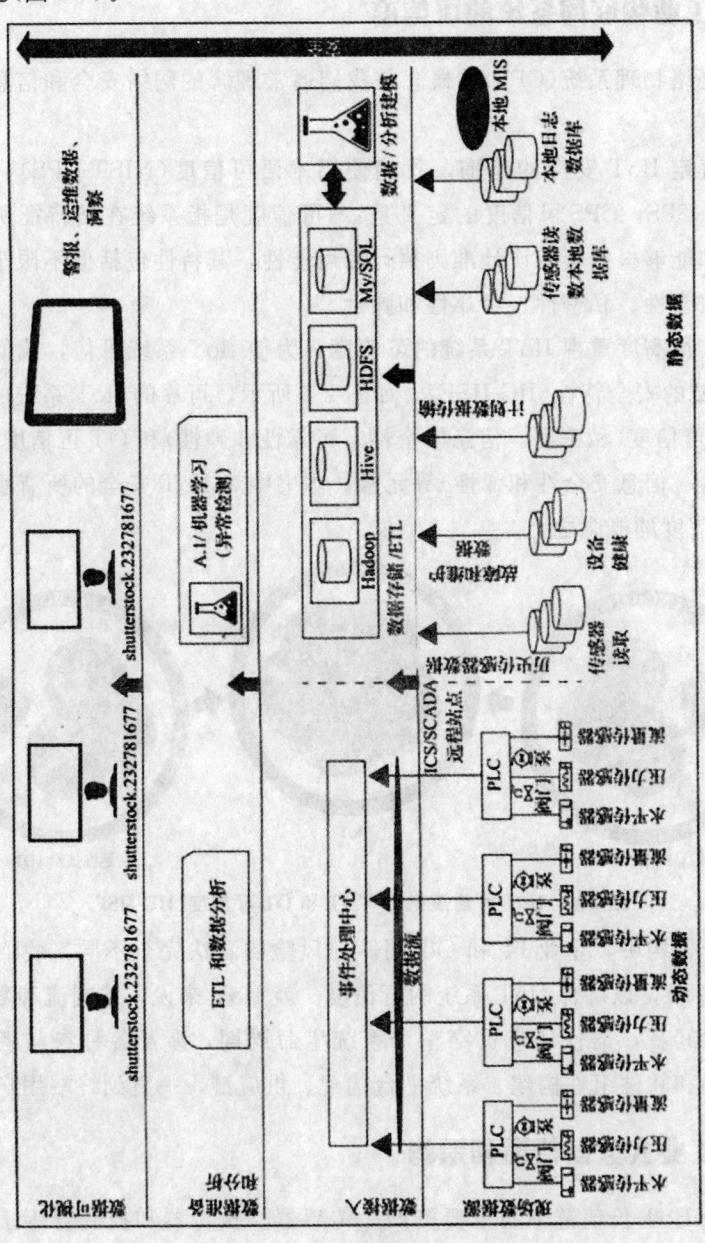

图2-7 工业数据流阶段示意图

针对上图的解释如下：

现场(on-premise)数据源：现场数据包括使用和活动数据——实时流数据（传输中的数据）和来自各种数据源的历史/批处理数据。嵌入在远程站或工厂车间的传感器和控制器会产生大量数据，这些数据反映监测的参数、控制器动作和反馈信号数据。从中我们可以获得对实际系统较细粒度的可见度。这些原始数据既可以是结构化数据，也可以是非结构化数据，还可以是存储在数据池中以供将来处理或以流式传输进行（最近）实时流分析。静态数据包括传感器历史数据、反映设备健康（运行状况）的故障和维护数据以及事件日志，存储在瞬态或持久数据存储介质中；这些数据被上传到现场或云中平台进行规范数据存储，然后被用于批处理。

数据接入：事件处理中心旨在快速接入并发送数据以进行实时分析，在存在大量数据的情况下，诸如 Hadoop/HDFS、Hive、SQL 等规范数据存储和计算集群可以执行 ETL 功能，并且可以将数据导入机器学习引擎。

数据准备和分析：可对数据执行特征工程和 ETL，以便为分析做好准备。

流分析：根据传感器数据提供实时监测，如蒸汽轮机的设备运行状况。这些数据可以存储在持久存储介质中，以进行更复杂的密集型计算的批量分析，这些数据经转换后可用于机器学习，能够预测例如蒸汽轮机的剩余使用寿命。

数据可视化：企业级应用程序［如客户关系管理（CRM）、企业资源规划（ERP）等］可以处理数据，商业智能（BI）分析软件（如 Tableau、Pentaho 等）可用于开发数据可视化应用程序以获取各种 BI 洞察（如性能、剩余使用寿命等）或基于异常的警报和通知。

大数据管道和数据流的具体实现可根据特定的数据管理和所有权模型变化，端到端管道可以完全由工业组织（如智能风车）拥有，或者可以利用私有云或公有云基础设施来提高应用和业务领域的效率。

当资产位于远端时（例如，风电场中的涡轮发动机和油田中的石油钻井平台），我们可能需要在资产附近进行数据处理和计算，以进行本地分析和控制。本章后续几节将进一步阐述这一过程。

从 IoT 系统可信度的角度来看，大数据管道的每个元素都需要通过集成数据私密性、可靠性和机密性控制来进行设计，同时也要考虑安全性、可用性和弹性。

第六节　工业物联网网络连接

一、OSI 参考模型

在介绍网络连接技术之前，我们先来学习开放式系统互联参考模型（Open System Inter-connection Reference Model，OSI 参考模型）。OSI 参考模型在 IT 领域得到了广泛实践，基于 OSI 参考模型的简化版 TCP/IP 四层模型已成为 IT 领域的标准框架，它试图使各种计算机在全世界范围内网络互联。同样，它对于理解工业物联网架构、设备接入、数据传输等相互之间的层次关系也有着重要意义。

1984 年，国际标准化组织（International Organization for Standardization，ISO）发布了著名的 ISO/IEC 7498 标准[①]，它定义了网络互联的 7 层框架，即开放式系统互联参考模型。OSI 参考模型将整个网络分为 7 层，从底层往上分别是物理层、数据链路层、网络层、传输层、会话层、表示层和应用层，如图 2-8 所示。现场总线涉及 OSI 参考模型的第 1 层（物理层）、第 2 层（数据链路层）及第 7 层（应用层）；工业以太网涉及 OSI 参考模型的第 1、2、7 层，对于非实时数据，它也支持 TCP/IP 通道，此时涉及第 3 层（网络层）和第 4 层（传输层）。在无线设备接入部分，重点介绍了第 1 层（物理层）和第 2 层（数据链路层）的知识，本章将网络层次进一步延伸到顶层。关于 OSI 参考模型，詹姆斯 . F. 库罗斯与基思 . W. 罗斯合著的《计算机网络：自顶向下方法》是一本非常经典的图书，对于理解网络层次有很好的帮助。

物理层是 OSI 参考模型的底层，主要作用是利用物理传输介质为数据链路层提供物理连接，以便传输比特流，它规定了网络连接的一些电气特性，负责传送 0 和 1 信号，物理介质可以是双绞铜线、同轴电缆、多模光纤、无线信道如 Wi-Fi、蜂窝等。

数据链路层负责传输电路的 0 和 1 信号，由于单纯的数字 0 和 1 缺乏实际含义，因此要定义解读方式：多少个 0 和 1 为一组，每个信号代表什么含义。这就是链路层的作用，它在物理层之上，将比特组合成字节，进而拼接成帧，确定 0 和 1 的分组方式，一个报文帧由若干首部字段和数据字段构成。成帧功能之外，

---

① ISO/IEC 7498 标准地址为 https://www.iso.org/standard/20269.html。

链路层的作用还包括链路接入、差错检测和纠正、可靠交付。链路接入规定介质访问控制机制，例如采用总线拓扑时，确保同一时刻只能有一个节点向总线发送数据，避免发生冲突。

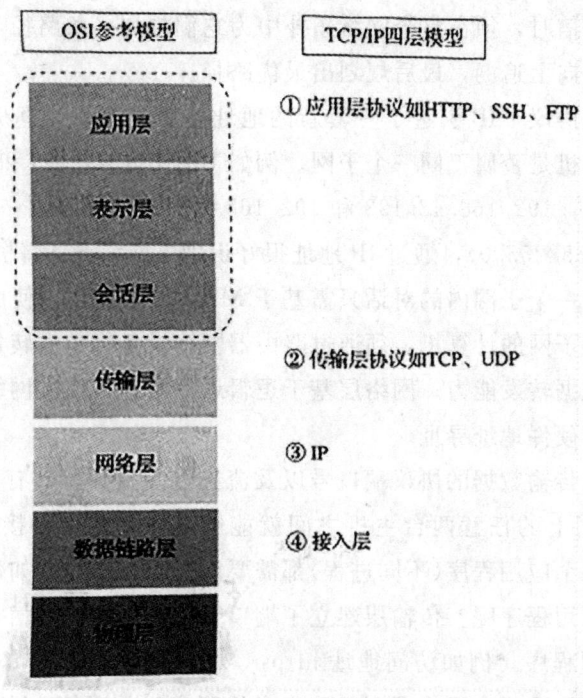

图 2-8　OSI 参考模型

以太网 802.3、无线局域网 802.11 都属于数据链路层协议，其链路接入机制为大家所熟知的介质访问控制（Media Access Control，MAC）协议。以太网规定接入网络的所有设备须具有"网卡"接口，网卡的身份信息由 MAC 地址标识，全球唯一，MAC 地址长度为 6 个字节，例如 C1：63：9C：ID：6A：DI。

差错检测和纠正指链路层基于硬件电路对传输数据进行校验，信号衰减和电磁噪声干扰导致数据帧中某个值为 1 的比特在接收方被错误地识别为 0，而链路层具有发现错误的能力，必要时还能够纠正错误。可靠交付指链路层通过确认和重传机制保证数据无差错地移动，可靠交付服务通常应用于高差错率的链路，例如无线链路，而对于低比特差错率的链路如有线连接，可靠交付被认为是非必要的，为了减少开销，有些链路层将不提供可靠交付服务。

网络层和传输层以 TCP/IP 为例进行说明。在以太网构建的网络中，不同的计算机直接通过 MAC 地址相互识别并交换数据，这在一个小局域网内完全没有问题。假如世界上所有计算机都基于 MAC 地址识别和交换数据，此时就变得非常困难了，因为 MAC 地址没有分组的概念，通过 MAC 地址无法知道计算机是否属于同一个子网络。所有的计算机如果连接在一起，彼此之间要相互通信，不可能采用点对点的方式进行，需要引入网络拓扑，例如树形拓扑。相距较远的两台计算机之间通信时，须在整个网络拓扑中为它们规划一条路径，在树形拓扑中则涉及一级一级向上追溯，最后规划出最优路径。

网络层代表协议—IP 引进了一套新的地址体系，使得计算机及网络设备能够快速区分计算机是否属于同一个子网。例如 192.168.43.193 和 192.168.43.22 属于同一个子网，192.168.43.193 和 192.168.22.17 则不在同一个子网(如果子网掩码为 255.255.255.0)，通过 IP 地址很好识别。网络设备将根据 IP 地址快速规划出路径，同一个子网内的对话只需基于 MAC 地址转发，使用交换机网络设备。不在同一个子网的计算机，须通过路由器网络设备将数据转发出去，路由器具备跨网段的数据转发能力。网络层基于逻辑地址寻址，实现网络路径规划，而数据链路层基于硬件地址寻址。

传输层定义传输数据的协议端口号以及流控和差错校验。有了 MAC 地址和 IP 地址，互联网上的任意两台主机之间就能够建立通信了。接下来的问题是，同一台主机上多个应用程序(不同进程)都需要网络访问时，该如何区分数据包是发送给了哪个应用程序呢？传输层建立了端口到端口之间的通信，它通过端口号区分不同的应用程序，例如访问地址 http://10.207.228.51：9093，其中 9093 表示端口号。作为比对，网络层则是建立主机到主机的通信。TCP 和 UDP 是应用最广泛的传输层协议，TCP 基于握手连接，发出的数据包要求收方回复确认，UDP 则类似于广播，无须建立连接，也无须收方应答，UDP 效率高，TCP 则更可靠。传输层协议发送数据包时会添加校验信息，接收方使用校验信息检查该报文是否出现差错。

会话层和表示层中的"会话"是两个应用程序进程之间的逻辑连接，两个应用程序之间基于此逻辑连接在一定的时间内交换数据，会话层用于建立、管理和终止会话。数据表示层用于处理交换信息的表示方式，包括数据格式交换、加密与解密、压缩。会话层的功能可能在传输层就实现了，例如 TCP 可以管理连接。由于表示层可以合并到应用层中，由应用层负责数据的解析，因此对会话层和表示层的讨论并不多。

应用层收到传输层的数据，接下来要进行解析。由于网络数据来源五花八门，须事先约定好格式，因此应用层规定了应用程序的数据格式。举个例子，TCP 为各种应用层传输数据，比如 HTTP、SMTP、FTP 等，它们都有各自的一套协议规则，分别定义了网页、电子邮件、文件传输时的数据格式，这些均属于应用层范畴，应用层是OSI参考模型的最高一层，直接面向用户。

接下来通过以太网加TCP/IP，将数据在网络各层的流动串联起来。如图2-9所示，主机A打算发一段文本消息给主机B，此文本为网络传输的有效数据载荷。

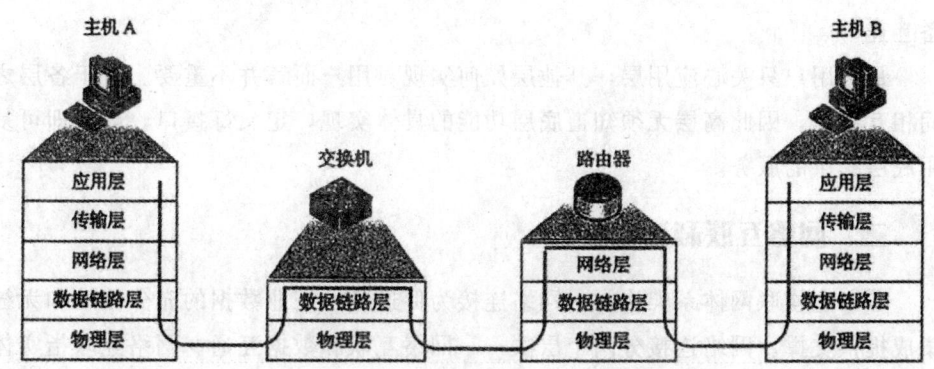

图2-9 数据在网络各层的流动

应用层将这段文本按一定格式打包好，往下传递给传输层。传输层在应用层报文的基础上加上它的头部字段，其中包括主机A的端口号（源端口号）和主机B的端口号（目标端口号）。再往下到网络层，网络层在传输层报文的基础上添加它的头部字段，包括主机A的IP地址（源IP地址）和主机B的IP地址（目标IP地址）。数据再往下到达链路层，链路层在网络层报文的基础上添加主机A的MAC地址和主机B的MAC地址，报文帧最后通过物理层发送出去。通过数据链路层完成最后封装的报文帧格式如图2-10所示。

| 以太网帧头 | IP头部 | TCP头部 | 数据 | 帧校验 |

图2-10 基于以太网和TCP的报文帧

假如主机A和主机B不在同一个子网内，主机A通过交换机连接它所在的局域网，交换机工作在OSI参考模型的第二层——基于MAC地址转发消息，它在数据链路层将报文帧的以太网帧头部分解析出来，获得目标机的MAC地址。由于交换机发现目标机和主机A不在同一个子网内，因此交换机将此报文帧重新封好并转发到它的一个输出端口，所有跨网段的报文帧都将转发到这个输出端口，这个输出端口与路由器相连，路由器工作在OSI参考模型的第三层——基于IP地址转发消息，它在网络层将报文帧的IP头部解析出来，获得目标机的IP地址，路由器通过IP地址判断此报文帧应通过某个端口转发给主机B，报文到达主机B时，主机B的接收过程是从物理层开始，通过一层层解析，最后在应用层收到主机 A 发送的文本消息。

网络为什么要分层呢？分层的目的在于利用层次结构把开放系统的信息交换问题分解到一系列可以控制的软硬件模块中，把大问题分割成多个小问题，每一层可根据需要独立修改或者进行功能扩充，易于实现标准化。如果某一层发生了变化，只要其接口不变，就不会对其他层造成影响，这有利于不同制造厂家的设备互连。

最终用户只关心应用层，其他层如何实现对用户而言并不重要。由于各层之间相互独立，因此高层无须知道底层功能的具体实现，定义好接口，高层即可复用底层提供的服务。

二、网络互联和数据互通

在工业物联网体系架构中，网络连接为促进各种工业数据的充分流动和无缝集成提供支撑。网络连接分两个层次——网络互联和数据互通。网络互联指实体间通过网络连接，实现数据传递，重点在于物理连通（物理层）和数据分发（链路层和网络层）。

工厂内外有着各自的技术实现手段。在工业现场，实体对象无外乎"人、机、料、法、环"，它们是影响产品质量和交期的主要因素。人，指制造产品的人员；机，指制造产品所用的机器设备；料，指制造产品所使用的原材料；法，指制造产品所使用的方法；环，指产品制造过程中所处的环境。智能制造和数字化工厂致力于将这些生产要素网络互联，再通过工业数据建模、数据分析，实现产品的品质和生产过程的联动，倒推各要素的改善和优化。

数据互通指建立标准的数据结构和规范，使得传递的数据能被有效地理解和应用，数据在系统间无缝传递，各种异构系统在数据层面能够相互理解，从而实现数据的互操作并加以利用。数据互通强调的是语义，即用计算机、控制器和设备等都能听懂的语言，这样就能够轻松交互。数据互通对应 OSI 参考模型的传输层和应用层，深刻了解这两个层次的拆分对于理解网络连接有着重要意义。

（一）网络互联

工厂内网络互联以有线网络连接为主，无线网络为辅，工厂外智能产品/移动装备以无线网络连接为主。工厂内网络连接工厂的各种要素，并与企业数据中心互联，支撑工厂内的业务应用；工厂外网络用于连接工厂与工厂、工厂内与工厂外的系统、智能产品和用户、分支机构以及上下游协作企业。

传统工厂内网络主要用于连接生产和办公，而如今大量新型物联网设备和新业务流程被引入,将对网络产生新的需求,从而引起工厂内网络架构的变化。企业为了打破信息孤岛,提高运营效率并降低运营成本,经慎重考虑,将原来分散部署在不同服务器上的业务系统,如 ERP、SCM、CRM 等集中部署到公有云或企业数据中心。

对于联网设备和业务流程产生的数据,要求能实时汇聚到远端,实现数据联合分析,支持企业快速决策,让决策有据可依。当前工厂内的典型网络呈现"两层三级"的结构,如图 2-11 所示 e[①]。两层指工厂 OT 网络(OT 层)和 IT 网络(IT 层),OT 层为自动化控制和监测系统提供支持,以确保生产正常进行,强调稳定性与可靠性。对于运行中的系统,OT 人员更倾向于保持系统长时间不做变更。IT 层的职责包括支持业务和企业管理职能,提供网络访问和连接。IT 层专注于数字环境,由于主要考虑数据处理速度、系统可靠性和安全性等问题,因此 IT 人员需要不断快速创新,以跟上技术发展的脚步。三级指现场级、车间级和工厂级,是根据工厂管理层级来划分的,每层的网络配置和管理策略相对独立。

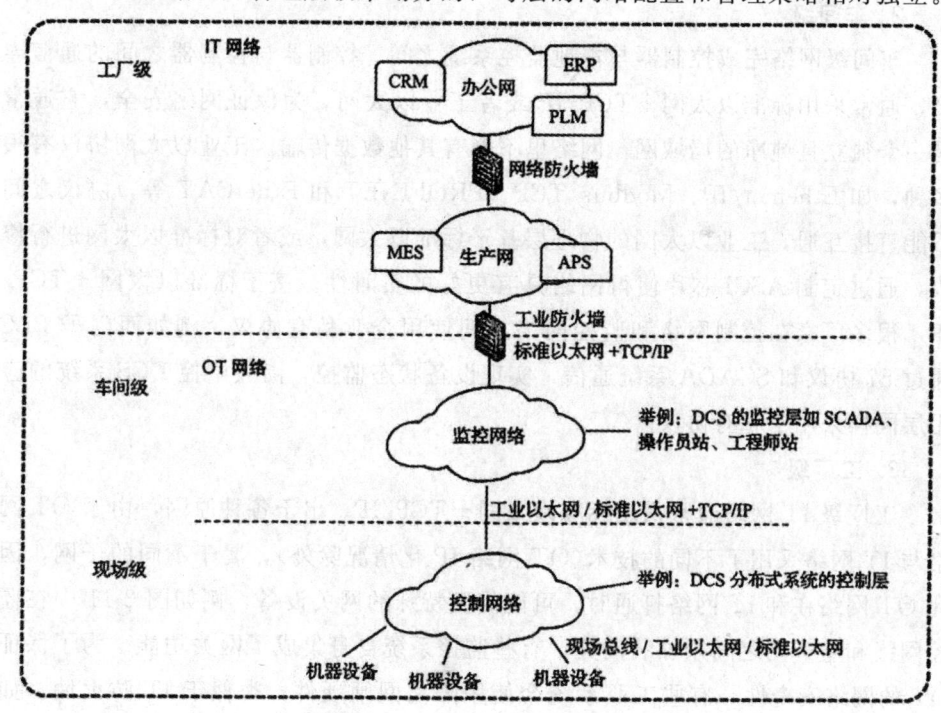

图 2-11 工厂内典型网络结构

---

① 来自工业互联网网络连接白皮书,地址为 http://www.aii-alliance.org/bp s/202003 02/843. Hnnl.

1. 现场级

现场总线被大量用于连接现场执行器、检测传感器和工业控制器，解决智能化仪器仪表、控制器和执行机构等现场设备之间的数字通信以及现场设备和上层控制系统之间的信息传递问题，通信速率通常在几 kbps 到数十 kbps 之间。以分布式控制系统(Distributed Control System，DCS)的控制层为例，其现场控制站(主控制器)连接了下面不同的机器设备。工业以太网同样得到广泛使用，例如 EtherCAT 用于高速运动控制，PROFINET 用于 PLC 与组件之间的通信。相对于现场总线，工业以太网具有更高的通信速率。标准以太网的发展速度很快，有些场景对于数据上传的实效性要求并不高，控制逻辑相对较少，也允许网络短时间中断，"以太网＋TCP/IP"技术同样得到广泛的应用。整体来讲，工业控制网络当前的主流还是现场总线和工业以太网，现场级对于控制网络的实时性要求较高，通常在微秒或毫秒级。

2. 车间级

车间级网络完成控制器与本地监控系统之间、控制器与控制器之间的通信连接，通常采用标准以太网＋TCP/IP 或者工业以太网。为保证网络安全，它通常是一个独立且纯净的局域网，网络里不能有其他数据传输。工业以太网协议有很多种，如 Ethemet/IP、Modbus/TCP、PROFINET 和 EtherCAT 等，协议之间不能直接互通，工业以太网的物理层基于标准以太网，或者对标准以太网进行修改，通过定制 ASCI 芯片使得网络具有更好的实时性。基于标准以太网＋TCP/IP，很多厂家在控制网络和监控网络之间使用企业私有协议，例如西门子 PLC 通过 S7 协议和 SCADA 系统通信，实现设备状态监控，浙大中控 DCS 系统的应用层同样采用了私有协议。

3. 工厂级

工厂级 IT 网络通常采用标准以太网＋TCP/IP。出于各种原因，由于 OT 网络与 IT 网络采用了不同的技术(OT 网络 IP 化情况除外)，属于不同的子网，因此 OT 网络在和 IT 网络打通时，可能需要特殊的网关设备，例如图 2-11 中在监控网络和生产网之间须加装网关，有些监控系统自身集成了网关功能。为了保证 OT 的网络安全性，有些工业系统会使用隔离网闸硬件，类似于 IT 防火墙。如 DCS 和 MES 之间，只能是 DCS 到 MES 的单向数据传输，当 DCS 和 MES 之间有双向通信需求时，应采用双向隔离网闸，只允许特定协议的数据反向从 MES 下行到达 DCS。

关于制造执行系统(Manufacturing Execution System，MES)稍微做一些补

充介绍,图 2-11 中将 MES 标在 IT 层,事实上 MES 更像是介于 OT 与 IT 之间,MES 最被人乐道的是连接企业管理系统和生产控制系统,起着承上启下的作用。

当前智能工厂中,企业 IT 运营管理系统对于现场实时工艺过程数据和设备运行数据有着强烈的需求,即业界常说的工艺上云和设备上云。需要指出的是,对数据的需求,一定要明确对数据实时性的要求。一般 OT 层的实时控制部分都只是在一个小的子系统里,实时性可能达到微秒级,而 IT 层大多数情况下只要能收集到 OT 数据就可以了,多数时候秒级的实时性对其而言已经足够了,控制过程数据无须严格按实时方式从 OT 层上报到 IT 层,明确了这一点,才能对 OT 层与 IT 层的打通有一个正确的预期。

现有的"两层三级"模式存在一些不足,一是 OT 层和 IT 层的网络标准各异,影响了互联互通;二是组网模式相对固定,不那么灵活,涉及变更时调整时间长。一种优化路径是在同一个网络中,做到实时数据和非实时数据传输并存。以时间敏感网络(Time Sensitive Network,TSN)为例,在 OT 子系统中,TSN 支持实时数据传输,而在 OT 与 IT 之间,TSN 支持标准 IT 协议,TSN 技术实现在同一个网络部署中实时数据和非实时数据共存,互不干扰。TSN 技术还比较新,目前 TSN 网络设备的维护成本也很高。另一种优化路径是 OT 层的网络 IP 化和无线化,IP 化指利用工业以太网取代现场总线,标准协议取代私有协议,IP 化后减少异构网络的数量。无线化指在不便于布线的地方,利用无线替代有线,通过无线触达。由于少了布线限制,因此增加了组网灵活性,便于调整。目前无线方式主要应用于对时延和可靠性要求不高的场景,作为有线网络的补充。两条路径都致力于实现网络扁平化。

将地理跨度拉长,从工厂内到工厂外,通过标准互联网、专线以及蜂窝网络等手段实现网络互联。工厂外网络用于连接智能工厂、分支机构、上下游协作企业、智能产品和用户。

标准互联网:标准互联网用于工厂连接互联网,以满足工厂内的上网需求。

蜂窝网络:智能产品和用户主体通过蜂窝网络实现移动联网。

网络专线:专线的优点是安全性好,服务质量(Quality of Service,QoS)可以得到保证。相应地,专线租用价格高。对于企业的核心敏感数据,当需要从工厂汇聚到总部数据中心时,会考虑采用专线。因为资源独占和实效性得到保障,专线带宽资源宝贵,所以企业会按需申请,比如申请 2 Mbps、4 Mbps 的专线,价格比家庭用百兆带宽要高得多。网络专线有两种,一种是物理专用信道,在网络服务商与用户之间铺设一条专用线路,用户独立使用;另一种是虚拟专用信道，在普通信道上为用户保留一定的带宽，用户独享这部分带宽，且用户数据可加密，以此保证可靠性和安全性。

近年来，随着国家推进"百万企业上云"工程，越来越多的企业将工厂内信息系统和 IT 软件部署到公有云上，或采用混合云部署方式。随着智能产品和移动装备的远程服务、租赁业务等新商业模式的快速发展，未来将有海量设备的远程监控、运维及管理优化通过网络互联得到实现。

（二）数据互通

网络互联之后，接下来是数据互通。数据互通指建立标准数据结构和规范，使得数据在系统间能相互解析及识别，并实现数据的互操作和应用。数据互通是异构系统之间的标准化接口，数据互通对应 OSI 参考模型的传输层和应用层。OT 网络和 IT 网络之间的数据割裂，一方面是因为在网络互联方面，链路层不兼容，例如现场总线不能与 IT 设施直接连接，工业以太网的数据包不能直接转发到 IT 系统；另一方面是因为在数据互通层面，语义不同，无法解析。需要通过网络互联和数据互通，打破原有网络结构的限制。

数据互通的具体实现形式，可简单也可复杂。简单，指的是仅在协议接口层面解决系统之间的互通性。例如两个系统之间通过 TCP、HTTP 或 MQTT 协议交换数据，如果采用 TCP 传输一连串二进制字节流，很显然双方须约定一个数据解析规则。例如表 2-1 所示是某应用层和中间件之间的通信协议（TCP 报文帧示例），报文帧包含多个字段，每个字段的长度与含义有明确的定义，应用层和中间件之间以此约定好清晰的数据解析规则。

表 2-1　TCP 报文帧

编码		长度（字节）	格式	含义
STX		1	0xAA（应用层） 0xCC（中间件）	起始字符（应用层→中间层使用 0xAA，中间层→应用层使用 0xCC）
LEN		2	无符号整型	后面所有字节的长度
VER		1	整型	协议版本号码，当前版本号 0x1
SEQ		4	无符号整型	消息序列号（循环＋1）
INS		1	整型	指令码
DAT	RSEQ	4	无符号整型	请求消息 SEQ，应答时原文携带返回
	DATA	变长		业务数据区

续表

编码	长度(字节)	格式	含义
XOR	1		前面所有字节的异或
ETX	1	0x55	结束字符

由于不同的指令码"INS"对应的 DATA 不同，因此上述 TCP 报文帧的 DATA 字段还可以定义得更详细。例如应用层通过中间件向蓝牙网关分别发送配置指令和查询指令，这两种指令的内容不同。假设配置指令为 0x71，它的 DATA 区将包含 4 个字段，当应用层发送一条完整报文，并且指令码为 0x71 时，中间件能够正确解析 DATA 部分，并将解析后的数据发送给蓝牙网关，完成配置下发，如表 2-2 所示。

表 2-2 进一步解析配置指令

网管 MAC	6 字节(注：配置下发的网管 MAC 地址)
区域代码	4 字节 ASCII(设置网关所属区域代码)
网关位置	3 字节 ASCII(设置网关位置)
时间戳	8 字节 LONG

再举一个例子，两个业务系统之间通过 HTTP 交换数据。HTTP 属于应用层协议，运行在 TCP 之上，是一个简单的"请求—响应"协议，并广泛应用于互联网网页端，客户端发送请求给服务器，服务器响应请求并返回消息，请求和响应消息头以 ASCII 码的形式给出。由于 ASCII 码的可读性强，因此在系统与系统之间，可以通过一种明文的方式轻松交换数据。以"HTTP＋JSON"为例，HTTP 报文由以下三部分组成。

请求方法＋URI 地址＋HTTP 版本。

请求头部(本示例中用到的请求头部属性只有 Host、Last-Modified、Content-Type 和 Connection)。

请求正文(JSON 字符串)。

客户端发送请求报文后，服务端很容易基于 JSON 标准数据交换格式获取数据并做出响应，实现数据互通，如图 2-12 所示。

```
POST /DemoWebServices2.0/data/write HTTP/1.1
Host: 192.168.10.27
Last-Modified: Thu, 07 May 2020 07:18:57 GMT
Content-Type: application/json
Connection: close

{
    "array": [
        1,
        2,
        3
    ],
    "boolean": false,
    "color": "#82b92c",
    "null": null,
    "number": 123,
    "object": {
        "a": "b",
        "c": "d",
        "e": "f"
    },
    "string": "Hello World"
}
```

图 2-12　HTTP 示例

看到这里，读者可能会有疑问，这种接口层面简单层次的数据互通，和现场总线、工业以太网或无线协议如 BLE 中定义的各种报文帧，有什么区别？答案是没有本质区别。从结果来看，只要通信双方或者多方能够正常对话，就实现了数据互通。只不过在单一子网中，面向一个特定的应用场景，没有那么复杂，而工业物联网的数据互通，面向更大的范围，数据来自各种多源异构的设备和系统。

协议接口层面的约定是数据互通的简单层次。MQTT 协议亦属于这个层次，MQTT 同样是基于 TCP 之上的应用层协议，在物联网中应用广泛，它的发布/订阅机制特别适合物联网终端节点采集数据后上报平台，通过发布不同的主题以区分消息内容，主题包含哪些字段，如何编排，同样需要发布、订阅的双方提前约定好。

回忆一下现场总线的内容，以 Modbu 为例，它的报文帧结构为从节点地址、功能码、数据和 CRC。对于不同的功能码，数据部分有进一步的详细定义，类似于 TCP 的例子。Modbus 常见的功能码有 8 种，这些功能码最早源于工业控制和数据采集，例如单个数字 I/O 的读取和写入、模拟信号数据采集、模拟信号输出，功能码使得设备与控制系统之间互通，这样不同的 Modbus 设备商可基于此协议约定进行数据解析，有些无须提前约定的意思，这仍发生在同一子网内。不同厂商提供的同类设备具有一致功能时，达到开放性、互操作性和互换性，实现数据互通。这里有两个限制，一是世界上所有的自动化设备和仪表并非使用同一种总线协议，不同现场总线之间不互通，虽然可以加网关，但超出一个子网的范围时，须额外做很多工作，属于横向不通；二是 OT 网络和 IT 网络不通，属于纵向不通。

简单的数据互通之上，能否更进一步实现横向与纵向互通呢？这涉及设备与设备之间、设备与控制系统之间、设备与 IT 管理运营系统之间、控制系统与 IT 管理运营系统之间，是否能使用一整套接口、属性和方法的标准集，使得各对象彼此能够自识别、自解析，无须事先约定，就像所有人讲同一种语言一样，彼此能够理解对方所表达的内容，并做出响应。这件事情很难，虽然一招通吃固然省事，但工业的复杂性和差异化巨大，沿着数据互通的目标和方向，业界仍在不断努力。

关于横向互通，一种方法是使用行规（Profile），行规是特殊设备或针对特别应用而事先定义的函数及特性组态。以某种工业以太网的应用行规为例，它为自动化技术领域的设备和系统（例如，能源管理、功能安全和控制驱动技术）制定了独立于制造商的特性和行为，可用作用户程序的软件接口，而与设备和制造商无关，确保了机器或工厂所用设备的软件工程保持独立。由于行规有助于设备的开放性、互操控性及互换性，因此用户可以确定不同设备商提供的同类设备是否具有标准化的功能和访问接口。更具体一点，行规包含统一的术语定义、设备模型、数据结构（例如开关切换状态、模拟量测量值、操作变量、产品信息等）、设备配置参数（如设定值、门限、测量范围等）、设备诊断方法和错误代码等，应用行规可使用可扩展标记语言（eXtensible Markup Language，XML）进行结构化描述。由于行规的沉淀是基于特定场景的深刻理解和实践，因此这种定义是精准的、合理的。既然是精准合理的，不同的标准协议之间就可能会互通有无，相互借鉴。例如 EtherCAT 的 CoE 行规可提供与 CANopen 标准 EN 50325-4 相同的通信机制，在已经实施 CANopen 的设备中，稍加变动即可支持 EtherCAT 通信，降低了数据互通的难度。

关于纵向互通，标准以太网和工业以太网都在往这个方向努力。随着以太网技术的不断进步，标准以太网已经越来越多地直接应用于工业物联网场景，实现 OT 与 IT 通信；而工业以太网的目标是在同一个网络部署下，实时数据与非实时数据能够并行,形成一个统一的网络,工业以太网在 OT 层利用实时技术保证数据传输的实时性,同时在与 IT 层通信时,能够采用基于 IP 的非实时数据通路。凭借集成的安全机制、独立于供应商和平台的特性,基于以太网的 OPC UA 通信标准正在快速发展。OPC UA 目标更大,同时致力于横向互通和纵向互通,既包括横向智能设备(Machine to Machine,M2M),也包括纵向控制设备、监控网络、生产系统和企业 IT 系统的互通。

(三)工业网络设备

在 IT 领域,网络设备通常指集线器、交换机和路由器等。在大的网络拓扑中,网络设备还存在多个层级,例如交换机分接入层、汇聚层与核心层,考虑到网络稳定性和可靠性,核心层交换机将做冗余热备。工业网络设备同样是这些硬件,在此基础上多了工业网关、工控机等特殊设备。区别主要在于两个方面,一是工业网络设备在适应现场环境、经久耐用方面有额外严苛的要求;二是普通网络设备如交换机,有时无法满足工业以太网对数据转发的实时性要求,需要专用的工业交换机。

集线器、交换机和路由器分别工作在物理层、数据链路层和网络层。在我们接触到的网络连接中,最简单的是两台电脑通过两块网卡构成双机互连,两块网卡之间一般使用非屏蔽双绞线,由于双绞线在传输信号时信号会逐渐衰减,当信号衰减到一定程度时将造成信号失真,因此在保证信号质量的前提下,双绞线的最大传输距离通常限制在 100 米内。当两台电脑之间的距离超过 100 米时,为保证双机互连通信质量,在这两台电脑之间安装一个中继器,中继器的作用是将已经衰减得不完整的信号经过整理,重新产生完整的信号再继续传送。中继器和放大器类似,都起到信号放大作用,区别在于放大器对模拟信号放大,而中继器放大的是数字信号。

中继器是普通集线器的前身,集线器实际上就是多端口的中继器。集线器一般具有 4、8、16、24、32 等不同数量配置的以太网(RJ45)接口,通过这些接口,集线器能够为相应数量的电脑实现信号"中继"。由于它在网络中处于中间位置,因此集线器也称为 Hub。集线器的工作原理很简单,假设一个 4 端口的集线器连接了 4 台主机,集线器处于网络中心,通过集线器对信号进行转发,4 台主机之间可以互通。具体过程如下:假如主机 1 要发送一条消息给主机 4,当主机 1 的网卡将信息通过双绞线送到集线器上时,集线器并不能直接将信息发送给主机 4,它会广播消息,将消息发送给所有端口,所有端口上的主机接收到广播消息后,对消息进行检查,如果发现该消息是发给自己的,则接收,否则不予理睬。

集线器单纯地承担了物理层的角色——消息载体。

交换机工作在数据链路层，也叫交换式集线器。通过对报文重新生成并处理后再转发至指定端口，交换机具备自动寻址和交换能力。交换机根据所传递报文帧的目的地址，将每一帧报文定向地从源端口送至目的端口，避免和其他端口发生碰撞冲突。

还是上面的例子，假如交换机连接了4台主机，主机1要将一条消息发送给主机4，当主机1的网卡将消息送到交换机时，交换机根据消息报文中包含的目标 MAC 地址，直接将消息转发给主机4。交换机拥有一条高带宽的背板总线和内部交换矩阵，交换机的所有端口都挂接在背板总线上，当控制电路收到数据包以后，处理端口会查找内存中的地址对照表以确定目的 MAC 地址应该从哪个端口发出，最后通过内部交换矩阵迅速将数据包传送到目的端口。只有当地址对照表中目的 MAC 地址不存在时，交换机才会将数据包广播至所有端口，接收端口回应后，交换机会记录下新的 MAC 地址并添加到地址对照表中。

路由器工作在网络层，简单地说，路由器把数据从一个子网发送到另一个子网，实现主机间的跨网段通信。理论上依靠 MAC 地址和广播技术，北京的一台主机上的网卡发出的数据包就可以找到旧金山一台主机上的网卡了，但是如果全世界的主机都这么做，每一台主机发出的数据包都同步广播给全世界其他主机，再逐一比对判断，这样显然非常低效，也不现实。因此，广播被限定在发送者所在的局域网内，如果两台计算机不在同一个子网（局域网）内，那么广播无法到达。

由于光从 MAC 地址无法区分不同主机是否属于同一个子网，因此引入了 IP 地址，每个主机被分配一个 IP 地址。IP 地址由两部分组成，前面的部分代表网络，后面的部分代表主机。例如 IP 地址 10.18.254.3，32 位地址，假定前 24 位是网络部分（10.18.254），那么主机部分就是后 8 位。处于同一个子网的主机，其 IP 地址的网络部分相同，例如 10.18.254.3 和 10.18.254.25 属于同一个子网。交换机基于 MAC 地址转发，交换机存储 MAC 地址对照表，而路由器基于 IP 地址转发，路由器存储 MAC 地址和 MAC 地址对应的 IP。交换机用于组建局域网，连接同属一个子网的所有设备，负责子网内部通信；路由器能够将交换机组建的局域网连接起来，或者将它们接入更大的互联网。弄清楚网络设备的所在层级，对理解整个工厂网络拓扑有较大帮助。

工业网络设备在适应现场环境、经久耐用方面额外的严苛要求，体现在多个方面，例如：①坚固耐用的设计和宽温工作范围；②高 IP 防护级别的坚固外壳，要能够抵御灰尘、水和油的侵入；③冗余电压输入确保可靠运行；④广泛的安规认证，例如电磁兼容性认证（Electromagnetic Compatibility，EMC）、电磁干扰认证（Electromagnetic Interference，EMI）、电磁敏感性认证（Electromagnetic Susceptibility，EMS）、抗冲击认证、振动测试认证和跌落测试认证等。

工业网络设备在满足数据传输实时性方面，主要体现在以下几点：①支持各种工业以太网协议如 EtherNet/IP、Modbus TCP、PROFINET，可在自动化 HMI/SCADA 系统中轻松集成和监控；②识别工业以太网数据帧的优先级并保证优先转发。

像集线器、交换机和路由器都是很具体的网络设备，而网关是什么网络设备呢？顾名思义，网关（Gateway）的主要作用是通过协议转换实现两个高层协议之间的网络互联。在 OSI 参考模型中，有时把网关定义为工作于传输层到应用层的设备。网关应用于不同类型且差别较大的网络系统之间的互连，一般进行一对一的转换，或是在有限的几种应用协议之间转换。在 IP 网络世界，网关的主要作用是实现 IP 包跨网段通信，由于路由器可实现跨网段通信，因此有人误把路由器等同于网关。虽然具有网关的功能，但路由器特指能实现路由寻址和数据转发的网络设备。

其他设备也可以充当网关，网关不特指某一类产品，它是一个逻辑上的概念，防火墙、三层交换机、服务器和工控机等也可以承担网关角色。网关的主要转换项目包括信息格式转换、地址转换和协议转换。格式转换将信息的最大长度、数据的表现形式等转换成适用于对方网络的格式。由于每个网络的地址构造不同，因此要转换成对方网络的地址格式。协议转换把各层的控制信息转换成对方网络的控制信息，由此可以进行信息的分割与组合、数据流量控制和错误检测等。

三、有线网络互联

有了网络层级的概念和基础后，可以把设备接入、网络互联的结构图描绘得更全面一些。有线网络互联，包括现场总线、工业以太网和 TSN 的网络互联结构，将介绍无线网络互联，包括短距离通信、蜂窝长距离通信以及低功耗广域网等不同情景。

（一）工业网络互联

以 Modbus 现场总线为例，如图 2-13 所示，Modbus 从站和主站之间的物理层通过 RS-485 连接在一起。再往上，Modbus 主站与工程师站之间的监控网络通过标准以太网或工业以太网连接，使用交换机进行数据转发，构建一个独立的局域网，如果 Modbus 主站不具备以太网或工业以太网接口，可增加网关，由网关实现协议转换，然后接入监控网络。工程师站和操作员站往上连接到 IT 管理网络，基于标准以太网和 TCP/IP，通过交换机组建局域网。再往上如果数据要传输出去，将通过路由器完成跨网段通信。图 2-13 只是示例，实际情况更加灵活和复杂，例如可能不仅仅是 Modbus 主站，另一个作业区是 PROFIBUS 主站，它们都接入监控网络，或者 Modbus 主站再接入通用控制器或网关，由通用控制器或网关汇总数据并接入监控网络。

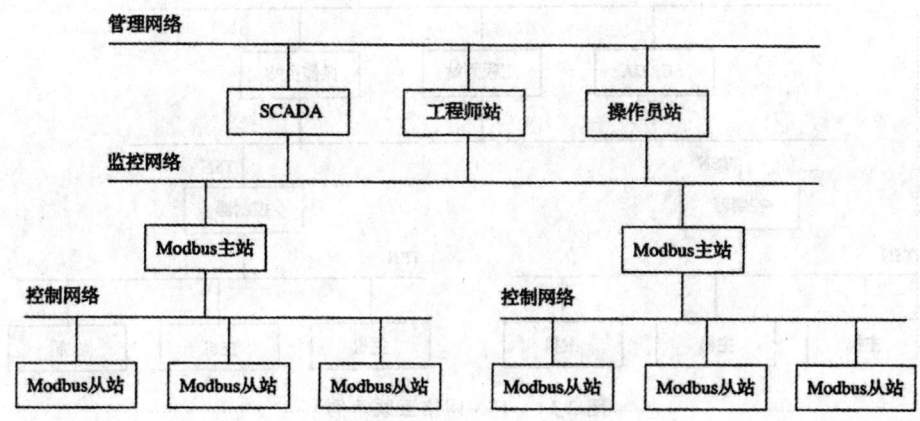

图 2-13 现场总线网络互联示意

（二）时间敏感网络

时间敏感网络（TSN）是工作于数据链路层的协议标准，相对于工业以太网，TSN 在不断提高网络实时性，并在兼容以太网和 IP 的路上走得更远。沿着工业以太网的思路，TSN 成为工业领域的研究热点，陆续有一些公司推出了支持 TSN 的控制器和交换机产品。TSN 支持实时数据传输，同时完全向下兼容以太网，从概念和设计上来说，比工业以太网更进了一步。主要体现在以下两方面。

在同一个网络部署下面，做到实时数据和非实时数据并行。在 OT 子系统中，TSN 支持实时和非实时数据传输，在 OT 和 IT 之间，TSN 支持标准 IT 协议，无须额外增加网关。

TSN 的实时性很高，通过时钟同步、时间感知整形器机制能够实现微秒级的同步，满足严苛的工业控制类应用要求。而这些标准机制都属于 802.1，保持对以太网的兼容性。这一点区别于工业以太网的硬实时，如 PROFINET IRT 或 EtherCAT 飞速传输技术，都采用了定制 ASIC 芯片，与标准以太网不兼容。

如图 2-14 所示，主机、控制器、SCADA、管理网络之间均可通过 TSN 实现网络互联，它打破了严格的系统层级。实际情况中，为保证控制网络的稳定性、监控网络的独立性，仍然会划分不同子网，但仅仅是划分子网，网络构建可以完全基于以太网基础设施。这里须澄清一件事，虽然 TSN 完全兼容标准以太网，但并不意味着采用标准以太网就可以获得高实时性，TSN 的高精度时钟同步和微秒级实时性，需要专用芯片来实现，只不过专用芯片向下兼容以太网，可降级在以太网链路上传输非实时数据，而工业以太网之前的硬实时方案与标准以太网不兼容，这是最大的差别。

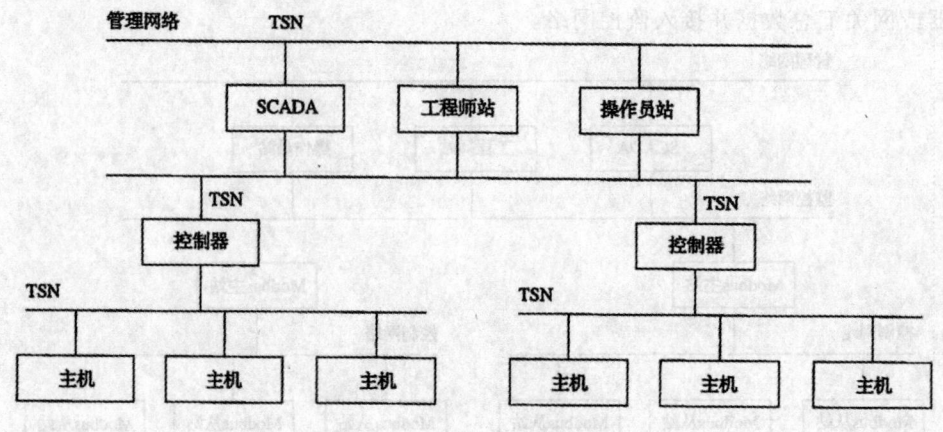

图 2-14 TSN 网络互联示例

如果要在两个系统之间基于 TSN 传输实时数据，那么整条网络链路都要采用 TSN，包括节点、交换机等，如果某个环节为以太网不支持 TSN，则无法保证实时性。通常实时性要求仅限于有限范围内，只要有限范围内的所有节点采用 TSN 连接，就具备了实时通信能力。

TSN 最初来自音视频领域的应用需求，从音视频数据领域延伸至工业领域和汽车领域，最初被称为音视频桥接技术（Audio/Video Bridging，AVB）。音视频网络需要较高的带宽和最大限度的实时数据传输，借助 AVB 能较好地传输高质量音视频，它在传统以太网络的基础上，通过保障带宽、限制延迟和精确时钟同步 3 个方面，提供优异的服务质量，以支持各种基于音频、视频的网络多媒体应用。传输音频和视频信息需要遵守严格的时序规则，如果音频或视频分组不能按指定的时序规则到达目的地，则接收设备可能会出现视频帧丢失、音频质量差的问题。此外，还需要可预测的延迟，保证视频和相关音频流之间的同步。

IEEE 802.1 工作组在 2005 年成立了 AVB 音频视频桥接任务组，开始制定基于以太网架构的音视频传输协议集，并在随后的几年里成功地解决了音频视频网络中数据实时同步传输的问题，这立刻受到汽车和工业领域相关人士的关注。

2012年，AVB任务组在其章程中扩大了时间确定性以太网的应用需求和适用范围，同时将其改名为现在的TSN任务组。TSN成为基于以太网的新一代网络标准，具有时间同步、延时保证等实时性功能。TSN由一系列标准组成[①]，每个标准规范都可以单独使用，只有在各个规范协同工作的情况下，TSN才能充分发挥潜力。各功能及标准如下所示。

时间敏感应用的定时和同步：IEEE 802.1AS。

调度和流量整形（时间选择器）：IEEE 802.1Qbv。

抢占式序列：IEEE 802.1Qbu。

冗余网络的路径控制和保留：IEEE 802.1Qca。

流量限制：IEEE 802.1Qci。

无缝冗余：IEEE 802.1CB。

无线桥接：IEEE 802.1Qbz 和 802.1ak。

下面重点介绍时钟定时和同步、调度和流量整形，两者与 TSN 实时性密切相关。时钟同步方面，由于端到端（End-to-End）的传输延迟具有难以协商的时间界限，因此网络中所有设备需要共同的时间参考，以完成时钟同步。对于通信、工业控制等领域，由于所有任务都是基于时间基准的，因此精确时钟同步是基础标准，TSN 首先要解决网络中的时钟同步和延时计算问题，以确保整个网络的任务调度具有高度一致性。时间同步可通过不同技术实现，理论上可为每个终端设备和网络交换机配备 GPS 时钟，基于 GPS 秒脉冲进行同步，这种方式成本高，而且无法保证 GPS 时钟能够始终接入卫星信号。TSN 网络的时间通常来自一个中央时钟源，它基于 IEEE 1588 精确时间协议（全称为网络测量和控制系统的精密时钟同步协议标准）完成时间同步，IEEE 1588 的基本思想是通过硬件和软件实现网络设备时时钟与中央设备主时钟同步，实现同步建立时间小于 $10\mu s$。相比纯软件方式的网络时间协议（Network Time Protocol，NTP），IEEE 1588 的同步精度要高很多。

基于交换机端口转发机制的限制，在标准以太网中，实时性难以保证。尤其在网络利用率很高的情况下，延迟变得非常严重，多端口交换机常用的存储转发策略和带宽预留能力不足，如果网络流量过大，它可以拒绝数据报，即使使用了以太网帧优先级标识，优先级高的数据报也可能会丢失。而调度和流量整形允许在同一网络上共存不同优先级类别的流量，每个类别对可用带宽和端到端延迟可

---

① 地址为 https://l.ieee802.org/tsn/.

分别定义不同的要求。

调度和流量整形的实现思路和 PROFINET IRT 有一些共通的地方，PROFINET IRT 将每个周期的时间分片，分割为确定性通道和开放性通道，强制在一个周期内将时间拆为两个时间片，通过时间触发，对时间要求严苛的数据采用确定性通道，保证数据传输的实时性和确定性。IEEE 802.1Qbv 定义了时间感知整形器(Time Awareness Shaper，TAS)，它在硬件内部建立多个软件数据列队并引入传输门的概念，门有开/关两种状态，每个队列由预先设定的周期性门控制列表来控制，动态地为数据队列提供开/关控制。传输过程仅选择那些数据队列的门为"开"状态的信息并开放传输端口，保障时间要求严苛的队列免受其他网络信息的干扰。TSN 单个网络集成了实时工业控制、OT 和 IT、音视频，听起来非常吸引人，但与此同时意味着产品相对复杂，复杂性往往对产品成本、质量和可靠性等方面产生影响，这可能成为实施 TSN 的障碍，目前 TSN 相关的设备成本还是很高。

(三) 接入层、汇聚层与核心层

管理网络如果再往上延伸是什么样子？工厂内管理网络连接到机房交换机，最后通过路由器连接到远端或互联网。交换机分三层，分别为接入层、汇聚层与核心层。通常将网络中直接面向用户连接或提供网络访问的部分称为接入层，接入层交换机负责连接主机到网络，具有低成本和高端口密度特性。汇聚层介于接入层与核心层之间，汇聚层交换机作为多台接入层交换机的汇聚点，处理来自接入层的所有数据流量，并提供到核心层交换机的上行链路。

汇聚层交换机具备更强大的性能、更少的端口和更快的交换速率，汇聚层是可选项，很多小型网络没有汇聚层。网络主干部分则称之为核心层，由于核心层交换机通过高速转发，提供优化可靠的骨干传输结构，因此核心层交换机具有最高的可靠性、性能和吞吐量。汇聚层交换机与核心层交换机都具有虚拟局域网(Virtual LAN，VLAN)功能，实际硬件载体为三层交换机(普通交换机只能基于 MAC 地址转发，工作在数据链路层，而三层交换机可基于 IP 转发，工作在第二层和第三层)，虽然三层交换机有时可替代路由器实现跨网段通信，但三层交换机最主要的作用是加快大型局域网内部的数据交换，其路由功能也多是围绕这一目的而展开的，它的路由能力不及同级别的专业路由器。

通常，处于同一个局域网中各个子网间的互联由三层交换机代替路由器，而局域网与公网或外网之间如果要实现跨地域的网络访问，则通过路由器完成。如图 2-15 所示，不同子网的数据在核心层高速转发、路由。从接入层、汇聚层到核心层，越往上数据越集中，如果交换机出现故障，越往上产生的影响越大，核心层交换机通常设计有主备，以保障网络正常工作。

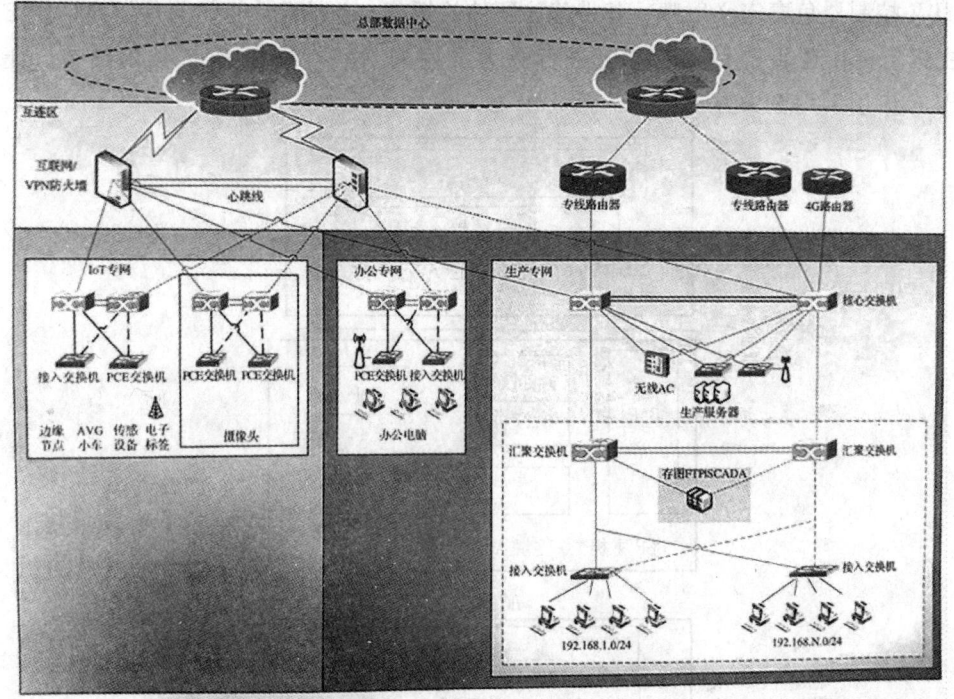

图 2-15 接入层、汇聚层和核心层

四、无线网络互联

在无线通信领域涌现了许多新的技术，例如 5G、窄带物联网、低功耗广域网等，有些技术虽然很早就存在了，却一直默默无闻，直到物联网应用爆发，以及市场和政策多重因素推动，突然变得流行起来，例如 4G Cat-1。

（一）无线网络互联延伸

同样，我们可以把无线设备接入网络互联部分描绘得更加完整。对于短距无线通信，例如 Wi-Fi，通过 AP 接收多个 Wi-Fi 终端设备的数据，AP 连接的是交换机，再往上就跟有线设备接入没有区别了。对于较大规模的 Wi-Fi 覆盖，通常会采用无线接入控制器（Access Controller，AC）来统一管理和配置多个 AP 设备，对于安全性或者数据漫游要求很高的场景，数据可能会通过 AC 统一汇聚后接入交换机。除此之外，考虑到带宽、单点故障等因素，Wi-Fi 终端的数据均由 AP 直接发送至交换机。

蓝牙是无线个域网的代表，它有一套自己的完整协议框架，除了物理层、数据链路层和应用层，还包括 L2CAP、GAP 等蓝牙特有的协议。如图 2-16 所示，BLE 控制器负责定义射频、基带等偏硬件的规范，并抽象出逻辑通信链路；BLE 主机负责在逻辑链路的基础上进行更为友好的封装，屏蔽 BLE 技术细节，让 BLE 应用调用更为方便。

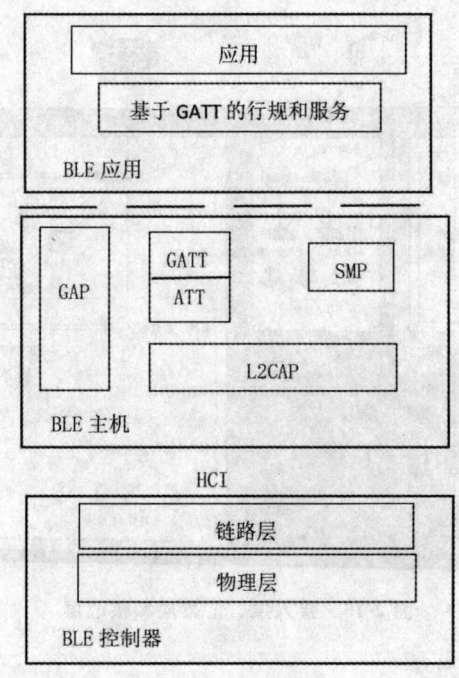

图 2-16　BLE 协议框架

如果在个域网范围内通信，蓝牙节点之间可基于 BLE 协议实现通信，如果需要将数据连接到互联网，则需要通过网关来实现。网关硬件部分的配置可以是"BLE＋以太网""BLE＋Wi-Fi"或者"BLE＋4G"，网关向下接收 BLE 报文，向上通过以太网、Wi-Fi 或 4G 将采集的数据上报给后台，网关作为数据的统一出口。

RFID 通信更简单，RFID 属于一对一识别，RFID 读写器读取标签数据，然后通过有线或无线方式连接更大的网络，RFID 读写器本身可承担网关角色，硬件配置可以是"RFID＋以太网""RFID＋Wi-Fi"或者"RFID＋4G"，例如 RFID 手持终端盘点设备读取 RFID 标签信息，并通过 4G 传输给后台仓储管理系统。

虽然基于蜂窝网络的数据采集设备的产品形态比较简单，但考虑到无线链路的移动性，蜂窝网络该如何在不同节点之间建立连接，实际的端到端数据链路要复杂得多。除了无线接入之外，还需要提供用户终端认证，维护活跃移动节点的位置(小区)信息,并在用户终端移动时为它切换基站。回看4G网络体系结构,接入网设施是用户终端接入网络的第一跳,eNodeB 起着链路层中继的作用。核心网是管理中枢,负责管理数据,对数据进行处理和分发,核心网的本质是路由交换,为方便理解,可以把它当成一个非常复杂的路由器。

P-GW网关是用户终端数据报在进入公共因特网之前遇到的4G基础设施的最后一部分,如果以 P-GW之后为界线,对于外部而言,P-GW 看起来像其他网络路由器,核心网中4G节点的移动性隐藏在 P-GW 背后,如图 2-17 所示。

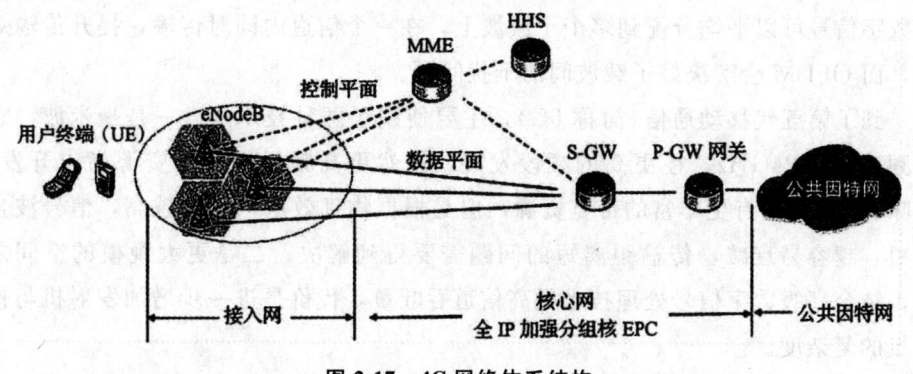

图 2-17　4G 网络体系结构

(二)5G:下一代蜂窝网络技术

回顾移动通信的发展史,每一代都有代表性的技术。第一代通信使用模拟技术和频分多址技术(Frequency Division Multiple Access, FDMA),将通信总带宽划分为多个信道,信道之间相互独立,每个用户分配一个信道,这样多用户可同时通信。第二代移动通信使用数字调制技术和时分多址技术(Time Division Multiple Access, TDMA),并开始探索码分多址技术(Code Division Multiple Access, CDMA)。TDMA 很好理解,时分复用,允许多个用户在不同的时间片(时隙)使用共享信道,每个用户使用预分配的时间片,用完资源立刻释放。第三代移动通信强化了 CDMA 技术,码分多址属于第三种共享信道的方法,多个用户可以在相同时间、相同频率下通信。CDMA 的技术原理源于扩频技术,它采用远高于待发送信号带宽的高速伪随机码(Pseudorandom Noise,PN),对待传输信号进行调制,使得原始信号成为宽带信号,最后经载波调制发射出去;接收端使用完全相同的伪随机码,对接收的宽带信号做逆变换,将宽带信号变换回原始信号。

第四代移动通信引入了多输入多输出(Multiple Input Multiple Output, MIMO)技术和正交频分复用(Orthogonal Frequency Division Multiplexing,

OFDM)技术。MIMO 即空间复用,是第四种共享信道的方法,在发送端和接收端都使用多根天线,于是收发之间构成了多个信道的天线系统,以此提高信道容量。FDMA 将总带宽划分为多个信道,每个信道有足够的带宽,OFDM 相当于把一个信道进一步分成多个子信道,因为一个信道所能提供的带宽通常比传送一路信号实际所需带宽要大得多,如果一个信道只传送一路信号非常浪费,所以为了充分利用信道的带宽,发明了 OFDM 技术。将一个信道拆成多个子信道,每个子信道分配一个子载波,子载波之间相互正交(正交是数学上的概念),这样一串数字信号可以平均分配到多个子载波上,在一个信道内同时传输,提升传输效率,而 OFDM 会解决好子载波间的干扰问题。

到了第五代移动通信(简称 5G),主要使用了两种技术——一是毫米波,它的频率高于 24GHz,往更高的频段发展。虽然更高频段的频谱资源尚未开发,意味着 5G 将拥有更丰富的带宽资源,但是根据物理效应,频段越高,信号波长越短,越容易衰减,传输距离短的问题需要得到解决;二是更大规模的空间复用,结合高级数字信号处理技术提高信道吞吐量,代价是进一步增加发射机与接收机的复杂度。

5G 还采用了密集组网技术、更先进的信道编码技术 LDPC 和 Polar 码,以及在 4G 中已使用的载波聚合和波束赋形技术。整体上,5G 更像是一个技术合集,所有技术并非凭空而来,依赖于对现有技术的深入研究利用,而要把如此多的技术融合到一起,实现 5G 标称的跨越式性能,挑战很大。近些年 5G 备受关注,很多高校开展 5G 原型研究,三大运营商与企业纷纷进行 5G 合作试点,工业物联网、企业数字化转型等各种峰会论坛都将 5G 纳入讨论议题。

目前 5G 定义了 3 个场景,分别为移动增强带宽(enhanced MobileBroadBand,eMBB)、高可靠低时延连接(ultra Reliable Low Latency Communication,uRLLC)以及海量物联(massive Machine Type Communication,mMTC),如图 2-18 所示。3 个场景目标不同,对应的技术要求也不一样。

eMBB 增强移动带宽是以人为中心的应用场景,表现为超高的数据传输速率,目标峰值速率大幅提升至超过 10 Gbps,广覆盖下的移动性增强,未来移动网速的需求将得到满足,eMBB 可理解为对上一代移动网络性能的直接升级,让用户获得极致网速体验。对于 uRLLC 高可靠低时延连接,应用于要求连接时延小于 1ms,且高速移动时可靠性达 99.99% 的场景。这类场景主要面向车联网和工业自动化领域,对实时性和可靠性要求很高,属于任务关键型物联网应用。mMTC 海量物联则面向海量物联网应用,支撑更大规模的泛在连接,此场景数据速率较低,对时延不敏感,终端成本更低。

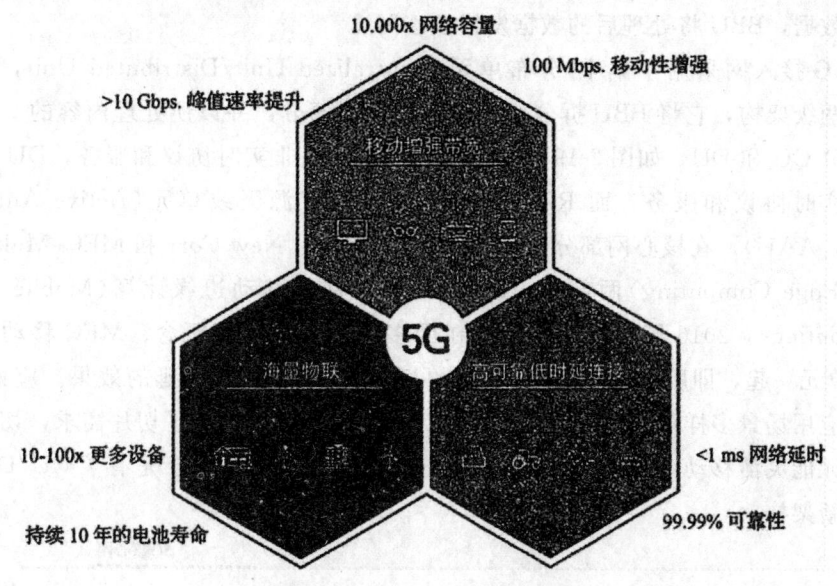

图 2-18　5G 的 3 个应用场景

上述 3 个应用场景构成了 5G 的发展蓝图,有人说 5G 像万金油,既要求网速快,又要低时延,还支持海量连接。不同场景对于网络特性要求不同,有些甚至是矛盾的。例如,用户收看高清演唱会直播时,在乎的是画质(带宽和速度),时效方面,整体延后几秒甚至十几秒,用户也可以接受。而远程驾驶在乎的是时效性,时延超过 10 ms 都可能导致严重事故,对于带宽要求却并不高。不同场景的要求截然不同,5G 如何一一满足,由此 5G 网络引入切片的概念。

简单说来,切片相当于把一张物理上的网络,按应用场景划分为多张逻辑网络,不同逻辑网络将服务于不同场景,每张逻辑网络对应一个切片,网络运营商可以选择每个切片所需的特性,例如低延迟、高吞吐量、连接密度、频谱效率、网络容量和网络效率等。通过网络切片,可以优化网络资源分配,实现最大化成本利用率,切片时可将不必要的功能移除,并且按需添加新特性,满足多元化场景的要求。那么切片的对象是谁、如何切片、切片的前提条件是什么呢?

切片涉及接入网功能拆分,核心网功能下沉。对比一下 4G 和 5G 网络架构的差别:接入网部分,4G 基站包括基带处理单元(BaseBand Unit,BBU,主要负责基带信号调制)、远端射频单元(Remote Radio Unit,RRU,主要负责射频处理)及天线三部分。BBU 和 RRU 之间通过光纤连接,RRU 与天线之间通过馈线连接。对于上行链路,终端设备发送的信号通过基站天线接收,由 RRU 进行射频处理,变成基带信号,再传输给 BBU 进行信号解调,最后得到用户终端发送的数据,BBU 将处理后的数据发给核心网。

5G 接入网采用了集中/分布单元(Centralized Unit/Distributed Unit,CU/DU)两级架构,它将 BBU 拆分成 CU 和 DU 两部分,并以所处理内容的实时性来区分 CU 和 DU,如图 2-19 所示。CU 负责处理非实时协议和服务,DU 负责处理实时协议和服务,而 RRU 和天线合并成有源天线单元(Active Antenna Unit,AAU)。在核心网部分,5G 将核心网拆分为 New Core 和 MEC(Multi-access Edge Computing)两部分,MEC 早期被称作移动边缘计算(Mobile Edge Computing),2016 年将它扩展为现在的多接入边缘计算概念。MEC 移动到和 CU 单元一起,即所谓的下沉(离基站更近),以达到缩短时延的效果。应该说,因为应用场景多样化,所以网络多样化。网络多样化,催生了切片需求,切片要求网元能灵活移动,网元与网元之间的连接也要足够灵活,于是有了 CU/DU 这样的新架构。

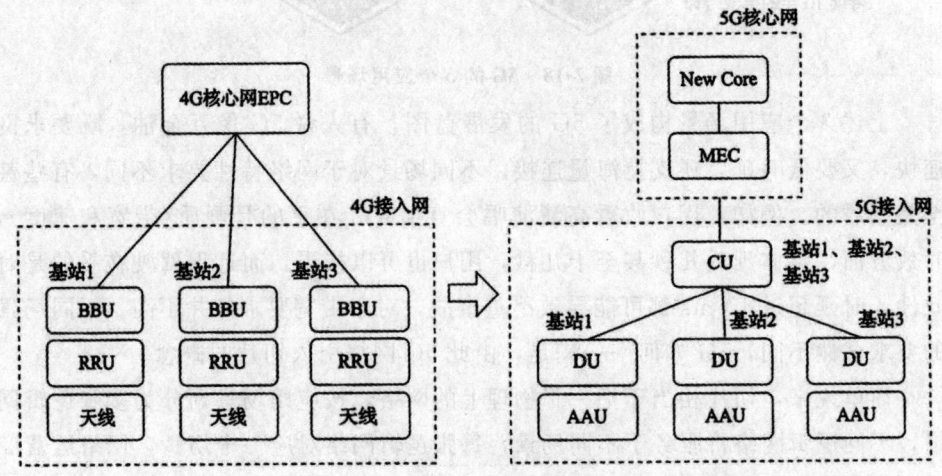

图 2-19 5G 无线网络结构

以上从架构角度讨论切片,具体实现则依赖于软件定义网络(Software DefinedNetwork,SDN)和网元虚拟化(Network Function Virtualization,NFV)。把一张物理上的网络按应用场景切分为多张逻辑网络,意味着网络功能是可编程的。网元功能虚拟化,指硬件上直接采用 IT 厂家的 x86 通用服务器,软件上开发自己的虚拟化平台,由通用软件实现以前的核心网网元功能。

5G 核心网采用基于服务的架构(Service Oriented Architecture,SOA),这一点借鉴了 IT 领域的服务化理念,它把具有多项功能的核心网拆分为多个具有独立功能的个体网元,每个网元实现自己的服务。如此一来,5G 的网元大大增加了,虽然网元看上去很多,但实际上底层都是通用硬件,通过虚拟化平台虚拟出不同功能。这样就比较容易扩容和缩容了,也容易升级和切割资源,相互之间不会造成太大影响。

5G 核心网是模块化的、软件化的,NFV 是网络切片的先决条件。这样,接入网可作为边缘云,核心网对应核心云,5G 网络设施变成了资源池,边缘云与核心云的通用服务器之间通过 SDN 进行配置连接,如图 2-20 所示。

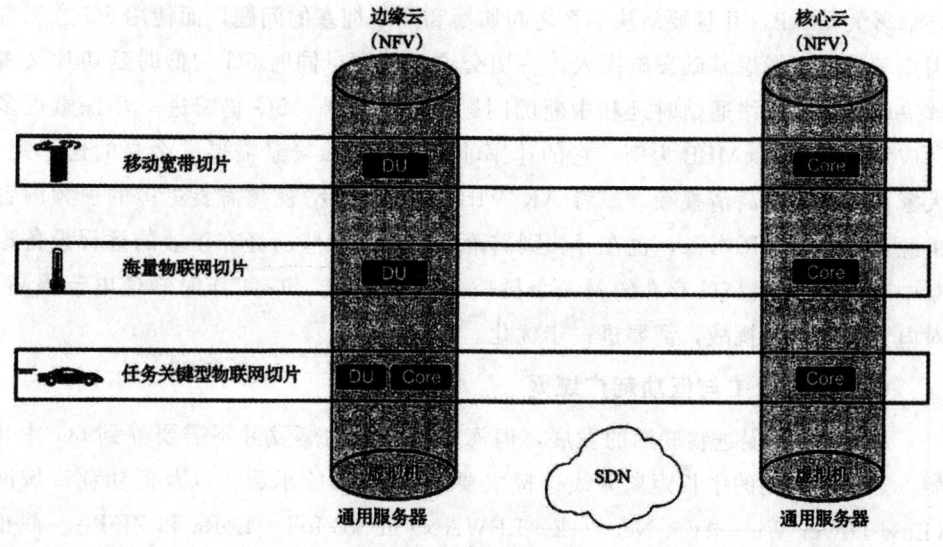

图 2-20 5G 网络切片

2019 年 6 月,工信部正式向中国电信、中国移动、中国联通和中国广电发放 5G 商用牌照,国内运营商 5G 频段划分如表 2-1 所示,中国正式进入 5G 商用元年,比预期时间提前了半年。获得 5G 商用牌照后,运营商开始采购设备、建设基站,网络搭建完成后向消费者提供服务、收取资费,手机厂商则在这个过程中陆续推出 5G 设备。

表 2-3 运营商 5G 频段划分

运营商	5G 频段	带宽	5G 频段号
中国移动	2515~2675MHz	160MHz	N41
	4800~4900MHz	100MHz	N79
中国联通	3500~3600MHz	100MHz	N78
中国电信	3400~3500MHz	100MHz	N78

2019 年 10 月,三大运营商公布 5G 商用套餐,并在 11 月正式上线 5G 商用

套餐。5G 网络和终端设备的普及率以及 5G 网络的资费水平,都成为影响 5G 大规模商用的重要因素。运营商的 5G 网络建设策略是先从数据网络消费热点区域开始,而非全面铺开,按需建设。

目前 5G 存在的主要挑战是刚需落地场景匮乏,需要找到好的场景,能充分发挥 5G 的优势。笔者认为 5G 对于较大范围移动、同时对网络速度和时延有较高要求的场景,将发挥重要作用,传统的 Wi-Fi 虽然可以进行信号覆盖,但是需要部署大量 AP,并且要解决 AP 之间切换和网络拥塞的问题,而使用 5G 意味着用户不再需要考虑基础设施投入,一切交给运营商,同时 5G 的低时延切片又将解决以往蜂窝网络通信时延和中断的问题。除此之外,5G 仍需进一步探索更多的应用场景。以 eMBB 为例,它的速率非常高,什么场景需要这么高的速率呢?大家可能想到超高清视频,或者 AR/VR,但是超高清视频需要更多的视频内容来源,而 AR/VR 本身,也在寻找刚需落地场景,有些已经在工业的远程设备诊断中有应用尝试。5G 存在的另一个挑战是芯片功耗,5G 工作时峰值电流很高,对电池续航带来挑战,需要进一步优化。

(三)4G Cat-1 与低功耗广域网

尽管 5G 将促进物联网的发展,但海量物联网的爆发并不需要等到 5G 才开始。当前物联网的中长距离无线连接主要由 2G 和 4G 承载,以及低功耗广域网(Low-Power Wide-Area Network,LPWAN)如 NB-IoT、LoRa 和 ZETA。截止到 2020 年,国内 80% 以上的物联网终端连接还是基于 2G,2G 的速率能够满足绝大多数中低速率的物联网应用场景。

2018 年上半年,第三代合作伙伴计划(3rd Generation Partnership Project,3GPP)向国际电信联盟提交 NB-IoT 和 LTE-M 技术作为物联网在 5G 时代的候选方案,以满足 IMT-2020 中描述的 5G LPWAN 要求。3GPP 承诺 5G LPWAN 将继续通过演进 LTE-M 和 NB-IoT 作为 5G 规范过程的一部分,并且 3GPP 同意不会为 5G 研究新的 LPWAN 解决方案。而且大多数 NB-IoT 和 LTE-M 设备的固件都可以通过升级支持 5G。NB-IoT 和 LTE-M 是 3GPP 为物联网应用开发的两种 LPWAN 技术,基于低带宽蜂窝通信协议,专为少量数据传输的物联网设备而设计,具有较低成本和较长电池续航的特点。

NB-IoT 和 LTE-M 均为 4G 技术,最初设计时确保了它们可以在 LTE 网络中进行带内操作,并且可以共享 LTE 频谱资源。NB-IoT 与 LTE-M 的出现并非偶然,由于物联网的普及,如果使用 LTE 传统蜂窝网络将消耗太多功率,而且对于不经常传输数据且数据量很少的场景,完全是大材小用。物联网需要一个能够提供低功耗和广覆盖的解决方案,它要满足以下 4 个要求。

技术成本低,支持更广泛的部署。

低功耗,电池的使用寿命长。

覆盖范围广,可以连接到地下、建筑物内和农村环境中的设备。

高连接容量,今后将会有大量的物联网设备接入物联网,产生巨大负荷。

3GPP 按终端能力等级划分了多个类别(Category,Cat),不同等级代表终端所支持的数据处理能力(下行、上行速率)和调制编码能力。3GPP Release 8 定义了 Cat-1、Cat-2、Cat-3、Cat-4 以及 Cat-5,手机用户终端属于 Cat-4,它的最大下行速率为 150.8 Mbit/s,上行速率为 51.0 Mbit/s,满足语音通信和上网视频娱乐的需求。Cat-1 代表使用 LTE 网络连接物联网设备的早期尝试,Cat-I 既然很早就推出来了,为什么之前没有广泛使用呢?这个问题结合下文 2G/3G 迁移转网部分再分析,暂且放一放。

之后 3GPP Release 13 发布了 NB-IoT 和 LTE-M,NB-IoT 标称最高下行速率为 0.68 Mbit/s,上行速率为 1Mbit/s,实际在 200 kbit/s 左右,市面上出货的 NB-IoT 模组,单频模式下速率基本在 20kbit/s 左右,带宽为 200 kHz,相对 LTE 的 20 MHz 小了很多,窄带由此而来。LTE-M 也叫 eMTC(enhanced Machine Type Communication),3GPP 对 LTE-M 的定位是中等速率的物联网接入,移动性也满足要求,LTE-M 支持需要实时通信的设备,并支持语音,它的上行链路和下行链路速度达 1 Mbps。

NB-IoT 和 LTE-M 代表了蜂窝物联网的演进方向,看起来也有分工,于是各个国家开始推动和部署,在国内便是红红火火的 NB-IoT 网络建设。2017 年 6 月,工信部发布《关于全面推进移动物联网(NB-IoT)建设发展的通知》[1],该政策进一步推动了中国 NB-IoT 网络建设,要求加快推进网络部署,构建 NB-IoT 网络基础设施。基础电信企业要加大 NB-IoT 网络部署力度,提供良好的网络覆盖和服务质量,全面增强 NB-IoT 接入支撑能力。

2017 年年末,我国实现了 NB-IoT 网络覆盖直辖市、省会城市等主要城市,基站规模达到 40 万个。到 2020 年,NB-IoT 网络实现全国普遍覆盖,面向室内、交通路网、地下管网等应用场景实现深度覆盖,基站规模达到 150 万个。

应用推广方面,开展 NB-IoT 应用试点示范工程,促进技术产业成熟。鼓励

---

[1] 地址为 http://www.miit.gov.cn/n 1146295/n1 65285 8/n1 65293 0/n3 757020/c56927 19/content.html.

各地因地制宜，结合城市管理和产业发展需求，拓展基于 NB-IoT 技术的新应用、新模式和新业态，开展 NB-IoT 试点示范，并逐步扩大应用行业和领域范围。通过试点示范，进一步明确 NB-IoT 技术的适用场景。2017 年实现基于 NB-IoT 的 M2M（机器与机器）连接超过 2000 万，2020 年总连接数超过 6 亿。具体应用于以下 4 个领域。

推广 NB-IoT 在公共服务领域的应用，推进智慧城市建设。以水、电、气表智能计量、公共停车管理、环保监测等领域为切入点，结合智慧城市建设，加快发展 NB-IoT 在城市公共服务和公共管理中的应用，助力公共服务能力不断提升。

推动 NB-IoT 在个人生活领域的应用，加快 NB-IoT 技术在智能家居、可穿戴设备、儿童及老人照看、宠物追踪及消费电子等产品中的应用，加强商业模式创新，增强消费类 NB-IoT 产品供给能力。

探索 NB-IoT 在工业制造领域的应用，服务制造强国建设。探索 NB-IoT 技术与工业互联网、智能制造相结合的应用场景，推动融合创新，利用 NB-IoT 技术实现对生产制造过程的监控和控制；拓展 NB-IoT 技术在物流运输、农业生产等领域的应用，助力制造强国建设。

鼓励 NB-IoT 在新技术新业务中的应用，助力创新创业。鼓励共享单车、智能硬件等"双创"企业应用 NB-IoT 技术开展技术和业务创新。

在产业链构建方面，加快 NB-IoT 芯片、模组、网络设备和物联网应用服务平台的研发，在 2017 年，NB-IoT 终端模块价格还是过高，影响用户进行大规模部署的意愿，其模块价格应至少与 2G 模块相当时，才能有些许取代的动力，于是有了各大运营商的大规模补贴政策。

NB-IoT 在国家大力支持下如火如荼地开展了 3 年多，目前已初具成效，产业链初步成型。自 2016 年标准冻结，到 2019 年实现大规模商用，NB-IoT 仅用了 3 年时间。在完备 NB-IoT 应用环境和生态体系的过程中，国家可以说是不遗余力，从政策指导方针、频段确认、牌照发放，继而由电信业者、设备业者等大厂带动，催生国内 NB-IoT 产业链，进一步由地方政府提供示范项目，从公共民生服务领域导入 NB-IoT 应用。我国从 3G 时代开始发力全球标准化，到 5G 时代，具有了一定的话语权。政策大力支持的背后，蕴含了运营商、设备商的众多专利成果，一旦纳入 5G 标准，将有助于中国产业自主化。

截止到 2019 年，我国已建成 NB-IoT 基站超过 70 万个，连接数过亿，主要集中在"远程抄表、智能烟感、智能井盖"等应用场景。回过头来看《关于全面推进移动物联网(NB-IoT)建设发展的通知》，它预期在 2020 年，NB-IoT 的连接数超过 6 亿，而目前显然远未达到这个目标，我国大部分 NB-IoT 连接集中在少数城市，在全国范围内达到普遍的程度还有很大的距离，大量基站处于轻载、空载状态。通知中关于 NB-IoT 的 4 个应用领域，只有公共服务领域由于政策力推，有一些规模化应用，其他领域的应用，市场反馈平平。这里面有很多需要解决的问题，例如多终端并发连接能力，单一频段同时接入终端数量仍旧受限；网络的覆盖率没有想象的简单，有些城市即使完成布网，事实上具体信号质量也有落差；而信号覆盖不足，导致 NB-IoT 终端需要不断地寻找和连接基站，功耗变大，5W 的电池支撑不了 10 年续航，弱化了 NB-IoT 的低功耗优势。这些问题和基站建设以及覆盖水平有关，随着运营商加大投入，会得到一定程度的改善。

NB-IoT 主要工作在 4 个频段，包括 800 MHz、900 MHz、1800 MHz 和 2100 MHz。其中 800 MHz 和 900 MHz 为 NB-IoT 的全球主流频段，产业供应链相对成熟。中国移动重点在原来的 GSM900 网络频段上部署 NB-IoT，这意味着中国移动将把一部分 2G 的频段资源腾出来给 NB-IoT，随着 2G 频谱资源减少，中国移动 2G 网络用户体验将下降。由于中国电信 NB-IoT 部署在 800 MHz 频段，就是原来的 CDMA2000 lx，带宽 15 MHz，低频承载，信号穿透力强，因此电信的 NB-IoT 网络部署速度是最快的。中国联通 NB-IoT 部署在 900 MHz 和 1800 MHz 频段。其 900 MHz 频谱的资源比较受限(仅 6 MHz 带宽)，1800 MHz 频段虽然带宽足够，但是频段较高，产业链也相对不成熟，这些因素都影响了部署进度。三大运营商 NB-IoT 频段划分如表 2-2 所示。

表 2-4　三大运营商 NB-IoT 频段划分

运营商	上行频率	下行频率	带宽
中国移动	890～900MHz	934～944MHz	10MHz
	1725～1735MHz	1820～1830MHz	10MHz
中国联通	909～915MHz	954～960MHz	6MHz
	1745～1765MHz	1840～1860MHz	20MHz
中国电信	825～840MHz	870～885MHz	15MHz

NB-IoT 有 3 种部署方式，分别是独立部署(Stand-alone operation)、保护带部署(Guard-band operation)和带内部署(In-band operation)，如图 2-21 所示。独立部署不依赖 LTE，不会对 LTE 形成干扰，适用于重耕 GSM 频段；保护带部署利用 LTE 边缘保护频带中未使用带宽的资源块；带内部署则是占用 LTE 的资

源，利用 LTE 载波中间的资源块。3 种部署方式中，独立部署最自由，保护带部署带宽资源有限，信号强度较弱，而且容易与 LTE 系统发生干扰，需要考虑与 LTE 网络的协调和干扰影响。

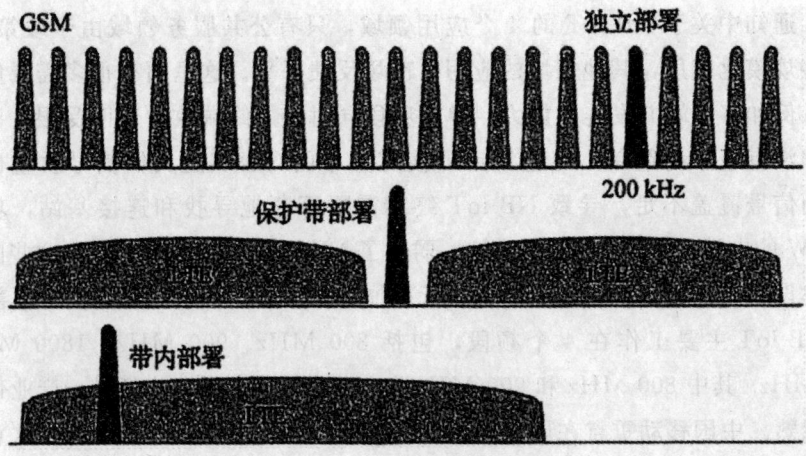

图 2-21　NB-IoT 的 3 中部署模式

2020 年 4 月，工业和信息化部办公厅发布《工业和信息化部办公厅关于深入推进移动物联网全面发展的通知》①，推动 2G/3G 物联网业务迁移转网，建立 NB-IoT(窄带物联网)、4G(含 LTE Cat-1)和 5G 协同发展的移动物联网综合生态体系，在深化 4G 网络覆盖、加快 5G 网络建设的基础上，以 NB-IoT 满足大部分低速率场景需求，以 LTE Cat-1 满足中等速率物联需求和话音需求，以 SG 技术满足更高速率、低时延联网需求。

在蜂窝连接的市场分布中，高速连接占据 10% 的份额，中速率连接占比 30%，低速窄带连接占比 60%。之前低速窄带主要由 2G 承载，中低速主要由 2G/3G 及标准 LTE 承载，随着此次工信部正式发文，2G 退网再次提上议程，可以预见的是，将逐步停止新增 2G 物联网用户，并引导到 LTE Cat-I 和 NB-IoT。

为什么 4G Cat-1 最近备受关注？Cat-I 在 3GPP Release 8 的时候就已经发布了，而高通公司早在 2010 年便推出了 Cat-I 的方案，它并非新技术。那时候大家觉得它的速率不上不下的，速率没有 Cat-4 快，跟 2G 相比价格又高了很多，就没有推广起来。基于静态的、主动上报的应用场景，如智能抄表，可继续沿用 NB-IoT，但这些场景在实际部署中所面临的挑战需持续解决，例如三表（水表、

---

① 地址为 http://www.gov.cn/zhengce/zhengceku/2020-05/08/content 5509672.htm。

电表和燃气表）和道路井盖因工作环境常处于信号难以覆盖的室内或地下，数据传输受到影响，信号不断通断影响到功耗的整体表现。同时，更多要求实时性、移动性且一定带宽传输能力甚至语音通信能力的场景，在2G/3G退网以后，需要有技术接替。

NB-IoT由于只支持基站重选，不支持切换，一般都用于不怎么移动的领域，因其低速率的特性，NB-IoT承接了部分2G市场，却难以承接2G/3G"语音通话、中速率、移动连接"部分的市场需求。随着2G/3G业务迁移转网变成现实，开始启用4G Cat-1来满足中等速率物联网需求和语音需求。由于紫光展锐、ASR等国内芯片厂商发布了高性价比的Cat-1芯片，之后国内模组厂商扎堆推出Cat-1模组，国产化之后Cat-1价格下来了。一边是2G/3G业务迁移转网政策因素的影响，另一边是价格下降刺激了市场需求，双重因素下Cat-1火了。

Cat-1和Cat-4兼容，可以简单地把Cat-1理解为限速版4G，基站也不用升级，4G基站铺到哪，Cat-1就覆盖到哪。2019年全国4G基站累计544万个，而2019年新建的4G基站为172万个，占4G基站总数的32%，作为参考，2G/3G基站数量为297万个。2019年新建4G基站数远超历年新增数，一方面为实现网络大规模扩容，弥补农村地区覆盖的盲区，提升用户体验；另一方面提升核心网能力，为5G网络建设夯实基础。

低中速率为什么不是由LTE-M来承接呢？按理说，根据3GPP规划，NB-IoT承接低速率部分，LTE-M负责中等速率部分，在国外例如北美地区也部署了一些LTE-M网络。在国内，虽然LTE-M与NB-IoT并非直接竞争关系，但与已经抢得市场先机的NB-IoT相比，运营商对LTE-M的态度并不积极，产业链几乎空白，LTE-M涉及新的基础设施建设，当前运营商正将更多的资源投入5G建设，也很难有多余的资金投入。

2020年7月，国际电信联盟召开的ITU-R WP 5D#35远程会议宣布：3GPP 5G技术（含NB-IoT）满足IMT-2020 5G技术标准的各项指标要求，正式被接受为ITU IMT-2020 5G技术标准。值得重点关注的是，本次通过的3GPP技术集，包含了中国提交的3GPP NR+NB-IoT RIT。它分别针对5G的不同场景，NR针对eMBB和uRLLC场景，NB-IoT则针对mMTC的场景。这两个技术标准的通过，使得5G三大业务场景均有相应的标准支持，意味着产业有了演进方向，NB-IoT是5G时代的标准，这给产业链上相关企业吃了定心丸，可以继续投入，未来NB-IoT的持续发展，大家拭目以待。

NB-IoT是基于蜂窝的LPWAN技术，其他非蜂窝LPWAN技术包括LoRa、

Sigfox 和 ZETA，它们大多数工作在 Sub-GHz 频段(<1 GHz)，网络信号穿透力强，非蜂窝 LPWAN 技术为物联网规模化应用部署提供了新的选择，它们通常体现以下特点。

距离远、覆盖范围广，可达数十公里。

低功耗，电池寿命长达 10 年。

通信频次低、传输数据量少、数据速率低、占用带宽小。

传输时延不敏感，对数据传输实时性要求不高。

满足规模大部署要求的低成本。

产品形态上，包含终端节点和网关，终端节点与网关之间通过 LPWAN 协议通信，例如在一个园区，所有终端节点数据通过网关汇聚后再发送到服务器上，和蜂窝 LPWAN 相比，无须每个节点支付流量费用，并且终端节点与网关之间的距离可根据实际场景需要布置，有时通过布置多个网关实现信号稳定覆盖，有效保证终端节点信号的连接质量，在智慧园区、小区、矿井和工厂车间中得到应用。由于节点无须直连到远端服务器，相比蜂窝 LPWAN，它们的功耗还要低很多，续航方面更具优势。

（四）物联卡的流行与挑战

基于蜂窝连接的物联网应用催生了物联卡。物联卡帮助智能终端设备实现联网和身份认证，由运营商统一提供，仅面向企业用户进行批量销售，需要企业用户实名认证，不面向个人用户。物联卡广泛用于智能表计、车载智能终端、共享单车智能锁、移动支付、智能摄像头、自动售卖机和智能摄像头等场景。从外观上看，物联卡和普通的 SIM 卡没有差别。功能上，两者均可实现联网和收发短信等功能，有些物联卡还可以支持语音通话。物联卡使用专用号段，下面以中国移动物联卡为例。

采用以 144、10647、10648 开头的 13 位物联网专用号段，支持短信和 GPRS 功能，容量为 12 亿。

采用 1476、1724、1789、1849 开头的 11 位物联网专用号段，支持语音、短信、GPRS 功能。

手机插入 SIM 卡之后才能连接运营商网络，实现打电话上网等通信功能，网络运营商将 SIM 卡作为终端身份证件。SIM 卡虽小，但它是一颗完整的 IC 芯片，包含微处理器(MCU)、程序存储器(ROM)、工作存储器(RAM)、数据存储器(EEPROM)以及串行通信单元。SIM 卡保存的数字信息可供蜂窝网络对终端身份进行鉴别，并对通话时的语音信息进行加密。SIM 卡有 6 个或 8 个管脚，至少需要连接其中的电源(VCC)、复位(RST)、时钟(CLK)、接地端(GND)和数据 I/O 口(DATA)管脚。SIM 卡诞生之初是一张和信用卡同样大小的卡片，大家更熟悉的是以下 3 种卡：第一种 Mini SIM，俗称大卡，尺寸为 25 mm×15 mm，相当长的时间里大多数手机使用的都是 Mini SIM 卡；第二种 Micro SIM，俗称小卡，尺寸为 15 mm×12 mm；第三种 Nano SIM，俗称 Nano 卡，尺寸为 12 mm×9mm，Nano 卡或小卡加上卡套可以装在大卡的卡槽里，如图 2-22 所示。

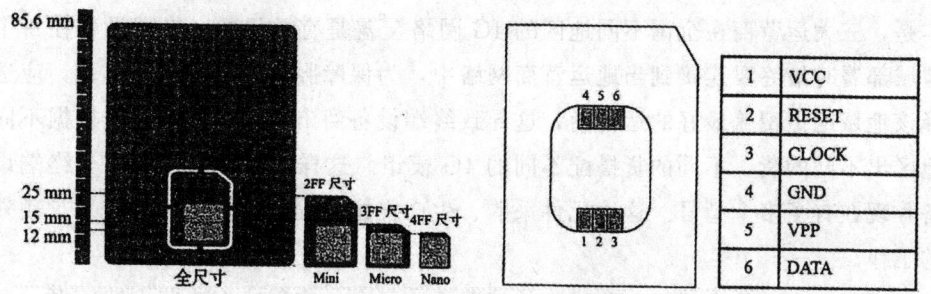

图 2-22　SIM 卡尺寸和管脚

实体 SIM 卡长时间使用或多次插拔后可能出现接触不良的现象，而且插拔卡虽然尺寸不断在变小，但还是要求终端设备具有配套的卡槽，卡槽的结构和走线对于一些智能穿戴设备来说还是太大了。此外，插拔卡里面的用户信息是固定的，往 SIM 卡写入运营商数据之后不可更改，物联卡是用户与运营商之间的契约，若要切换运营商则只能换卡。

为解决上述问题，嵌入式 SIM 卡(Embedded-SIM，eSIM)诞生了，eSIM 将传统 SIM 卡直接嵌入设备芯片，而不是作为独立的可移除零部件加入设备，由于用户无须插入物理 SIM 卡，因此具备抗震、稳定性更强的优点。eSIM 的本质还是 SIM 卡，不过它是一颗直接嵌在电路板的可编程集成电路，因为其可编程特性，支持通过 OTA 方式进行远程配置，更新运营商配置文件，实现网络切换，所以从技术角度，用户将不必来回插拔、频繁更换 SIM 卡，而是可以通过应用或网页直接访问远程服务，即可在全球范围内将智能终端设备连接到选定的当地网络，并且能动态切换，使设备始终处于优质网络中。

这一做法将允许用户更加灵活地选择运营商套餐，或者更换运营商，eSIM 解除了用户和运营商的直接绑定，虽然对于用户来说，切换运营商变简单了，但对运营商来说，用户黏性变小了。当前，出于对 eSIM 空中写入配置文件过程的安全性担忧以及对运营商利益带来的冲突，国内 eSIM 并不支持运营商切换。也有专业人士指出，无论是传统的实体 SIM 卡，还是 eSIM，在网络互联的情况下，都支持 OTA，也都支持码号切换，eSIM 的出现，其实和绑不绑定运营商没有关系，只是它加速了人们对于携号转网的期望。

物联卡的使用，协助传统行业在数字化过程中完成连接这一环节，而这同样带来了一些挑战，无论对于终端厂商还是企业最终用户。当终端厂商开始生产新增了蜂窝网络连接功能的物联网终端时，就面临着生产和供应链环节的挑战。原有的终端设备经过多年发展，已形成非常成熟的供应链体系，能够进行规模化无间隔生产，现在将物联功能嵌入终端设备，例如增加 4G 通信功能，一个客观事实是，三大运营商在全国不同地区的 4G 网络覆盖是有差异的，终端设备在每个地域部署时最终要连接到当地运营商网络中，为保障服务质量和使用体验，应选择该地域网络覆盖最好的运营商，这导致终端设备商出货时，可能需要根据不同地区出不同的货，不同的货搭配不同的 4G 模组。这样一来，原来同一个终端设备，现在有了多个型号。这给元件采购、生产安排及发货核对等环节带来了额外的工作。

采用多模芯片在增加一些成本的情况下，可在一定程度上改善上述问题。通信模组配置好了，接着要搭配物联卡，虽然各家运营商可以做到"一点开卡、全国接入、统一资费"，但终端厂商在生产规划时，可能要根据订单来源采购当地具有优质网络运营商的物联卡，以此保障用户体验和网络服务质量，这在一定程度上增加了终端厂商的工作量。前面提到的 eSIM 技术，有可能帮助终端厂商改善物联卡多地域购买的问题。当终端设备发往销售地后，eSIM 再通过远程写卡接入当地首选的运营商。

再看对企业最终用户的影响，如果物联卡由终端厂商提供，打包在终端设备中，预估每月流量开销和设备使用年限，那么企业用户基本上对物联卡是无感知的，没什么影响。对于小用量物联卡的企业用户来说，这是最便捷的方式，不用管理物联卡的购买、账单核对、流量扩充和销卡等工作，而且物联卡用量小的时候，企业也不具有好的流量议价能力，不如由终端设备商打包提供。

对于大用量的企业客户，有可能考虑统一和运营商或代理商约定物联卡的框架协议，然后安排人员管理物联卡，这个工作可能会落到集团的综合部门，具体到每个地域子公司，由信息员或类似岗位职责的人来负责物联卡的管理。如果和手机上插拔卡的过程一样，那么物联卡买回来后，快速装到终端设备上就可以用了。如果终端设备要拆开外壳才能把物联卡插进去（例如一些工业数据采集装置），就比较麻烦，需要企业客户先购买物联卡，寄给终端厂商，由终端厂商在设备组装环节将物联卡一起安装完并测试好再出货给企业客户。这样一来，企业客户内部增加了流程。不要轻视一个小步骤，当物联卡的需求体量足够大而且又非常分散时,增加流程意味着企业组织要增加人力来实施,并对人员进行培训,而且流程变更在初期可能会引起人员不适。

(五)无线信号穿透性和绕射性

无线接入方式绕不开讨论无线信号的穿透性和绕射性。采用有线连接方式传输的信号在长距离传输过程中,电信号发生衰减,对于无线空口方式,信号的衰减更厉害。为保证无线链路正常通信,须考虑无线信号的有效覆盖范围和传播距离,而穿透性、绕射性以及传播损耗(自由空间传播损耗,波长越长,损耗越小)与信号覆盖和传播距离密切相关。

根据物理学衍射效应原理,电磁波波长越长,信号的绕射能力越强,电磁波具备绕开障碍物的能力。比方说电磁波的波长是10m,那么宽度为1m的障碍物自然挡不住它。由于低频段的电磁波波长较长,绕射能力强,因此传输距离远。相应地,高频段的电磁波绕射能力较弱。根据波粒二象性原理,由于波长越短,频率越高,它的能量越大($E = hc/\lambda$,E为能量,h为普朗克常量,c为光速,λ为波长;c/λ即频率),因此高频段电磁波的穿透能力更强。当然这也要看能量的数量级,例如X射线的频率比可见光的频率高,X射线能穿透绝大多数非金属物,甚至还可以穿透薄铝,对于通信用途的无线电波,它的频率远低于X光,也低于可见光,可见光的穿墙能力我们在平时生活中可以体会——基本没有,无线电波的穿透力就更弱了。频率高的信号穿透力强,衰减也快。整体上看,高频率电磁波的波长短,绕射能力弱,穿透力强,衰减快,传输距离短。我们家里的路由器分2.4GHz和5GHz两个工作频段,2.4 GHz频段穿墙能力比5GHz强,指的是2.4GHz信号的绕射能力强,并非指穿透力。

因为低频段信号绕射能力强,覆盖广,所以低频段是黄金频段,频谱资源宝贵。例如GSM900频段,它是目前覆盖最广的网络,在偏远地区,有时没有4G信号,只有2G信号。截止到2020年,国内仍有2亿多的手机用户,使用的是2G信号,就是这个原因。随着国家政策推动2G/3G物联网业务迁移转网,未来2G频段将腾挪出来用于4G、5G网络的部署,以此提高4G的覆盖范围。除了频段资源有限这个重要因素,信号功率、接收灵敏度及天线增益,对于信号的传输距离和网络覆盖范围均有重要的影响。

信号发射功率越强,传播距离越远。就像两个人在村口隔着一段距离喊话,如果听不清楚,那就嗓门再大点,提高下音量。发射功率不断加大,是否信号覆盖问题就解决了?答案是否定的。首先,对于射频发射链路,基带信号经过调制并通过载波上变频到射频信号时,通过前端增益放大器对信号进行放大,再通过天线发射出去，而增益放大器对功率的放大是有限度的，在一定范围内，放大器的输出功率与输入功率呈线性关系，随着输入功率增大，放大器进入非线性区，其输出功率不再随输入功率的增加而线性增加，最终达到截止饱和。其次，发射功率过强会对其他设备造成干扰，抑制其他设备正常通信，并且出于环境和人体安全考虑，也要求对发射功率做严格限制，例如美国联邦通信委员会（Federal Communications Commission，FCC）制定了不少针对电子设备的电磁兼容性和操作人员安全等一系列标准，这些标准被广泛使用并得到全球不少国家的技术监督部门或类似机构的认可。同时，发射功率也受到发射端功率易得性的限制，如尺寸大小，使得发射机本身能输出的最大功率受限。

接收灵敏度指接收机（射频接收链路）能够正确识别出有用信号时的最小功率。无线设备接收灵敏度越高，可捕获弱信号的能力越强，若接收的信号能量低于它的接收灵敏度，设备将无法解析收到的数据。接收灵敏度受三方面因素影响，分别是带宽范围内的热噪声、系统的噪声系数及解调所需信噪比（Signal Noise Ratio，SNR）。还是上面村口聊天的例子，接收灵敏度类似人的听力，同样的说话音量，如果对方听力不好，就听不清楚讲什么，讲话的人就要加大音量。如果对方听力极好呢，哪怕音量较小，也听得清楚。

接收机灵敏度与发射机制、接收机技术强相关，这也是无线通信最令人激动的部分。CDMA、OFDM、CSS、M-FSK、QAM等各种调制技术；分组码、卷积码、Turbo码、Polar码等各种编码技术；SFBC、Beamforming、MU-MIMO等多天线技术；接收机方面有信道均衡、Rake接收机、最小均方误差算法、最大似然算法、Turbo均衡等各种算法广泛应用于提升接收灵敏度。

天线增益影响的也是功率，天线增益用于衡量天线朝特定方向收发信号的能力，相同条件下，天线增益越高，电磁波传播距离越远。天线增益于对提升移动通信系统的运行质量非常重要，它决定了蜂窝边缘的信号电平，增加增益就能够在确定方向上增大网络的覆盖范围。

天线是无源器件，根据能量守恒定律，它通过能量集中，即能量重新分配实现了对信号的增益放大。天线增益是指在同等输入功率的条件下，实际天线与理想辐射单元在空间同一点处所产生的信号的功率密度之比，它定量地描述了天线对输入功率的集中辐射程度。增益与天线方向图有密切的关系，方向图主瓣宽度越窄，副瓣越小，增益越高。

天线分全向天线和定向天线，全向天线无方向性，向四面八方发射信号，前后左右都可以接收信号，而定向天线只能向特定方向发射信号。

天线增益的单位通常使用 dBi，dBi 的参考基准即为全向性天线，例如 2 dBi、3 dBi 天线增益。想要信号传播距离远，要使用定向天线，而想要覆盖范围大，则使用全向天线，或者波瓣宽度大的定向天线。在实际应用中，往往会根据场景来匹配合适的天线。

结合上述影响信号传输距离和覆盖范围的各种因素，分别以 NB-IoT 和 ZETA 为例，举两个具体的例子。按照 NB-IoT 空口设计规范，它的覆盖能力应该比 4G 更强，适用于厂区、地下车库、井盖这类对深度覆盖有要求的场景。首先，NB-IoT 虽然可部署于任何频段，但考虑覆盖需求，一般选择在 1GHz 以下低频段部署；二是功率方面，因为是窄带信号，在同等能量的情况下，它的功率谱密度更高，NB-IoT 单位带宽所携带的能量比 4G 更高，理论上覆盖距离更远；三是重传机制，相比传统方式，NB-IoT 支持更多次数的重传，而重传增加了信号被成功接收的概率。

ZETA 同样工作在低频段，使用 Advanced M-FSK 调制方式，发射端能效高。其次通过频点索引调制方法带来接收灵敏度提升，相对牺牲了部分频谱效率。最后采用 OFDM 接收机方式，有效抑制干扰和噪声，同样是提升了接收机灵敏度。根据香农原理，当追求频谱效率时，在同样带宽下，速率越高，信噪比越高，接收端对接收到的信号能量要求越高，相应的传输距离越短；而追求能量效率时，传输速率低，牺牲了频谱效率，降低了信噪比要求，即提升了接收机灵敏度。

第三章 工业物联网关键技术

第一节 工业物联网关键技术分析

工业物联网的典型结构如图 3-1 所示,为了满足工业应用的各种复杂需求,工业无线网络应支持星型结构、Mesh 结构、Mesh+星型结构等多种网络拓扑,并具有足够的安全性和冗余性,要求现场设备、路由、网关、网络管理器和安全管理器都能冗余。为了扩大网络覆盖面积,在工业无线网络的网络结构中引入骨干网,骨干网是一个高速的网络,可以减小数据时延。所有现场设备通过骨干路由器 BR 接入骨干网,终端设备和现场路由器组成的网络为工业无线网络 DLL 子网。DLL 子网节点往往是资源受限的微型嵌入式设备,通常在高温、潮湿、振动、腐蚀、强电磁干扰以及开放环境下工作,要求严格按时序工作,在规定的时间对事件及时产生响应,否则将产生严重的灾难性事故。

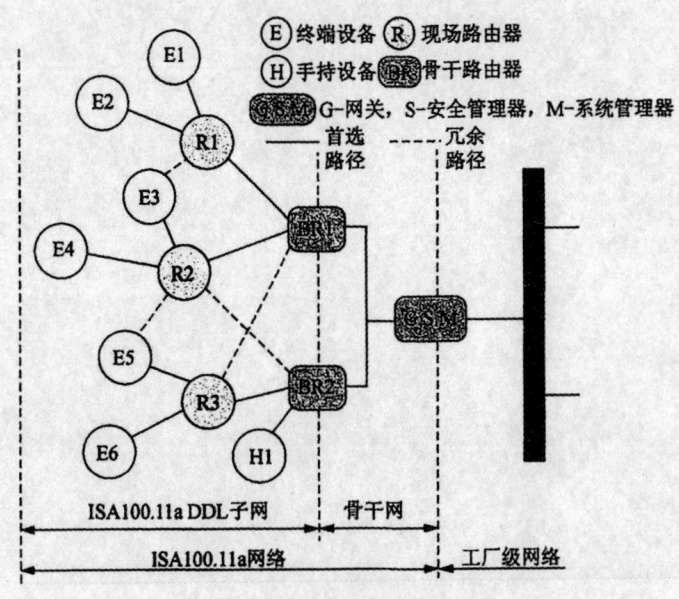

图 3-1 工业物联网典型结构示意

由于商用无线技术无法满足工业应用的需求,必须在继承商用无线技术长处的基础上,解决精确时间同步、确定性调度、自适应跳信道、冗余路径自愈、轻量级安全通信等关键技术难题,并在工业物联网通信协议中加以实现。图 3-2 为工业物联网通信协议典型架构。

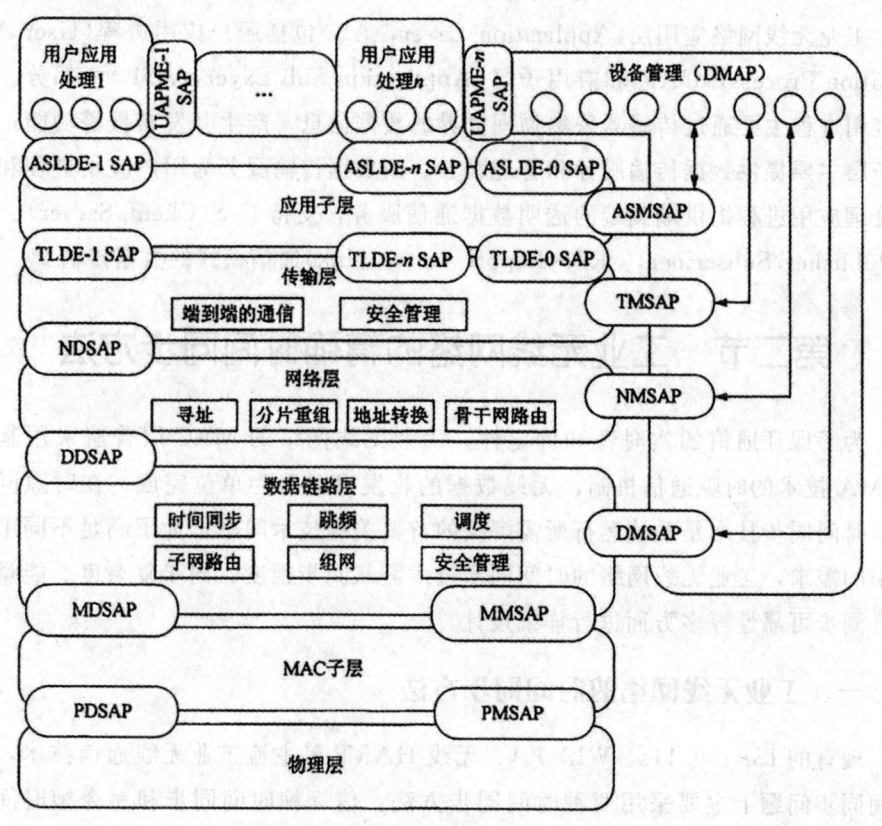

图 3-2　工业物联网通信协议典型架构

物理层基于 IEE STD 802.15.4—2006 标准,主要负责启动和终止无线射频收发器、能量探测、链路质量指示、选择信道、检测空闲信道以及通过物理媒介收发数据。

数据链路层是保障工业无线网络通信性能的核心层,包括精确时间同步、时隙通信、确定性调度、数据重传、信道跳频机制等关键技术。精确时间同步确保了时分多址(Time Division Multiple Access,TDMA)接入方式的可靠性与稳定性。数据重传、确定性调度、时隙通信等可避免恶劣工业环境中数据报文的丢失、误传、不确定延迟等带来的灾难性后果。信道跳频机制解决与其他网络(如 IEEE 802.11b、蓝牙、微波网络等)的兼容、共存与抗干扰问题。

网络层的关键技术主要有寻址、路由、分段重组等。寻址规定了网络中设备地址的分配和使用方法，标识一个设备区别于其他设备。路由确定了设备进行数据通信时的路径选择，是网络可靠运行的基础之一。分段重组解决了长字节报文在 IEEE 802.15.4 底层封装包的传输问题。

工业无线网络应用层（Application Layer，AL）包括用户应用进程（User Application Process，UAP）和应用子层（Application Sub Layer，ASL）两部分。用户应用进程主要通过传感器采集物理世界的数据信息，产生并发布报警功能；应用子层主要提供数据传输服务和管理服务。而数据传输服务为用户应用进程和设备管理应用进程提供端到端的透明数据通信服务，支持 C/S（Client/Server）、P/S（Publisher/Subscriber）、R/S（Report source/Sink）通信模式的数据传输。

第二节　工业无线网络的精确时间同步方法

为了保证通信的实时性和确定性，工业无线网络的 MAC 层普遍采用基于 TDMA 技术的时隙通信机制，无线数据的收发以时隙为单位完成。在时隙网络中，时间同步技术是系统运行所需解决的首要关键技术问题。为了满足不同工业应用的需求，工业无线网络的时间同步技术需从同步精度、同步复杂度、能量开销、同步可靠性等多方面进行详细设计。

一、工业无线网络的时间同步方法

现有的 ISA100.11a、WIA-PA、无线 HART 等主流工业无线通信技术，在时间同步问题上主要采用两种时间同步方法：信标帧时间同步和命令帧时间同步。这两种方法分别满足不同的精度需求，并相互补充。其中，信标帧时间同步是基于广播的单向时间同步，而命令帧时间同步是信标帧时间同步基础上的二次同步，可以使整个网络的同步精度达到更高的要求。

1. 信标帧时间同步方法

为了减少由时间同步带来的能量开销，在采用 IEEE 802.15.4 物理层的工业无线网络中，可利用信标帧来完成时间同步。

网关设备周期性广播时间同步信标帧给它的邻居路由设备，并且将信标发送时间 T_1 装载到信标帧的指定字段；现场路由设备在接收信标帧时产生帧首定界符（Start Frame Delimiter，SFD）中断，记录本地的信标接收时间 T_2；路由设备通过发送和接收得到的时间戳计算本设备时钟与标准时钟的时间偏差 $\theta = \mid T_1 -$

T_2|,补偿本地时钟,这样就实现了与时间源设备的同步。同样,在星型网络中,路由设备周期性地广播信标帧,星型网络中的节点设备同样接收信标帧完成同步,这样网络中的所有设备都可以与自己的时间源同步,最终完成全网的时间同步。

2. 命令帧时间同步方法

为了满足不同工业应用对精度的要求,使时间同步的精度达到毫秒(ms)甚至几十微秒(μs)级,工业无线网络还可使用专门的时间同步命令帧进行二次同步。时间同步命令帧可以由网关设备和路由设备周期性地发送。网关设备利用簇间通信段发送时间同步命令帧,实现网状网络的时间同步。路由设备利用簇内通信时段发送时间同步命令帧,实现星型网络的时间同步。

在时间同步命令帧的具体设计上,可采用以下两种命令帧同步方式。

(1)周期广播同步。如果网络中信标帧同步的精度误差较大,或者网络本身时间同步精度要求较高,那么时间源设备应该周期性地发送时间同步命令帧来满足应用的需要。这种情况与信标帧同步类似。

(2)点到点按需同步。设备可以根据自身的需要向时间源申请时间同步命令帧,以便实现更高的时间同步精度。这种情况与第一种情况有很大差别,并不是广播同步而是点到点的同步。其思想是:首先设备会向时间源节点发出装载发送时间戳 T_1 的同步请求,时间源节点接收到请求后,会记录接收到的请求时间 T_2,并且解析请求中的时间信息。时间源节点在 T_3 时刻发送时间同步命令帧给设备,需同步设备在 T_4 时刻接收到命令帧。需同步节点设备计算时间偏差 θ 值,时间偏差值和同步帧传输时间为

$$\theta = \frac{(T_1 - T_2) - (T_4 - T_3)}{2}, \quad d = \frac{(T_2 - T_1) + (T_4 - T_3)}{2} \qquad (2-1)$$

最后,申请同步设备根据计算的时间偏差补偿自己的本地时钟。

在实际的工业应用中,对于不同的应用场景往往会有不同的应用需求。在各种工业无线网络标准中,虽然定义了两种时间同步机制,但并没有对具体的时间同步算法进行详细说明,这些都需要厂商自己来解决。为此,本书提出并设计了多种高精度时间同步算法和方案。

二、时间同步的芯片解决方案

"渝芯一号"的时间同步全部由硬件完成,如图 3-3 所示,用户只需通过设置寄存器,就能自动完成时间同步的调整。

硬件时间同步解决方案中,时间同步和国际原子时钟(International Atomic

Time,TAI)的维护完全由硬件完成,软件不参与时间同步处理,具有时间同步精度高、内存开销小、同步可靠性高等优点。

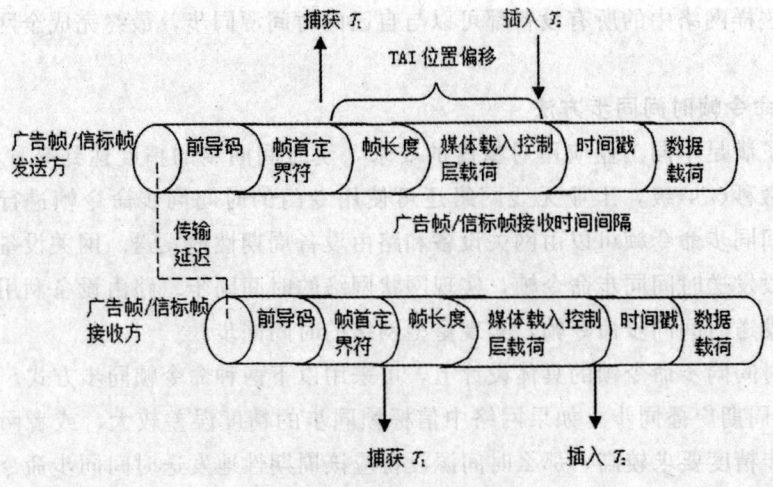

图 3-3 硬件时间同步示意

三、多跳网络时间同步补偿算法

在大规模千点级的工业无线网络应用中,终端节点设备发送的数据报文往往需要通过多跳传输才可以到达汇聚节点,而时间同步精度误差会随着跳数的增加不断积累。为了减小多跳网络中同步传递所带来的误差积累,下面给出多种同步算法来提高同步的精度。

(1)拟合频率漂移。时间同步误差的来源除了两个节点时钟的初始时间偏差,时钟的晶振漂移是最主要的因素。为此,本书研究了利用多次同步对时钟的晶振频率漂移作线性拟合的算法对漂移值进行补偿。算法建立了一次函数的时钟同步模型,即

$$T_n = \alpha T_m + \beta \tag{2-2}$$

式中,T_n 为同步帧的接收时间,T_m 为发送时间,α 为晶振频率漂移,β 为原始时间偏差。周期性多次同步可以得到多个时间数据点,对这些点进行参数拟合可以得到频率漂移和时间偏差值。频率漂移值的补偿可以减少时间同步的周期次数,节省能量开销,减少误差积累。

(2)统计参数估计。时间同步误差的另一个重要来源是同步报文的发送、传输和接收过程中产生的时间延迟,其中包括确定性延时和不确定性延时。确定性延时是可计算延时,它可以通过报文的长度、偏移量、报文的发送速率等计算出来。不确定性延时是报文在传输过程中产生的随机延时,是未知的。所以为了减

小时延误差,本节利用统计信号处理的方法对时间偏差进行参数估计。时钟同步模型为

$$T_{2i}^{SA} = f_{skew} \cdot ((T_{1i}^{S} + X_i^{SA} + d^{SA}) + \theta_{offsett}^{SA} \qquad (2\text{-}3)$$

式中,T_{2i}^{SA} 为第 i 次同步节点 A 的同步报文接收时间,T_{1i}^{S} 为时间源节点同步报文发送时间,f_{skew} 为两节点的相对频率漂移,θ_{offset}^{SA} 为两节点的原始时间偏差,d^{SA} 为报文传输时间(确定性延时),X_i^{SA} 为报文传输过程中的随机延时(不确定性延时)。假设 X_i^{SA} 服从高斯正态分布,进而可以通过最大似然估计对时间的偏差进行参数估计,得到时间偏移值。统计信号处理方法的优点在于考虑到了报文传输过程中的随机延时,能够大大提高时间同步的精度。

(3)监听同步。为了减小多跳网络中同步传递所带来的误差积累,工业无线网络除了利用多种算法对时钟漂移和时间偏差进行补偿,还设计了一种监听同步的方法来减小多跳网络同步误差积累。该方法是利用无线信道的广播特性而产生的监听效果,处于下一跳的设备可以监听广播范围内的本层设备与上一跳设备之间的同步过程来达到同步的目的。这样就可以有效地控制和减少同步报文传递的跳数,减少误差积累。监听同步流程如图 3-4 所示。

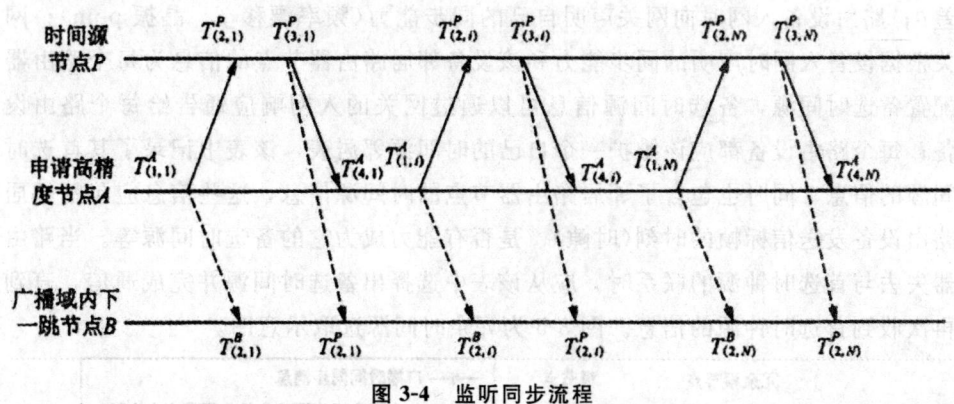

图 3-4 监听同步流程

节点 A 为申请同步命令帧节点,节点 P 为时间源节点,节点 B 为广播域内的普通节点。其中 $T_{(1,i)}^{A}$ 为申请节点 A 发出申请的时间,同时该时间被装入申请帧并且被时间源节点 P 接收到,而 $T_{(2,i)}^{P}$ 是时间源节点 P 接收到申请帧的时刻,$T_{(3,i)}^{P}$ 是时间源发出时间同步命令帧的时刻,此帧中装有 $T_{(1,i)}^{A}$ 和 $T_{(2,i)}^{P}$ 的误差值,$T_{(4,i)}^{A}$ 是设备 A 接收到同步命令帧的时刻。

从图 3-4 可以看到节点 B 是没有申请同步命令帧的普通节点,但是它同样可以接收到设备 A 和时间源 P 发出的请求帧和时间同步命令帧,这正是无线信道的广播特性而产生的监听效果。设备 B 在 $T_{(2,i)}^{B}$ 时刻收到设备 A 的同步申请,然

后在 $T^P_{(2,i)}$ 时刻收到时间源的同步命令帧。由以上同步过程可以得到

$$T^P_{(2,i)} - T^B_{(2,i)} = \theta^{BP}_{\text{offset}} + \theta^{BP}_{\text{skew}} \times (T^A_{(1,i)} - T^A_{(1,,1)}) + D^{AP} - D^{AB} \quad (2\text{-}4)$$

式中，$T^P_{(2,i)}$ 为节点 B 监听到的命令帧接收时间，$T^B_{(2,i)}$ 为监听到请求的节点 B 的本地时间，$\theta^{BP}_{\text{offset}}$ 和 $\theta^{BP}_{\text{skew}}$ 分别为节点 B 和时间源 P 之间的偏差和频率偏移。对于上述时间同步模型，可以利用多次同步求最小二乘估计的算法来实现。

监听同步可以有效减少同步跳数和报文交换次数，并且对时钟频率的漂移作了估计，能够增大同步的周期，减少能耗，同步精度可达几十微秒。

4. 冗余时间源时间同步方法

在大规模千点级的工业无线传感器网络中，由于动态变化的网络环境、无线网络介质等的开放性等特点，设备易受到干扰，为了保证设备在失去与时间源正常通信时仍能够正常工作，应该给每个路由设备配置备选的时间源（冗余时间源），以满足工业应用确定性与可靠性的要求。

路由设备作为冗余时间源的一个必要条件是它的同步能力或者同步精度高于其他普通路由器，为此，需要设计一种冗余时间源的选取方法。首先，在网络形成前，路由设备通过接收的广播信标时间消息计算出自己的频率漂移 f 和时间偏差 θ；路由设备入网时向网关声明自己的同步能力（频率漂移 f、晶振 ppm）；网关根据设备入网时声明的同步能力和该设备邻居路由器节点的信息为每个路由器配置备选时间源，备选时间源信息可以通过网关的入网响应通告给每个路由设备；每个路由设备都应该维护一个自己的时间源邻居表，该表中记录了其首选时间源的信息，同时也包含了邻居路由器节点的时间源信息，这些信息应包括邻居路由设备发送信标帧的时刻（时隙）、是否有能力成为它的备选时间源等。当路由器失去与首选时钟源的联系时，应从该表中选择出备选时间源并完成通信，直到再次收到首选时钟源的信息。图 3-5 为冗余时间源选取示意图。

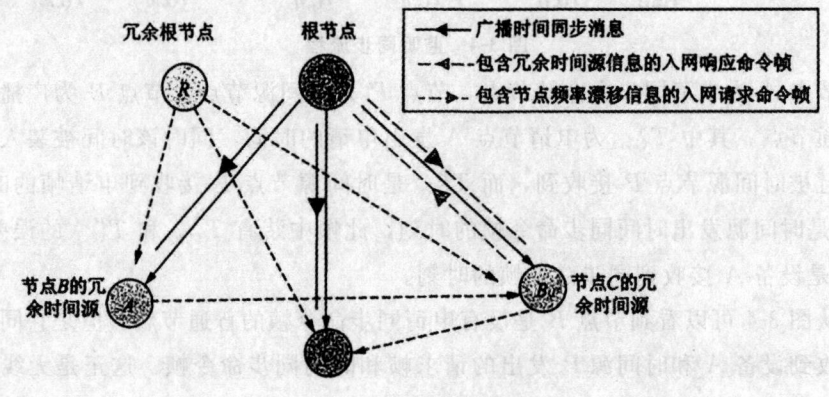

图 3-5 冗余时间源选取示意

设备根据如下依据来判断何时才应与冗余时间源进行通信获取时间信息：设备如果在最大同步周期内没有收到首选时钟源的时钟更新信息，就应该主动选择备选时钟源进行通信。最大同步周期是设备在未收到时钟信息更新的状态下仍能够正常工作的最长时间，如果超过这个时间设备仍未能收到时钟更新，那么设备可能与时间源的时间偏差过大而导致无法正常通信。设备的最大同步周期可以根据标准中的参数来确定，在最长的超帧周期内路由设备之间的同步误差不应该超过基本时隙的 10%，所以可以确定最大的同步周期为 $T=t/\text{ppm}$，其中 t 为一个基本时隙的 10%，一般是 1ms；ppm 是设备的晶振漂移。

5. 时间同步精度测试结果

对于大规模千点级的工业无线网络，时间同步的精度要求至关重要。为了使精度达到毫秒级甚至几十微秒，对时间同步算法进行优化，并对其精度进行详细测试，测试结果表明同步精度能够达到 $30\mu s$ 左右。图 3-6 为信标时间同步在 50min 内的抽样观察误差分布。

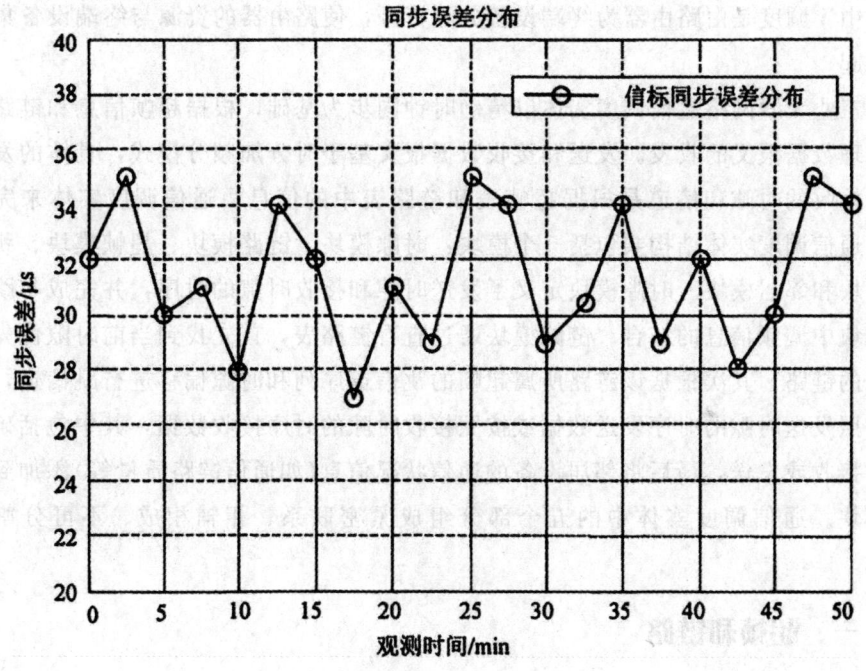

图 3-6　时间同步算法误差分布图

在测试过程中，引入第三方测试设备，其广播数据报文给被测设备，该数据报文对被测设备起到同时触发接收的作用。编写测试代码，时间源周期性广播时间同步信标帧完成同步，被测设备同时触发接收中断并记录接收时间，通过串口打印助手输出 50min 内的采样观测值。从图 3-6 可以看出同步误差维持在 $30\mu s$ 左右,同步精度完全能够达到工业无线网络应用的需求。

第三节　工业无线网络的确定性调度机制

在工业测控网络中,对现场设备进行通信调度是基本要求,通信的确定性往往比通信的实时性更重要。确定性调度关系到整个网络能否可靠有序地运行,主要功能是在相互竞争的用户之间分配通信资源(如信道、时隙等),从而避免冲突,提高吞吐量和带宽利用率。

工业无线网络确定性通信调度的内容包括时隙、信道和链路,其主要考虑的对象是时隙和信道。工业无线网络有 Mesh 和星型两种网络拓扑。在 Mesh 网络中,调度是由网络管理者为路由器分配时隙和信道等资源,其中包括路由器在网络中通信所需资源和路由器分配给其星型网络内的终端设备的通信资源。在星型网络中,调度是由路由器为终端设备分配资源,使路由器的资源与终端设备集合在一起。

工业无线网络通信调度实体以精确时钟同步为基础,根据超帧信息和链路信息处理数据报文的收发。发送和接收数据报文基于时分加频分模式,具体的发送或者接收的时隙和信道是根据超帧表和链路表中的信息由通信调度实体来完成的。通信调度实体结构共包括 5 个模块:时隙模块、链路模块、超帧模块、跳信道模块和邻居模块。时隙模块定义了发送时隙和接收时隙的时序,并完成与跳信道模块中调频信息的结合。链路模块通过查看链路表,首先找到当前时隙优先级最高的链路,其次根据该链路所属超帧的跳信道序列和时隙偏移进行跳信道,然后按照发送时隙的时序发送数据或按照接收时隙的时序接收数据,其中包括确认帧的接收或发送,最后将邻居设备的通信状况信息(如通信链路质量等)添加到邻居模块。通信调度实体中的五个部分组成紧密联系、相辅相成、不可分割的整体。

一、超帧和链路

在工业无线网络中,所有现场设备间的数据通信都基于超帧结构,超帧(superframe)是一组循环出现的时隙集合,超帧长度就是时隙的数目,其决定了超帧循环的速度。时隙通信的关键是帧的传输要在限定的时间内完成,即帧要在规定的时隙内进行传输,不能被延迟。

在工业无线网络中可以存在多个超帧,每个超帧在相邻的工作范围内有互不相同的跳信道序列,而且拥有多个时隙,其中每个时隙可以被配置为相应链路。链路(link)包含时间和频率,决定设备如何占用时隙进行数据传输。链路的类型包括发送链路、接收链路和共享发送链路。对于共享发送链路,设备可以同时竞争使用该链路发送数据。而在发送链路和接收链路,只能允许指定的设备利用该链路收发数据。

由于网内所有现场设备间的数据通信都是基于超帧结构的,所以超帧的结构至关重要。一个典型的工业无线网络超帧结构如图3-7所示。

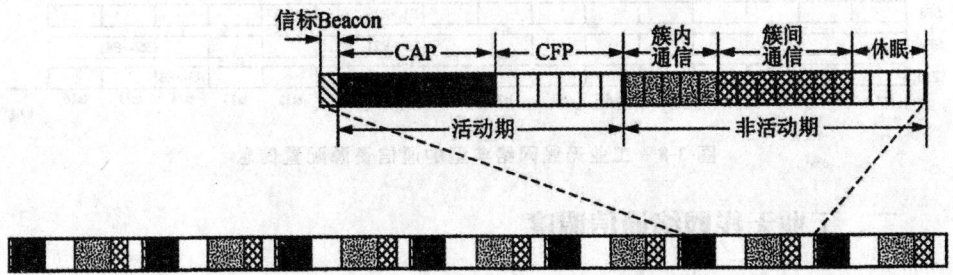

图 3-7　工业无线网络典型超帧结构

超帧分为管理超帧和数据超帧两种,管理超帧一般用于完成对设备的管理,数据超帧一般用于配置与用户应用进程有关的通信。同样,应用层的数据也可以分为设备管理数据和用户应用数据两类,设备管理数据是用来完成对设备的相关网络信息进行管理的数据,用户应用数据是与用户应用进程有关的数据。因此在管理超帧中配置设备的管理链路,在数据超帧中配置数据链路。图3-8所示的工业无线网络为整个系统分配5个管理超帧((SF1~SF5)和5个数据超帧(SF6~SF10),超帧长度为16,管理超帧用于传输设备管理数据,数据超帧用于传输用户应用数据。根据网络拓扑结构,配置首选路径,并且配置冗余路径。其中,设备间的通信都是确定的。

网络中有四种链路:空闲链路、发送链路、接收链路、发送/接收链路,在不同的阶段可与不同的超帧相结合。设备加入网络后,每个骨干路由器和现场路由器都有一个管理超帧配置相应链路,如图3-8所示,时隙1发送广播帧,时隙2接收其他设备发送的入网请求帧,时隙3向其他设备发送入网响应帧。同时,基于这些管理超帧为每个设备配置一条与系统管理器进行通信的基本路径,传输设备管理数据。此后,如果某设备需要传输用户应用数据,则通过基本路径向系统管理器申请通信资源。系统管理器根据相应算法配置通信链路,并将配置结果(失败或相应超帧信息、链路信息等)发送到该设备,如果有必要则更新相应设备的超帧信息和链路信息。该设备获得系统管理器配置的通信资源后,就可以确定、可靠、实时地传输用户应用数据。

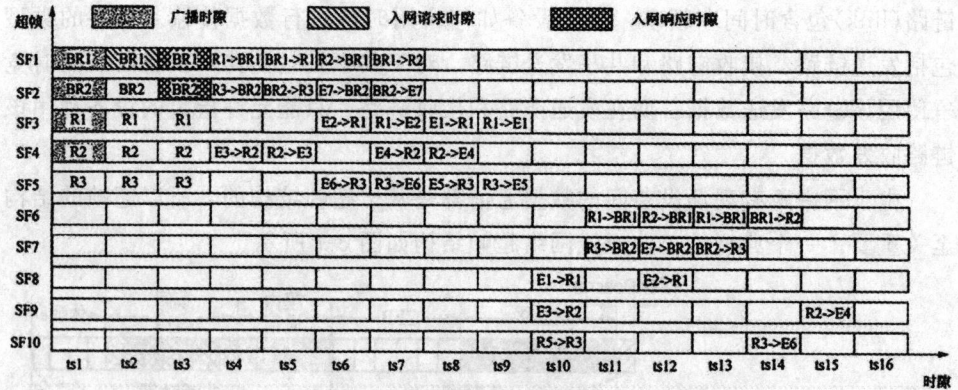

图 3-8 工业无线网络典型的通信资源配置信息

二、工业无线网络通信调度

工业无线网络典型的通信调度逻辑结构如图 3-9 所示,图中的发送数据缓存队列存有 4 个数据链路层协议数据单元,数据 1 的目的地址是设备 A,数据 2 的目的地址是设备 B,数据 3 的目的地址是设备 A,数据 4 的目的地址是设备 B。超帧表中超帧 1 的优先级高于超帧 2 的优先级,并与跳频序列相对应。每个超帧包含 8 条链路(图中未完全画出),超帧 1 的时隙 2 是一个接收链路(R),超帧 2 的时隙 2 是一个发送链路(T),发送目的地址为设备 B 的数据。链路优先级解决了通信调度实体的通信链路冲突问题,它取决于链路类型和所属的超帧优先级。发送链路和接收链路的优先级高于发送/接收链路,发送/接收链路的优先级高于空闲链路。如果在某时隙,通信调度实体具有多个发送链路或接收链路,则它们所属超帧的优先级就决定了链路优先级。工业无线网络通信调度实体规定发送一个数据单元和接收该数据单元的确认帧必须在一个时隙内完成,如果接收到确认帧,则认为数据发送成功,然后从发送数据缓存队列中删除该数据单元,否则进行差错处理。

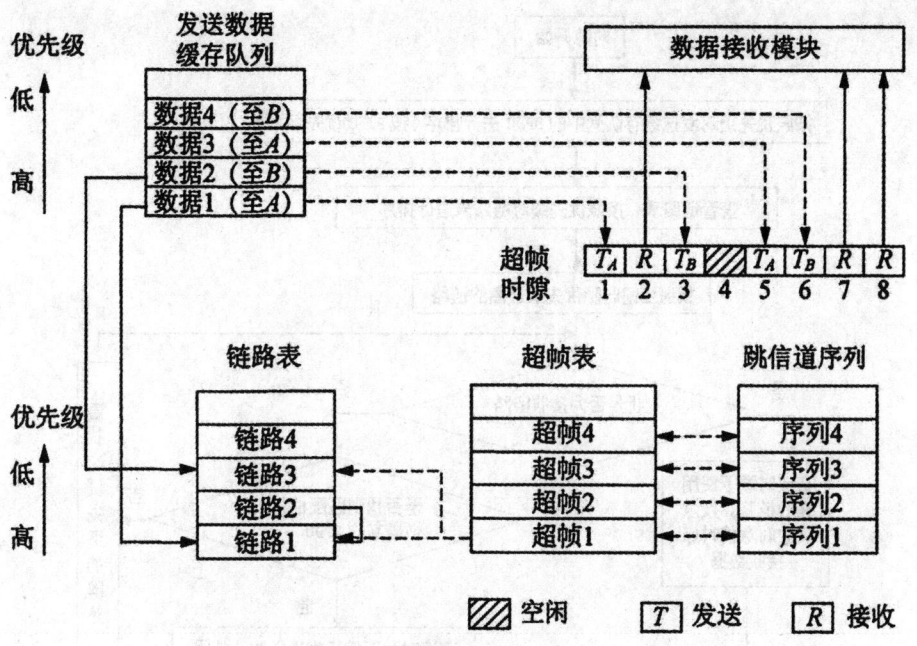

图 3-9　工业无线网络典型的通信调度逻辑结构

工业无线网络通信调度实现流程如图 3-10 所示，当一个时隙开始时即触发通信调度实体，根据超帧信息和链路信息决定该时隙的任务，首先按照优先级对数据缓存队列中的 DPDU 进行排序（按 FIFO 优先级），接着查看链路表，按照优先级对链路进行排序，找到当前时隙优先级最高的链路，根据链路属性对链路类型进行判断，如果是接收链路，则打开接收机，在该时隙下使用接收链路，按照接收时隙的时序接收数据；如果是发送链路，则判断是否能在发送数据缓存队列中找到匹配的优先级最高的 DPDU，若找到，则在该时隙下使用发送链路，按照发送时隙的时序发送数据，若没找到，则查找次优先级的链路进行链路类型判断，依次进行操作。

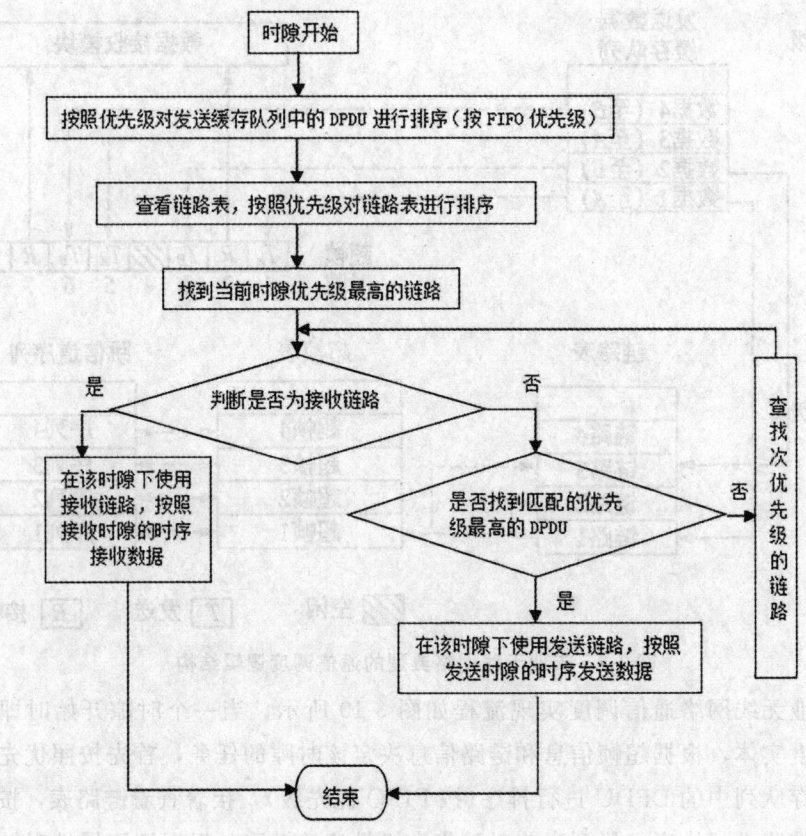

图 3-10 工业无线网络通信调度实现流程

三、工业无线网络空时频联合调度技术

在工业无线网络应用范围不断扩展、网络规模逐渐扩大、复杂度不断提高的背景下，网络通信资源的调度管理成为影响应用推广的重要因素。为此，本节提出一种工业无线网络的空时频联合调度技术，该技术是在常规确定性调度技术的基础上通过空间、时间和频率三要素综合调度网络通信资源，具有综合优化通信资源配置、有效避免冲突和干扰、提高网络管理和通信效率等特点，实现了使网络通信高效稳定的目的。

空时频联合调度的工作原理可以概括为：网络形成后，系统管理器根据设备的邻居信息将网络划分为若干空间区域，同一空间区域的网络设备需要在同一时刻保持相同的信道才能通信，因此相同空间区域的通信采用时分多路机制进行调度；不同空间区域的网络设备采用不同的跳信道序列来实现时隙资源的复用，从而提高网络通信资源的利用率。系统管理器根据网络信息进行通信资源配置，现场设备根据接收到的配置请求完成自身的通信参数设置,网络按照系统管理器的调度方式进行数据通信。具体流程如图 3-11 所示。

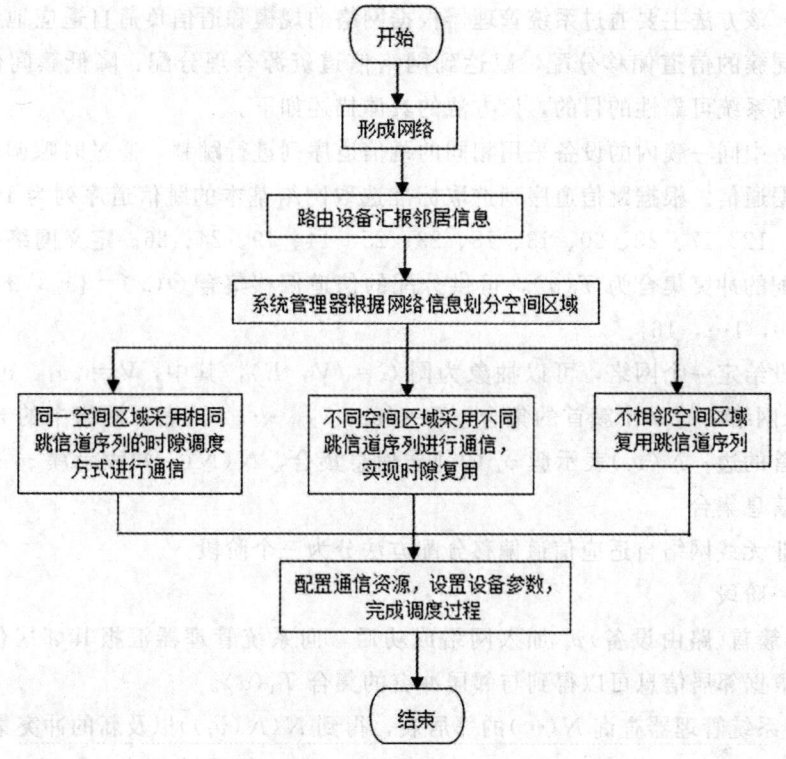

图 3-11 空时频联合调度流程

空时频联合调度的主要过程分为网络形成、通信资源配置和通信服务维持三个阶段。在网络形成阶段,首先必须完成同步,在保证通信双方时钟同步、帧同步的基础上确保设备入网成功。在通信资源配置阶段,网络中的路由设备统计其邻居设备信息 $N(r)$,并将这些信息发送给系统管理器。系统管理器查询设备的邻居表,根据两跳之外互不干扰的原则将网络划分为若干空间区域;根据跳信道序列选取标准确定网络的跳信道序列。针对同一空间区域的设备,系统管理器为其分配相同的跳信道序列,采用时隙调度机制为其分配通信时隙。针对不同空间区域的设备,系统管理器为其分配不同的跳信道序列,实现对时隙的复用,提高网络实时通信的效率。对于不相邻的两个空间区域,可以复用跳信道序列,能够进一步提升网络规模扩充的能力。根据上述调度准则确定通信资源的分配,向设备发送资源配置请求,设备解析资源配置请求完成通信参数设置,根据网络调度进入通信阶段。在通信服务维持阶段,由于网络通信状况的变化,系统管理器的通信调度单元会将更新的结果通知网络设备,保持网络调度的稳定。

针对工业无线网络实际应用中复杂的现场环境,可对信道资源进行自适应优化配置。该方法主要通过系统管理器根据网络的规模和通信负荷自适应地调整网络中不同簇的信道偏移分配,以达到网络信道资源合理分配、降低簇间信道干扰、提高系统可靠性的目的,该方法的具体描述如下。

网络中同一簇内的设备采用相同的跳信道序列进行跳频,通过时隙调度方式进行数据通信。根据跳信道序列选取标准选取网络基本的跳信道序列为 11、16、21、15、12、17、22、20、13、18、23、25、14、19、24、26。定义网络中信道偏移分配的冲突集合为 $T(a)$,可供分配的信道偏移集合 $O(x)=\{x_1, x_2, \cdots, x_{16}\}=\{0, 1\cdots, 16\}$。

假设给定一个网络,可以抽象为图 $G=(V, E)$,其中,$V=\{v_1, v_2, \cdots, v_n\}$ 表示网络中的 n 个簇首的集合,$E=\{e_1, e_2, \cdots, e_n\}$ 表示网络中的 m 条连接各簇首的边;$N(v_i)$ 表示簇 v_i 的邻居信息集合,$N(N(v_i))$ 表示簇 v_i 的邻居的邻居信息集合。

工业无线网络自适应信道偏移分配方法分为三个阶段。

第一阶段

(1)簇首(路由设备)v_i 加入网络成功后,向系统管理器汇报其邻居信息 $N(v_i)$,根据邻居信息可以得到与邻居冲突的集合 $T_1(a)$。

(2)系统管理器查询 $N(v_i)$ 的邻居表,得到 $N(N(v_i))$ 以及新的冲突集合 $T_2(a)$。根据式(2-5)计算出入网簇首信道偏移分配的冲突集合 $T(a)$,即

$$T(a)=T_1(a) \bigcup T_2(a) \tag{2-5}$$

(3)判断 $O(x)-T(a)$ 是否为空,如果不为空,则说明信道偏移集合中仍有可供分配的元素,本着尽量避免相近信道干扰的原则,根据以下准则选取信道偏移:使式(2-6)成立的 x 值即为所求,其中 $x \in \{O(x)-T(a)\}$,$a_i \in T(a)$,若符合该条件的 x 值不唯一,则任取其一(通常默认取较小值);如果 $O(x)-T(a)$ 为空,则说明网络规模已超出该阶段的分配准则,进入分配方法的第二阶段,即

$$f(x)=\max \sum_{i=1}^{n}(x-a_i)^2 \tag{2-6}$$

第二阶段

(1)系统管理器解析并保存入网路由设备 v_i 的邻居信息 $N(v_i)$,得到该入网路由与其邻居信道偏移分配的冲突集合 $T_1(a)$。

(2)此时该入网路由设备的信道偏移分配集合 $T(a)=T_1(a)$。

(3)判断 $O(x)-T(a)$ 是否为空,若不为空,则执行第一阶段的步骤(3)的相关操作;如果为空,则表示此时的网络规模已超出该阶段的分配准则,进入分配方法的第三阶段。

第三阶段

(1)此阶段中的网络规模已经扩大到需要与邻居复用信道偏移的程度。系统管理器根据入网路由设备 v_i 的邻居信息 $N(v_i)$,获取该设备及其邻居设备的超帧信息,得出该路由设备的超帧活跃期和通信阶段的总长度 $T_{wake}(v_i)$ 以及邻居路由设备的超帧休眠期长度 $T_{sleep(}(N(v_i))$。

(2)根据式(2-7)计算出符合要求的邻居节点,获取对应的信道偏移值,即

$$T_{sleep(}(m)-T_{wake}((v_i)\geqslant 0, m\in N(v_i) \qquad (2-7)$$

(3)系统管理器选取其中一个符合要求的邻居设备的信道偏移对新入网路由进行配置,并将新入网路由的超帧起始偏移到对应邻居超帧的休眠期,这样就实现了邻居设备之间信道偏移的复用,两个簇按照相同的信道偏移进行跳频,交替进行通信。

四、确定性调度的芯片实现方案

工业无线网络对通信的实时性和可靠性要求比较苛刻,而传统的软件确定性调度方法软件复杂度较高,代码量较大,不能从根本上满足这种需求。确定性调度功能由硬件调度表完成,由硬件根据调度表自动管理数据包的收发,可以有效地降低开发难度与内存消耗,同时提高调度的实时性并保证可靠性。渝芯一号的确定性调度功能全部由硬件完成,用户只需要设置寄存器配置调度表模块和调度表控制模块。硬件确定性调度模块如图 3-12 所示,主要分为调度表模块、调度配置模块和缓存模块等。

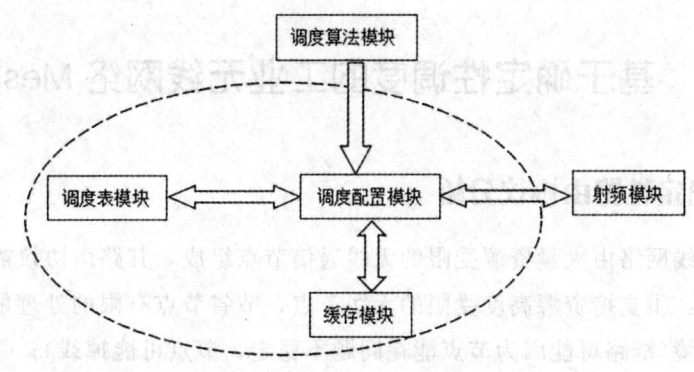

图 3-12　硬件确定性调度模块

整体调度过程主要通过调度配置模块对调度表模块进行配置和管理,根据调度算法对数据优先级进行排序,并装载入缓存模块中,调度配置模块控制射频模块对数据进行发送或者接收。调度表模块支持最多六项表项的预先填写。

调度配置模块主要是对硬件调度表模块的执行和功能进行配置,主要有调度表指针、时隙工作模式、调度表是否需自动循环、调度表循环周期、调度表中的起始时隙号方式、调度表诞生的名义绝对时隙号和空闲时隙是否自动休眠。调度表指针指向即将处理的表项号,用于软件查询调度表的执行情况;时隙工作模式是决定该调度表工作在 ISA100.1la、WIA-PA 或无线 HART 模式下;调度表是否需自动循环决定该调度表执行完一次之后是否循环执行;调度表循环周期是在调度表循环的情况下循环时隙的个数;调度表中的起始时隙号方式指定调度表中起始时隙号域所采用的表示方式,采用绝对时隙号方式表示或采用相对时隙号方式表示;调度表诞生的名义绝对时隙号是在时隙起始号采用相对时隙号方式时,指定最开始的相对时隙号为 0 的时隙(调度表需要第一次开始运转的诞生时刻)所对应的绝对时隙号;空闲时隙是否自动休眠表示如果在两个调度表项之间空闲时隙段足够长,那么硬件是否自动启动休眠机制,如果不启动休眠机制,则在该时隙段内处于空闲状态。

硬件确定性调度实施过程首先根据用户的实际需求配置调度表模块,然后配置调度配置模块,对整个调度表从宏观上进行整体管理和控制。用户只需对调度表模块和调度表配置模块进行配置。

(1)配置硬件调度表模块,主要配置表项序号、起始时隙号、时隙长度、信道号、动作类型、动作模板和 TXFIFO/RXFIFO 号。

(2)配置硬件调度配置模块,主要配置调度表指针、协议模式、调度表循环情况、调度表循环周期和空闲时隙是否休眠。

第四节　基于确定性调度的工业无线网络 Mesh 路由

一、确定性路由协议分析

工业无线网络由大量资源受限的无线通信节点组成,其路由协议需要满足一些特殊要求:①支持资源高度受限的无线节点,节省节点有限的处理能力;②支持变化的环境(链路可能因为节点能耗问题不稳定,节点可能掉线);③支持较小的最大传输单元(Maximum Transmission Unit,MTU)(有限缓存),从而使得现有的路由协议(路由信息协议(Routing Information Protocol，RIP)、开放式最短路径优先协议(Open Shortest Path First，OSPF)等)不再适用于工业无线网络。

无线网络的工业应用不同于其他应用，影响工业服务水平的参数众多。为了满足工业应用的需求，工业无线网络一般采用 Mesh 拓扑结构，从而提高通信的可靠性和网络的可扩展能力。不同应用等级、不同类型的应用对 Mesh 路由协议的处理能力提出了挑战。一般来说，链路层采用确定性调度技术，原有路由协议(Ad-hoc On-Demand Distance Vector，AODV)无线自组网按需平面距离矢量路由协议及其他路由协议等)将会因为以下因素变得不再适用。

(1)节点必须在调度实体规定的时隙、信道与规定的邻居节点通信，因此影响数据多跳传输路径上的传输时间不再是传输时延，而是调度等待时间(调度时间，也可以用时隙偏移衡量)。

(2)传输路径和逆向传输路径因为邻居节点相互发送数据的时隙、信道不同，造成传输路径和逆向使输路径的调度时间(时隙偏移)总和、信道质量等参数变得不同。

因此设计基于确定性调度的路由协议，保证数据经过多跳节点转发后仍满足用户提出的确定性时间限制，提高工业无线网络的确定性是非常必要的。

二、基于时隙偏移和信道质量的路由协议设计

多数路由算法只考虑影响网络通信的一种情况作为算法的评价准则，如一些研究中只考虑信道质量，而另外一部分算法中只将链路中的通信延时作为寻求最优路径的准则。在实际中，通信链路的信道较差时会造成数据通信的丢包现象。由于数据在空中采用电磁波的方式传播，速率极快，在无线使传输过程中所造成的端到端延时可以忽略不计，因此通信延时主要与确定性调度所产生的时隙偏移有关。另外，若所选的最优路径上的一些节点负载过大，能量损耗过快，降低了其电池的寿命，也会导致整个网络不稳定。因此，综合考虑确定性调度技术和跳信道技术对路径选择的影响，将确定性调度分配的节点间的时隙偏移和跳信道过程的信道质量作为路由算法的选路标准，旨在选取延时最小、信道质量最佳的路径来进行数据通信。

如图 3-13 所示，将确定性调度所产生的时隙偏移和跳信道过程中所选信道的信道质量作为两个权值，将工业无线网络子网抽象为分别以这两组权值组成的两个加权图，分别以 G_s 和 G_c 标识，每个有向图中的每条边上都有相应的权值。

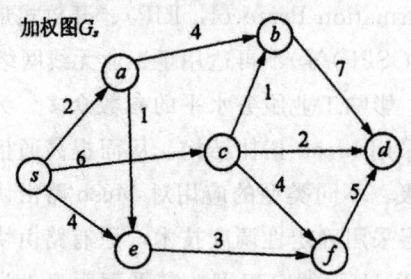 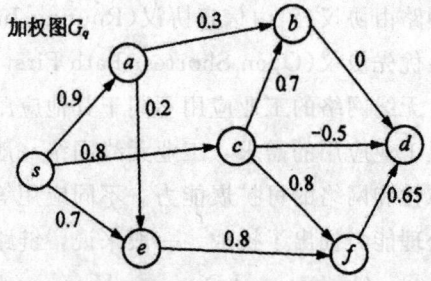

(a) 以时隙偏移为权值的加权图 G_s　　　(b) 以预处理的信道质量为权值的加权图 G_q

图 3-13　基于确定性调度的路由算法加权图

时隙偏移：确定性调度是在满足时间同步的条件下，将超帧中相应的时隙分配给网络中各个节点用于其数据通信。源节点可以在确定性调度所分配的时隙中有序地发送数据；同时，对应的目的节点也在预定的时隙上有序地接收源节点发送过来的数据报文。所有的终端设备均要按照调度实体分配的时隙收发数据。

信道质量：工业无线网络工作于全球通用免费的 2.4GHz ISM(Industrial Scientific Medical)频段，有 16 条信道(11～26)可以选择。在此频段上，还有其他无线网络共存，如 IEEE 802.11、ZigBee、蓝牙和无线射频识别(Radio Frequency Identification，RFID)等网络。工业无线网络采用跳信道技术避免工作在相同频段上的设备相互干扰，以减少设备在每一条信道工作的时间，从而减少其他设备对网络本身的干扰，也降低对其他无线设备的影响。但由于路径中时隙所对应的每条信道都存在被干扰的可能性，链路上每一跳采用不同的信道也会影响路由做出路径选择。

本算法是基于工业无线网络中网络管理者通过确定性调度对整个网络的时隙分配完成后进行的，工业无线网络的跳信道机制通过所有信道监测，计算出每条链路中时隙对应的信道质量。由网络管理者给出跳信道序列。首先依据前 k 优路径算法，在以时隙偏移为权值的加权图 G_s 中求出所有路径的传输时延 t_{offset} 符合确定性调度要求(式(2-8))的路径，并选出传输时延最小的前 k 条路径，将所选的路径带入已预处理过的信道质量为权值的加权图 G_q 中分别求出信道质量最好的路径。因此，路由算法所选的路径将同时满足确定性调度和信道质量两个准则，既能保证路径的传输时延符合要求，又能保证所选路径上每节链路的信道质量最优，从而提高网络通信的可靠性、及时性：

$$t_{\text{offset}} \leqslant t_w \tag{2-8}$$

式中，t_{offset} 为一条路径上的各个节点之间的传输时隙偏移总和，t_w 为满足确定性调度条件的传输时延的阈值。

因为每条信道的信道质量是通过信道的丢包率体现的,在一条信道上是否存在丢包现象只是一个概率,具有不确定性,若算法先在以信道质量为权值的有向加权图 G_q 中计算信道质量较好的前 k 优路径,在遍历整个图后可能得不到最优的路径,算法时耗大,不能满足算法最优。若先在以时隙偏移为权值的加权图 G_s 中计算出满足式(2-8)条件的前 k 优路径,再将路径依次代入以信道质量为权值的加权图 G_q 中,计算所对应路径上各个链路对应的信道质量,以此求得信道质量最优的路径。算法依次循环,直到计算出满足确定性调度要求以及信道质量最优的路径。这样既降低了算法的时耗,同时也保证了算法最优。

综上所述,在所设计的路由算法中引入前 k 优最短路径算法($k \geqslant 1$)。首先在以时隙偏移为权值的加权图 G_s 中,计算出每条路径上的传输时隙偏移 t_{offset},并按照式(2-8)与满足确定性调度传输时延的阈值 t_w 进行比较,依次得到加权图 G_s 中符合式(2-8)条件的最优、次优……k 优等前 k 优路径;然后将这 k 条路径依次代入以信道质量为权值的加权图 G_q 中,若得到信道质量最优的路径,该路径就同时满足确定性调度要求的传输时延与通信信道质量两个准则,停止执行前 k 优路径算法,以第 k 优路径作为通信路径;反之,算法继续执行直到找到同时满足两种度量准则的路径。

按照 A-Star(A^*)启发式算法的思想,在工业无线网络中搜寻时对于每一次遍历到的节点判断其与父节点组成的边的权值,得到下一跳中的最优节点,接着从下一跳的节点中依次搜寻,直到找到目标节点。这样可以避免对大量无用路径的遍历,从而提高了算法的搜索效率。A-Star 算法中需要建立 OPEN 和 CLOSE 两个表;OPEN 表用来保存加权图中所有已生成路径中还未遍历的节点,CLOSE 表用于保存算法已经遍历的节点。算法在搜索过程中评估当前节点和以前节点的估价值,以得到价值最优的节点。对于每个节点 t,启发函数 $f(t)$ 为

$$f(t)=h(t)+g(t) \tag{2-9}$$

式中,$f(t)$ 为估价函数,$g(t)$ 为从源节点到 t 节点最优路径的实际代价,$h(t)$ 为从节点 t 到目的节点的路径中最优路径的估价。根据 A-Star 算法思想,这里用 $h'(t)$ 表示从当前节点 t 到目的节点的实际最小代价,$h'(t)$ 满足 $h'(t) \geqslant h(t)$。

设网络 G 中 s 为起始节点,d 为目标节点,则对于从节点 s 到节点 d 的路径上的一个节点 v,w'_{vd} 表示从节点 v 到目的节点 d 的最优路径的权值;状态 t 表示的是从源节点 s 到目的节点 d 的一条路径,v_t 为该路径上的一个节点,w_{sv} 为该路径上的权值。令 $g(t)=w_{sd}$,$h(t)=w'_{vd}$,将其代入式(2-9),则有

$$f(t)=w'_{vd}+w_{sd} \tag{2-10}$$

现有的 A-Star 启发式算法的基本思想如下：首先对算法进行初始化，将源节点 s 放入 OPEN 表，算出起始节点的估价值，$v_t=s$，$w_{sv}=0$；每次从 CLOSE 表中选取估价值 $f(t)$ 最优的状态 t，并遍历当前节点的所有子节点，算出子节点的估价值，若子节点的估价值小于当前节点的估价值，则将其放入 OPEN 表，否则放入 CLOSE 表。CLOSE 表中的节点同时也都记录着其父节点，最后遍历到目标节点时反向搜索已经选取过的节点的父节点即可得到最优路径。在这种 A-Star 算法中，每次迭代都取的是最小估价，即 $h(t)=h'(t)$，也就满足 $h'(t) \geqslant h(t)$ 的要求。

为了使算法的搜索效率更高，在上述 A-Star 算法的基础上对其进行改进，结合偏离路径算法的思想来研究启发函数 $f(t)$ 的最优问题，并在偏离树路径算法的基础上加入满足信道质量最优的约束条件，目的是首先在加权图 G_s 中搜寻出前 $k(k \geqslant 1)$ 优路径，以便于在以信道质量为权值的加权图 G_q 中寻求同时满足信道质量最优的路径。在本节研究的算法中，用 P_t 表示状态 t，代表从源节点 s 到目的节点 d 的路径中最优的路径，即有 $h'(t)=P_t$。并在以信道质量为权值的加权图 G_q 中增加阈值（预处理的通信信道质量），且将此阈值作为算法中选取路径的判决条件，每计算出一条最优路径就计算 G_q 中该路径的信道质量权值，若不满足信道质量要求，则算法进入循环，并选取第 $k+1$ 优路径进行判决，直到完成任务或搜索完所有路径却没有找到满足要求的路径时停止。这样算法就能同时在两个加权图中进行计算，以求得符合两个准则条件下的前 k 优路径。本节将信道质量的阈值条件设为：对于路径上所有边上的信道质量权值都大于零，且整条路径上的权值和最优，即

$$\forall C_{ij} > 0 \,\&\, \sum C_{ij} > C(C\text{ 为阈值}) \tag{2-11}$$

设一个给定的 WIA-PA 网络 $G=(V,E)$，其中，$V=\{v_1, v_2, \cdots, v_n\}$ 为网络中的 n 个节点的集合 $E=\{e_1, e_2, \cdots, e_n\}$ 为网络中的 m 条边的集合；P_{ij} 为网络中节点 v_i 到 v_j 的一条有向链路，$e(P_{ij})$ 为链路 P_{ij} 上的权值。设 P_{ij} 和 P_{jk} 分别为网络 G 中给定的两条有向边，则路径 P_{ij} 上的目的节点为路径 P_{jk} 的起始节点，若将这两条路径用 $P_{ij}<>P_{jk}$ 关联，即为该网络中从节点 v_i 到 v_k 的一条路径 P_{ik}。本节的算法中用一个邻接矩阵 $G[n][n]$ 表示一个有 n 个节点的 WIA-PA 子网加权图，两个邻接节点 v_i 到 v_j 的边的权值为 $w(P_{ij})=G[i][j]$。本章研究的算法将工业无线网络中从起始节点 s 到目的节点 d 的前 k 优路径记为 $p_k=\{p_1, p_2, \cdots, p_k\}(k \geqslant 1)$，在算法运行中生成一棵偏离树 T_k，用于存放整个网络中未遍历的路径。对于 $\forall k \geqslant 1$，若 v_k 是 p_k 中从起始节点到目的节点 d 的

有向顺序上第 1 个不在偏离树 T_{k-1} 上的节点的父节点,则称节点 v_k 为 p_k 的偏离节点,称以 v_k 为父节点的边为 p_k 的偏离边,从 v_k 到目的节点 d 的路径 $p_{v_k d}^k$ 称为偏离路径,则偏离树 T_k 等价于 A-Star 算法中的 OPEN 表。对于图 G 中的任意节点 v,$E(v)$ 表示加权图 G 中一系列以 v 为子节点的边的集合,对于 $\forall k \geqslant 1$,$E_{T_k}(v)$ 表示偏离树 T_k 上一系列以 v 为父节点的边的集合。本节用集合 X 存放算法的候选路径,即算法最终的第 k 优路径在 X 中选取,则 X 等价于上述 A-Star 算法中的 CLOSE 表。下面将分以下几个步骤搜索一个给定的 WIA-PA 网络中从起始节点 S 到目的节点 d 的前 k 优路径。

(1)算法初始化。首先对算法初始化,$k=0$,$p_0 \leftarrow \{s\}$,$w(p_0)=0$,$X \leftarrow \{p_0\}$,$T_k \leftarrow \{p_0\}$。

(2)在以时隙偏移为权值的加权图 G_s 中生成传输时延最短的路径 p_k,$k=1$,$p_1 \leftarrow \{s, \cdots, d\}$,$X \leftarrow \{p_1\}$,$T_k \leftarrow \{p_1\}$,初始化偏离节点 $v_k (k=1)$。

(3)将 $p_1(p_k)$ 代入以信道质量为权值的加权图 G_q 中,判断 $p_1(p_k)$ 是否满足式(2-11)的要求,并且要保证 X 非空,即 $X!=$NULL。$X=$NULL 说明算法已在图中搜索完从起始节点 s 到目的节点 d 的所有路径,算法将终止。若满足上述条件,算法已求得最优路径 $p_1(p_k)$,算法选取的路径将满足两个评价准则,否则算法进入步骤(4)。

(4)从 X 中删除路径的 p_k,$X \leftarrow X-\{p_k\}$,并在加权图 G_s 中查找在路径 p_k($k \geqslant 1$)上从 v_k 到目的节点 d 的父节点之间的所有节点,$v_k \leftarrow p_k$ 的偏离节点。对于节点 $v \in p_{v_k d}^k$,在 $E(v)-E_{T_k}(v)$ 中生成一条最优的待选路径 $p_{vt} <> p_{td}{}'$,比较 $w_{vx}+w(p_{xd}{}')$ 的值,并用节 v 生成最优路径 $p_{vd}=\{v, <v, t>, t\} <> p_{td}{}'$,令 $q = p_{sv}^k <> p_{vd}$,$X \leftarrow \{q\}$;令 $q_{v_k d}=p_{vd}$,$T_k \leftarrow \{q_{v_k d}\}$,作为新的 T_{k+1};当节点 $v=d$ 时,停止搜索,$k \leftarrow k+1$。

(5)从集合 X 中取出 $k+1$ 优路径 p_{k+1},即 p_{k+1} 是加权图 G_s 中仅次于 p_k 的路径,计算该路径上的传输时延,看是否满足式(2-8),若不满足则停止算法;若满足,则将此路径作为加权图 G_s 中的 $k+1$ 优路径,并将其代入信道质量为权值的加权图 G_q 中判断该条路径是否满足式(2-11)。若满足,则将此条路径作为最优路径,若不满足,则返回步骤(4),直到选出一条符合两个准则的最优路径。

基于确定性调度的路由策略能够同时保证确定性调度和信道质量最优,具有较大的优势。当最优路径故障时,还可以选用次优路径进行通信,以提高网络可靠性,有利于平衡网络负载。

第五节　基于时隙通信的自适应跳信道方法

一、自适应跳信道方式

自适应跳信道技术是短距离无线通信网中一种主要的抗干扰技术。当前主流工业无线网络标准的物理层和媒体访问控制层均兼容 IEEE802.15.4 标准，工作频段采用的是 2.4GHz 的 ISM 频段，有 16 个信道可以使用。为了提高工业无线网络与其他同频段网络的抗干扰能力，改善其系统性能，减小系统共频段的干扰，达到各系统共存的目的，工业无线网络的信道序列可由网络管理者预先指定，同时可采用如下 3 种跳信道方式。

（1）自适应频率切换（Adaptive Frequency Switching，AFS）。在超帧结构中，信标阶段、竞争接入阶段和非竞争接入阶段在不同的超帧周期根据信道质量按照跳信道序列更换信道。

（2）自适应跳频（Adaptive Frequency Hopping，AFH）。根据超帧每个时隙所在信道的信道质量进行信道切换，信道质量通过丢包率进行评估，超过一定的阈值则认为该信道是差的信道，将该信道从信道列表中屏蔽，并广播全网；当该信道状态恢复好的状态时就将其恢复，然后通知网络中的设备进行解除。非活动期的簇内通信段采用 AFH 跳频机制。

（3）时隙跳频（Timeslot Hopping，TH）。时隙跳频主要应用在超帧的非活动期的 Mesh 网络通信过程，按照预先设定的跳信道序列，每次新的时隙到来就按照序列切换信道，不管信道的质量是好或差。

二、自适应跳信道系统设计

自适应跳信道系统需要能够在跳信道通信过程中自适应地选择好的信道，实时屏蔽被干扰的信道，拒绝使用曾经用过但传输不成功的信道，从而提高跳信道通信中接收信号的质量。自适应跳信道通信的主要过程一般分为通信链路建立、信道信息采集和通信保持三个阶段。在通信链路建立阶段，首先必须建立同步，在保证通信双方时钟同步、帧同步的基础上，确保双方跳信道序列的同步。在信道信息采集阶段，现场设备对信道的丢包率、重传次数以及链路质量等信息进行采集统计，将信道信息发送给系统管理器，系统管理器根据信道质量评估准则确定被干扰的信道，并把被干扰的信道通过黑名单技术通知对方，使网络的设备同时删除被干扰的全部信道,跳信道序列保持一致,并在确定的时刻同时进入自适应跳信道通信阶段。在通信保持阶段,由于信道条件的变化(如现场设备位置的变化或干扰环境的改变等),系统管理器的信道质量评估单元会将变化的检测结果通过广播方式通知网络设备,及时屏蔽跳信道序列中被干扰的信道,并保证通信的设备跳信道序列保持一致。

根据上述要求,自适应跳信道系统结构如图 3-14 所示,现场设备周期性发送本设备的信道质量状况给网络的系统管理器,系统管理器的信道质量评估单元监测现场设备所有信道的质量状况,并根据可靠的信道质量评估算法及接收信号的质量判定信道的好坏,从而选出可用的信道,根据评估结果更新信道黑名单信息,并将黑名单信息通过广播通知现场设备,现场设备收到数据包后,根据黑名单信息修改本设备的跳信道列表,然后按照新的信道列表进行跳信道发送/接收数据。

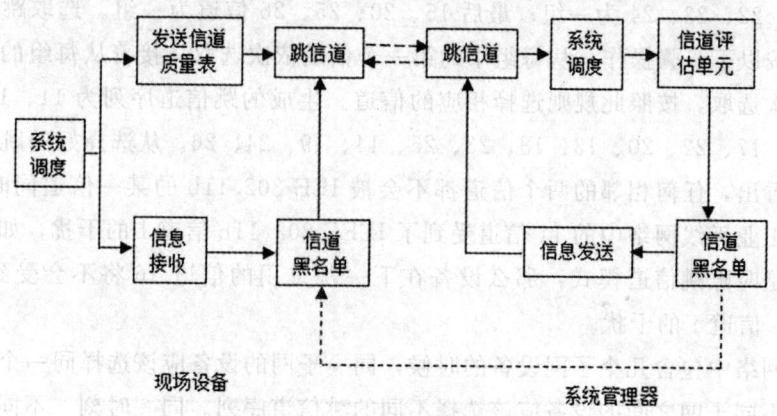

图 3-14 自适应跳信道系统结构

三、信道评估机制

1. 信道序列选取

2.4GHz 频段上划分了 16 个信道,采用 IEEE 802.15.4 物理层和 MAC 层规范中规定的直接序列扩频(Direct Sequence Spread Spectrum,DSSS),设备可工作于某个选定的信道(11~26)。IEEE 802.15.4 与 IEEE 802.11b 的信道对比情况如图 3-15 所示。

16 个信道可以分成两种:专用信道和一般信道。专用信道主要用于设备的入网、簇内管理、重传,这些信道受干扰的概率比较小,因此可选信道 15、20、25、26 为专用信道。其余的信道作为一般信道,用于一般数据的发送与接收。为了提高网络的抗干扰性,16 条信道可以按照如下规则组合成不同的跳信道序列。

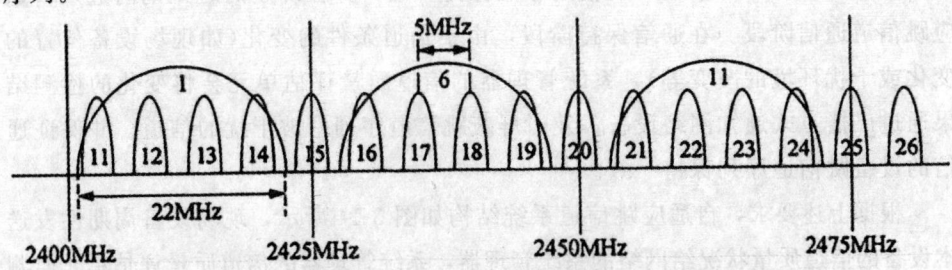

图 3-15　IEEE 802.15.4 与 IEEE 802.11b 的信道对比

当一个信道被使用后，它的下一跳信道要与该信道保持 3 个信道以上的间隔。某一信道受到干扰时，下一跳选用的信道应该保证不会再在这个干扰的范围内。16 个工作信道可分为 4 组：11、12、13、14 为一组；16、17、18、19 为一组；21、22、23、24 为一组；最后 15、20、25、26 信道为一组。选取跳信道序列可以按以下步骤操作：从每组中的第一个信道依次选取，接着从每组的第二个信道依次选取，按照此规则选择相应的信道。生成的跳信道序列为 11、16、21、15、12、17、22、20、13、18、23、25、14、19、24、26。从选择好的跳信道序列可以看出，任何相邻的两个信道都不会被 IEE 802.11b 的某一信道同时覆盖。例如，工业无线网络中的 11 信道受到了 IEEE 802.11b 信道 1 的干扰，如果系统采用的是时隙跳信道模式，那么设备在下一跳选用的信道 16 将不会受到 IEEE 802.11b 信道 1 的干扰。

当网络中包含几个子网设备的时候，同一子网的设备应该选择同一个跳信道序列，不同子网之间的设备应该选择不同的跳信道序列。同一时刻，不同子网之间的设备保证在不同的信道上工作，从而避免了设备之间的相互干扰。例如，不同子网之间的两个设备都采用时隙跳信道模式进行通信，设备 1 的跳信道序列为 16、21、15、12、17、22、20、13、18、23、25、14、19、24、26、11，而设备 2 选择的跳信道序列为 12、17、22、20、13、18、23、25、14、19、24、26、11、16、21、15。如图 3-15 所示，工业无线网络中的两个设备的跳信道序列都按照规则 1 来选取，从而减小了来自 IEEE 802.11b 网络的干扰，而且在同一时隙，两个设备工作的信道均不相同，因此有效地避免了子网之间的相互干扰，整体上提高了工业无线网络的抗干扰性能。图 3-16 所示为两个不同子网中设备的跳信道序列图。

2. 信道评估算法

信道质量评估技术用于测量无线网络中当前正被使用的信道的状况或质量。根据跳频信道的实时接收信号，用信道质量判决准则周期性地分析判断信道的质量,从而判定该跳信道频点是否受到干扰和能否进行正常通信。信道质量评估方法以丢包率、链路品质信息(Link Quality Indicator,LQI)、重发次数等为评估参数,按照一定的信道评估算法对信道进行评估,并划分信道质量的等级,实现从跳信道序列中去除被干扰的坏信道,使收发双方在无干扰的频率集上同步跳信道,通信的过程中根据干扰情况随时更新跳信道序列。

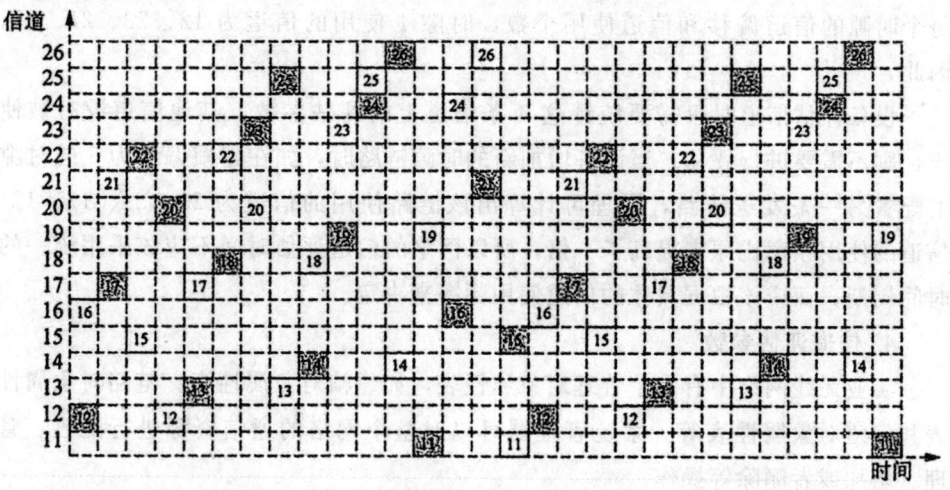

图 3-16　两个不同子网中设备的跳信道序列

更新信道序列有两种方法:①将全部可使用的信道分成两组,一组定义为使用信道序列,另一组为备用信道序列,当使用信道序列中出现被干扰的坏信道时,则随机地从备用信道序列中选出一个可以使用的信道来替代该坏信道,这种替代可以一直进行下去,直至备用信道序列中没有可以使用的信道;②不分使用和备用信道序列,所有信道组成一个跳信道序列,当发现被干扰的坏信道时,可以选择当前信道中的下一个好信道来加以替代。两种方法的主要区别是:前者频谱利用率较低,跳频频谱的均匀性相对较好,适用于可使用的信道个数较多的情况;后者频谱利用率较高,但可能导致跳频频谱的均匀性变差,比较适用于可使用的跳信道频率数较少的情况。

3. 信道评估时间

信道评估时间的长短会直接影响工业无线系统的安全性和实时性。系统在受到干扰的时候信道评估时间太长,可能导致重要数据信息丢失,而信道评估时间太短又造成不必要的能源浪费,因此信道评估的时间尤为重要。

工业无线网络采用确定性调度技术,由于在每个信道上发送数据包的次数各不相同,系统管理器设置了信道评估门限值(P_{thr}),当设备在某一信道上发送数

据包的个数达到 P_{thr} 时，开始进行信道评估。因此，网络的信道评估时间与系统的调度（链路的配置）、超帧周期、跳信道模式、跳信道序列以及 P_{thr} 相关。

若网络的跳信道序列为 19、12、20、24、16、23、18、25、14、21、11、15、22、17、13、26，超帧周期为 100 个时隙，超帧偏移为 1 的时隙上配置一条发送链路，设备工作在时隙跳信道模式，根据信道使用率计算方法可以推出超帧每个时隙的信道偏移和信道使用个数，时隙 1 使用的信道为 12、23、21、17。因此，

设备评估信道时只需要统计这 4 条信道上的评估参数，其他信道没有被使用，则不需要进行评估。当设备增加新的时隙链路时，如在超帧偏移为 5 的时隙上配置另一条发送链路，同理可计算出该链路使用的信道为 23、21、17、12。信道的使用频率比原来提高了一倍，所以网络的信道评估时间不应该采用统一的时间周期，而应该根据具体的信道使用频率来决定。

4. 信道评估参数

工业无线网络中有多个管理对象属性表，如超帧对象属性表、链路对象属性表和信道对象属性表等。系统管理器可以对整个网络的通信资源进行配置、管理、增加或者删除等操作。

网络中的每一个设备需要定期对工作的信道进行质量评估，可以根据丢包率、接收信道强度指示（Received Signal Strength Indication，RSSI）、LQI、重传次数等信道评估参数，检测出每一条信道的质量状况，将评估结果存储在信道状况报告表中，然后周期性地将信道状况报告表发送给系统管理器。

5. 黑名单技术

工业无线网络通过黑名单技术来管理网络频谱资源的使用。黑名单技术实现流程如图 3-17 所示，系统管理器首先查询设备管理应用进程（Device Management Application Process，DMAP），判断是否收到设备的信道质量状况报告，如果接收到设备的信道质量状况报告，则按照信道评估方法对信道进行评估，判断信道是好信道还是坏信道。如果信道是坏信道，则修改黑名单信息，并发送信标帧通知网络的设备；设备收到信标帧之后，解析黑名单子域，如果与本设备的黑名单属性信息不相同，则立即更新。

6. 对比分析

工业无线网络工作在固定信道的情况下，当被其他同频段干扰后，网络丢包率为 20%～40%，LOI 平均值为 100～102.5；当采用了自适应跳信道技术之后，网关通过信道评估把通信质量差的信道列入黑名单，并发送信标帧通知网络的设

备，设备在跳信道序列中将被干扰的信道屏蔽，网络数据通信的丢包率在10%以下，LQI平均值约为107。在被干扰情况下采用固定信道与跳信道机制的丢包率和平均链路质量的对比如图3-18所示，由对比结果可以得出在工业无线网络中使用自适应跳信道技术可以有效地提高网络的抗干扰性能，减小丢包率，提高网络吞吐量，从而保证整个网络通信的可靠性。

四、基于时隙通信的自适应跳信道实现方法

工业无线网络标准定义了超帧属性、链路属性、信道属性等管理对象的数据结构，数据链路层访问的时候直接调用相应的表属性元素进行读、写、添加、删除、查找等操作，用链接队列形式来实现每个属性结构体的存储。

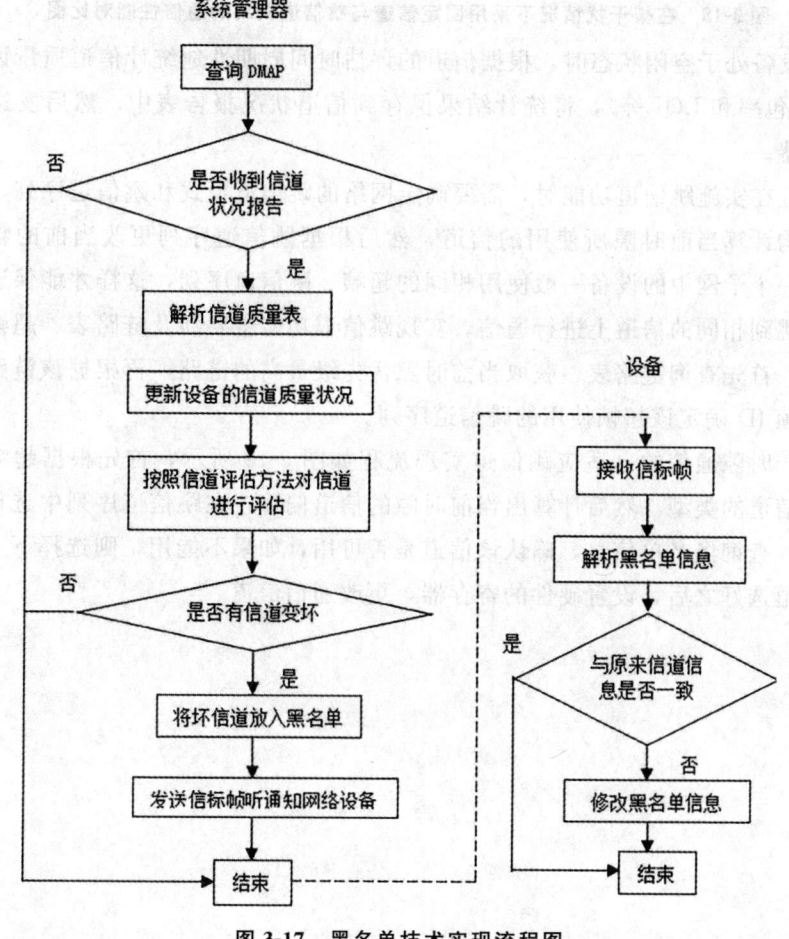

图3-17 黑名单技术实现流程图

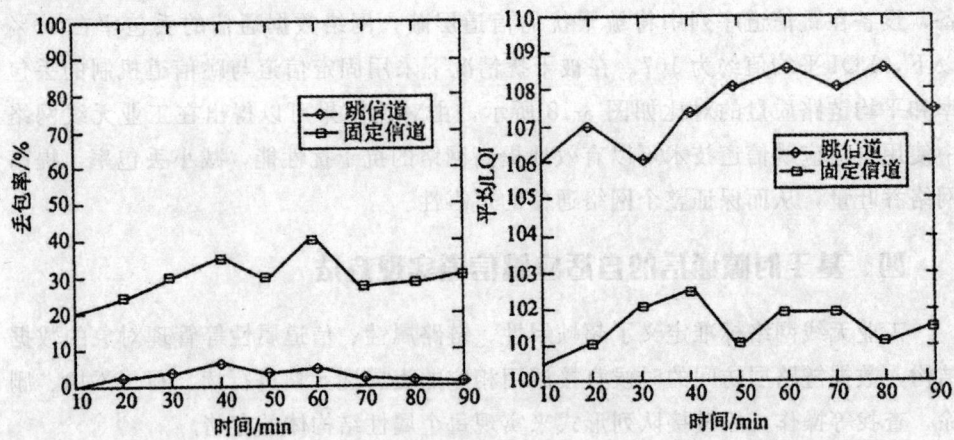

图 3-18 在被干扰情况下采用固定信道与跳信道机制的通信性能对比图

当设备处于空闲状态时，根据信道的评估时间周期性地统计信道质量评估参数（如丢包率和 LQI 等），将统计结果保存到信道状况报告表中，然后发送给系统管理器。

系统在实施跳信道功能时，需要确定网络的跳信道模式和跳信道序列，根据超帧结构计算当前时隙所使用的信道，然后根据跳信道序列更改当前的物理信道。同一个子网中的设备一般使用相同的超帧、跳信道序列，这样才能保证在某个时隙跳到相同的信道上进行通信。实现跳信道功能主要涉及链路表、超帧表和信道表，首先查询链路表，获取当前时隙优先级最高的链路，再根据该链路信息中的超帧 ID 确定该超帧使用的跳信道序列。

基于时隙通信的自适应跳信道实现流程如图 3-19 所示，首先根据超帧属性判断跳信道的类型，然后计算出当前时隙的信道偏移，在跳信道序列中选择对应的信道，查询黑名单信息，确认该信道是否可用，如果不能用，则选择下一个信道，信道选好之后，设置硬件的寄存器，更改通信信道。

第三章 工业物联网关键技术

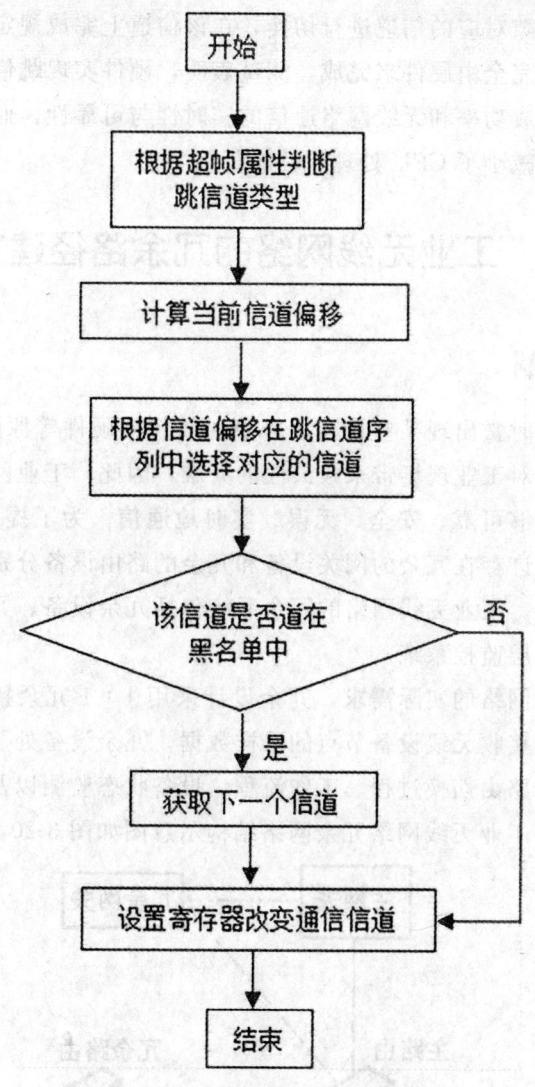

图 3-19 自适应跳信道实现流程图

五、自适应跳信道的芯片实现方案

在复杂的工业环境中，使用软件实现自适应跳信道机制有很多缺陷。例如，自适应跳信道机制需要精确的时间同步，如果时间同步不精确就会导致跳信道序列的错序，无法正常进行接收；同时代码量大，维护工作比较困难；而且信道评估需要花费一定的时间，从而影响信道的切换。渝芯一号采用硬件实现跳信道机制，将网络的跳信道序列写入调度表中，硬件判断新时隙是否到来，如果到来就按照调度表中该时隙对应的信道进行切换,在该信道上完成规定的工作。信道的评估、选取和切换完全由硬件来完成,测试表明,硬件实现跳信道机制不仅提高了无线网络通信的成功率和无线网络通信的实时性与可靠性,而且增强了系统的抗干扰能力,同时减小了CPU处理软件的负担。

第六节 工业无线网络的冗余路径建立方法

一、冗余机制

工业无线网络时常出现某些设备因环境、软件或硬件等原因而引起的故障,这些问题都有可能对工业现场带来毁灭性的灾难,因此,工业网络需采用防错容错机制使设备间能够可靠、安全、无误、实时地通信。为了提高网络的可靠性,工业无线网络中允许存在冗余的网关设备和冗余的路由设备分别作为网关设备和路由设备的热备份。工业无线网络的冗余系统包括冗余设备、冗余网关、冗余路由器协议栈以及上层监控系统。

参照工业无线网络的实际需求,冗余设计采用1:1冗余接入方案,即主设备处在工作状态,接收无线设备节点的采样数据,冗余设备处于监听状态,具体完成冗余网关冗余路由切换过程、工作流程、设备状态监测以及协议栈相关层的软件设计与实现。工业无线网络冗余网络结构示意图如图3-20所示。

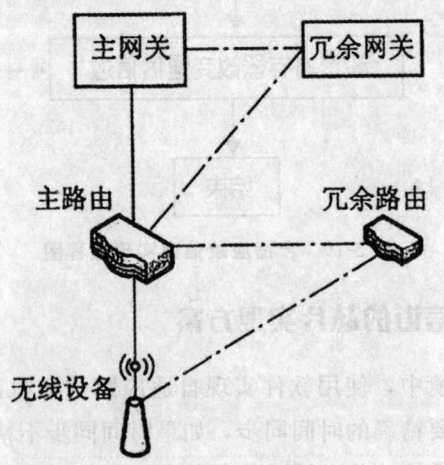

图3-20 工业无线网络冗余网络结构示意图

工业无线网络中同时存在主网关和冗余网关,冗余网关是主网关的热备份,二者具有相同的属性配置。主路由和冗余路由同时在网,二者具有相同的属性配置,当处于工作状态的路由节点能量过低或者出现故障而无法继续正常工作时,冗余路由将被激活,代替主路由实现完全相同的功能。

冗余设备主要通过 Keep-alive 命令帧来判断主设备是否在网,此外由于工业无线网络采用分层时间同步,所有子设备会周期性接收到父设备的信标帧,因此,本节提出了通过监听主设备的信标帧来判断主设备是否在网,不仅可以节省网络资源,而且能提升设备切换效率,使开发维护更加便捷。工业无线网络中主设备的优先级高于冗余设备,当主设备不能正常工作时就激活冗余设备,一旦主设备恢复工作,冗余设备立刻变成热备份状态。

二、冗余网络通信协议栈

设备切换以及路由设备状态检测在协议栈的数据链路层实现,冗余网络通信协议如图 3-21 所示。

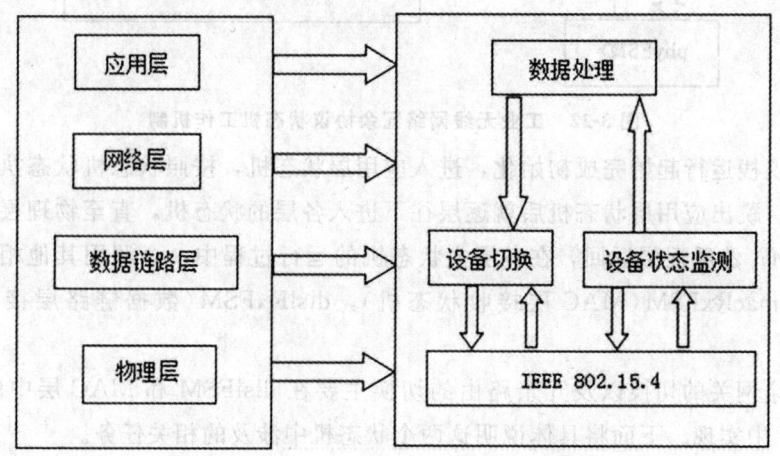

图 3-21 冗余网络通信协议示意图

设备切换模块指冗余网络中的网关与路由,替代主网关、主路由,在 DLL 中实现。设备状态检测指冗余网关检测个域网(Personal Area Network,PAN)内路由在网情况,并向上位机报告,在 MAC 层中实现。工业无线网络冗余协议是建立在状态机工作机制上的,DLL 和 MAC 层状态机以及其他各层状态机工作机制如图 3-22 所示。

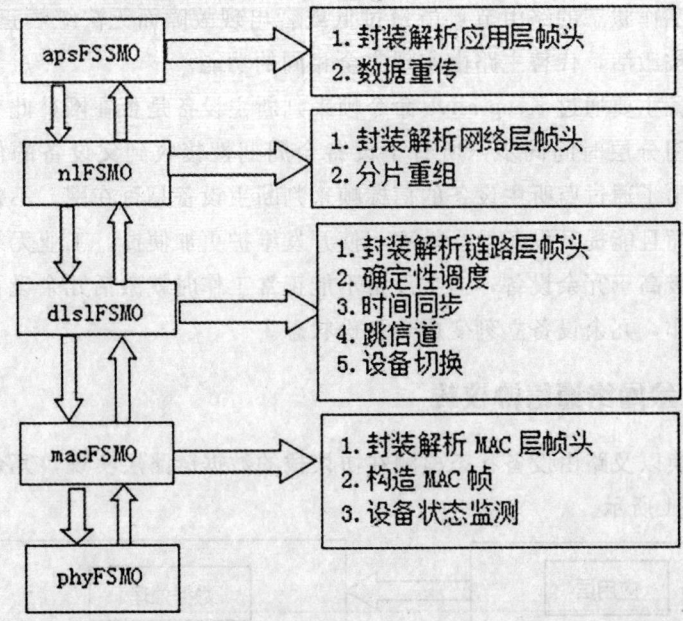

图 3-22　工业无线网络冗余协议状态机工作机制

协议栈运行起始完成初始化，进入应用层状态机，按照状态机状态执行相应的程序；跳出应用层状态机后就逐层往下进入各层的状态机，直至物理层状态机 phyFSM；然后逐层返回，在各层主状态机的运行过程中，会调用其他相关状态机，如 macRxFSM（MAC 层接收状态机），dlslRxFSM（数据链路层接收状态机）等。

冗余网关的切换以及冗余路由的切换主要在 dlslFSM 和 MAC 层中的 macRxFSM 中实现。下面将具体说明这两个状态机中涉及的相关任务。

冗余设备执行程序进入 dlsIFSM 中，首先判断新时隙是否到来（NewTsFlag==1）。如果到了，就更新超帧指针和时隙偏移，然后搜索新时隙配置的链路。如果是发送链路（WinKindLink==1），则根据状态机的状态处理相应帧的发送；如果是接收链路（WinKindLink==2），就处理相关帧的接收。如果是广播信标帧链路（WinKindLink==3），就判断冗余网关/冗余路由的冗余开关是否打开，如果打开，则需要激活冗余设备，广播信标帧并且代替主设备工作；如果没有打开则继续处于监听状态，然后等待下一个新时隙的到来。dlsIFSM 相关任务程序流程图如图 3-23 所示。

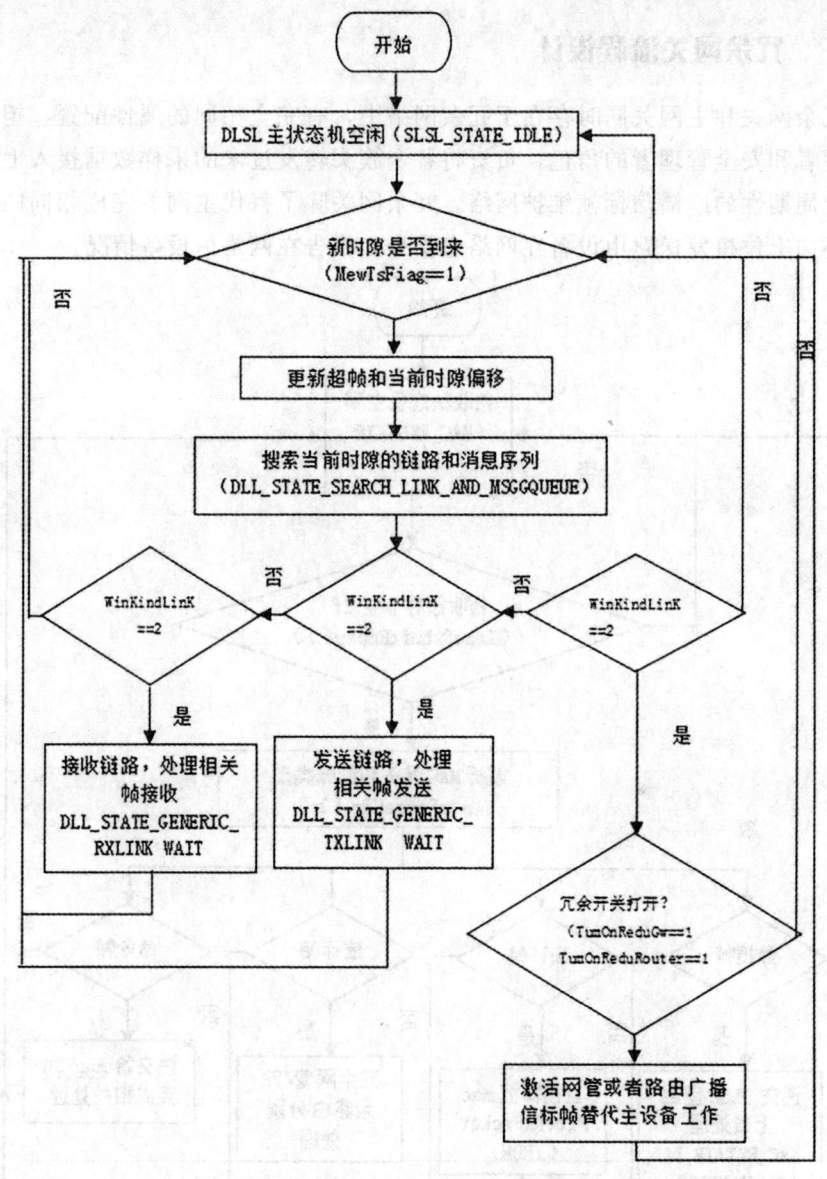

图 3-23 dlslFSM 相关任务程序流程图

冗余网络通信协议运行至 macRxFSM 之后，首先判断接收缓存是否非空，如果是则取出接收到的包，解析 MAC 帧头，判断帧类型：如果是数据帧则往上递交给 dlslRxFSM 处理，数据帧会逐层往上直到应用层；如果是确认帧，则直接释放；如果是命令帧则转交给 macFSM 处理；如果是信标帧，则冗余网关和冗余路由会作出相应的处理。macRxFSM 相关任务程序流程图如图 3-24 所示。

三、冗余网关流程设计

冗余网关和主网关同时存在于冗余网络中，有完全相同的属性配置，担当网络管理者和安全管理者的角色，负责将各个簇头转发过来的采样数据接入上层网络以及周期性的广播信标帧维护网络。冗余网关除了替代主网关完成相同的功能外，还向上位机发送路由设备在网络态指令，报告在网络由设备情况。

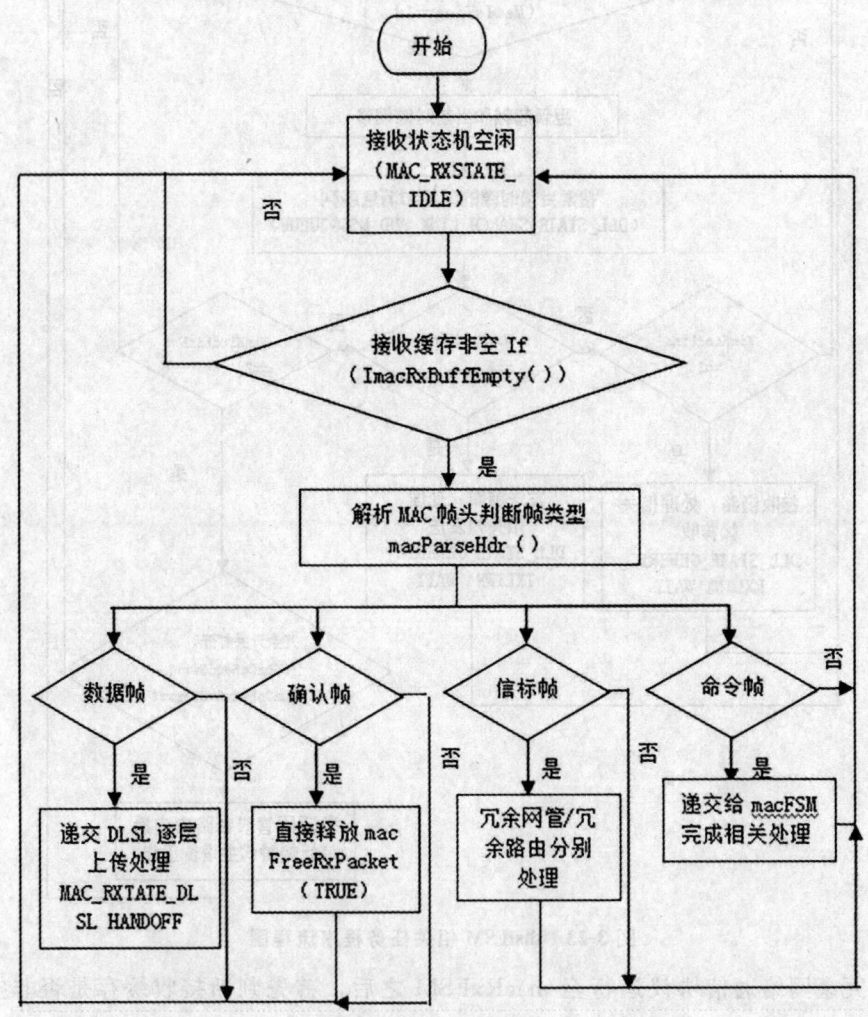

图 3-24 macRxFSM 相关任务程序流程图

1. 冗余网关切换流程

冗余网关在网络中持续监听主网关的信标帧，如果监听到，则只需向上位机发送主网关在网指令，如果在一定时间内没有监听到，则打开冗余开关标识位，激活冗余网关代替主网关,同时向上位机发送冗余网关在网指令。此外冗余网关也持续监听在网路由的信标帧,通过解析接收的信标帧获得在网路由的详细情况,从而向上位机报告在网路由情况。冗余网关切换程序流程图如图 3-25 所示。

冗余网关打开后,初始化物理层、MAC 层、数据链路层、网络层、应用层,打开射频收发,开始监听主网关的信标帧。macRxFSM 接收及解析所有接收到的帧。当 MAC 层接收缓存非空时,表明冗余网关接收到了 PAN 内的帧,然后解析 MAC 层帧头判断帧类型。如果是信标帧,而且源地址是网关的 16 位短地址,表示接收到了主网关的信标帧,就向上位机发送主网关在网指令。如果规定时间内未收到主网关信标帧,就打开冗余网关发送信标帧,并且上传冗余网关在网指令,同时监测在网路由情况,上传在网路由指令。

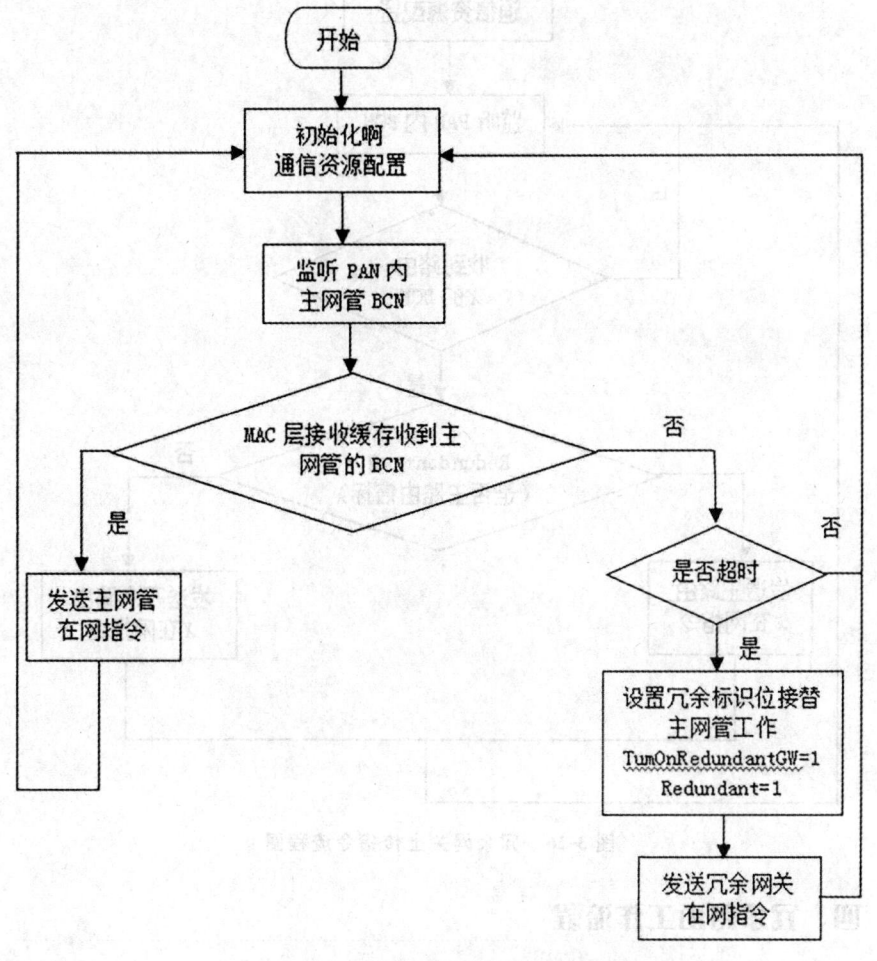

图 3-25　冗余网关切换换程序流程图

2. 冗余网关上传指令过程

冗余网关通过解析信标帧 MAC 层帧头（MAC Header，MHR）中的源地址域（Source Address，SrcAddr）子域来收集在网路由的情况，并通过解析信标帧中超帧描述子域（SuperframeSpec）的冗余（Redundant）标识位来判断接收到的信标帧是主设备或是路由设备广播的，从而向上位机发送设备在网指令。冗余网关上传指令流程图如图 3-26 所示。

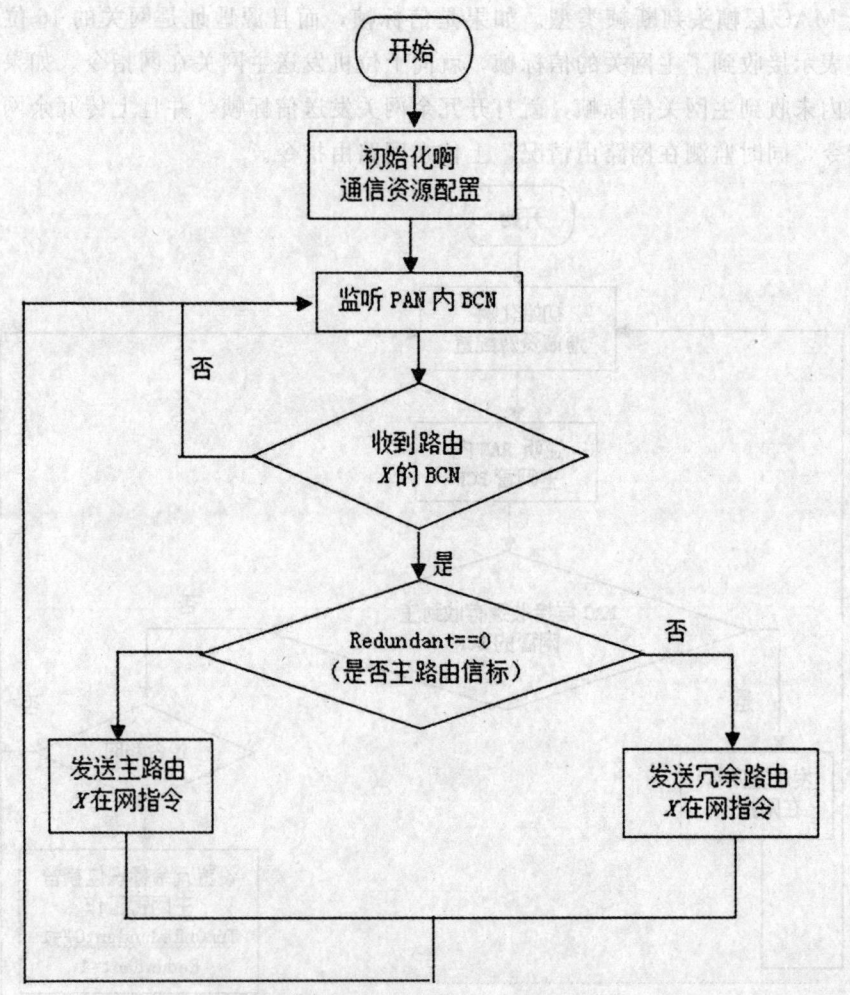

图 3-26　冗余网关上传指令流程图

四、冗余路由工作流程

冗余路由是主路由的热备份，与主路由充当一样的角色，完成完全相同的功能,包括广播信标帧、维护和组建星型网、转发簇成员节点的数据等。冗余路由工作流程图如图 3-27 所示。

冗余路由和主路由具有完全相同的属性配置以及相同的通信资源配置,这样就保证了冗余路由替换了主路由之后能够立刻代替主路由完成相同的功能。主路由处于工作状态时,冗余路由持续监听主路由的信标帧,在一定时间内没有收到主路由的信标帧就激活,接替主路由工作,代替主路由广播信标帧、转发数据。

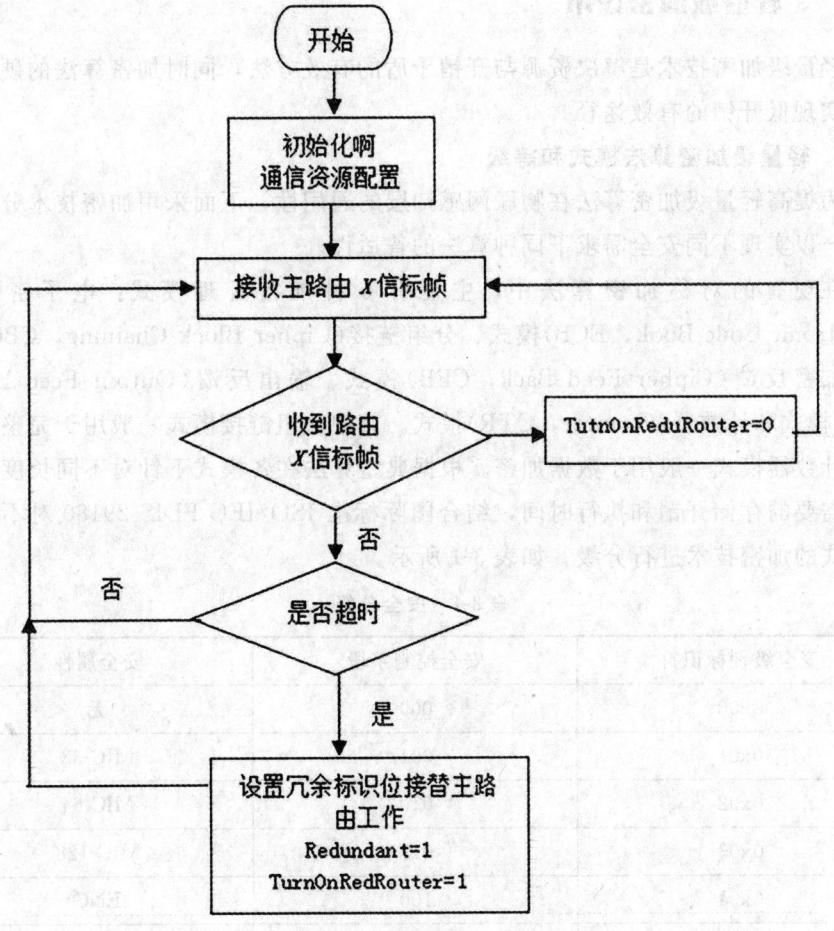

图 3-27　冗余路由工作流程图

通过在工业无线网络中部署冗余网关和冗余路由设备,可以避免由于关键设备失效引起的网络故障及网络瘫痪,能够整体提升网络的实时性和可靠性。

第七节　基于轻量级加密算法的安全通信方法

工业无线网络安全机制通过通信安全与数据安全有机地结合，协同保障整个网络端到端的安全。

一、轻量级加密技术

轻量级加密技术是解决资源与开销矛盾的有效方法，同时加密算法的硬件实现是实现低开销的有效途径。

1. 轻量级加密算法模式和等级

为提高轻量级加密算法在物联网感知层的通用性，下面采用加密技术分级的方法，以实现不同安全需求下同种算法的普适性。

在现有的对称加密算法中，主要有 5 种加密处理模式：电子密码本（Electronic Code Book，ECB）模式、分组链接（Cipher Block Chaining，CBC）模式、加密反馈（Cipher Feed Back，CFB）模式、输出反馈（Output Feed Back，OFB）模式和计数器（Counter，CTR）模式。其中分组链接模式一般用于完整性校验，计数器模式一般用于数据加密。根据典型算法在各模式下针对不同长度的数据所需要的存储开销和执行时间，结合国际标准 ISO/IEC FDIS 29180 对不同加密模式的加密技术进行分级，如表 3-1 所示。

表 3-1　安全分级

安全级别标识符	安全控制字段	安全属性
0x00	`000`	无
0x01	`001`	MIC-32
0x02	`010`	MIC-64
0x03	`011`	MIC-128
0x04	`100`	ENC
0x05	`101`	ENC-MIC-32
0x06	`110`	ENC-MIC-64
0x07	`111`	ENC-MIC-128

针对网络通信数据保密性的需要，对上下行数据、普通节点与骨干节点之间的数据、骨干节点之间的数据、管理者与骨干节点之间的数据实行不同的安全等

级。其总体设计需求为：下行数据的安全等级应高于上行数据，骨干节点之间以及管理者与骨干节点之间数据的安全等级应该高于普通节点与骨干节点之间数据的安全等级。

通过对加密算法的分级，以及对不同应用、网络中不同数据进行分类，能够更为有效地利用资源，达到低开销的目的。

2. 基于加密参量表的轻量级动态加密方法

由于物联网感知层数据包分片重组技术的使用以及互通体系的需求，增加了物联网感知层所提供的服务种类以及报文数量，从而对节点的动态密钥更新提出了需求，即使用不同的密钥对分片报文进行加密，以达到增强保密性的目的。基于加密参量表的动态加密方法在不需要频繁更新密钥的情况下，通过使用不同的加密参量提供报文加密的随机性，从而代替动态更新方法在物联网感知层中的使用，其具体方法如下。

启动安全通信时，通信双方除了保存一个对偶密钥(该密钥可更新)用于数据加密，还需要保存一个加密参量表。在通信过程中，发起者在表中随机选取加密参量参与加密过程。也就是说，在使用相同密钥和相同数据的情况下，由于选取的加密参量不同，生成的密文和完整性校验码不同。

轻量级加密算法的输入项为密钥和明文信息，但是在不同的加密模式中，以CCM(Counter with CBC-MAC)为例，包括随机值、有效载荷和附加鉴别数据。其中附加鉴别数据通过输入变换共同生成加密运算和鉴别运算的参量，加密参量表中保存的参量用于构造加密算法附加鉴别数据。由于网络的异构性以及应用场景的区别，加密参量表中的单位参量长度以及参量表大小可根据安全等级以及节点类型进行选择(例如，全功能设备(Full Function Device，FFD)参量表大于简化功能设备(Reduced Function Device，RFD)，缺省情况下加密参量表结构为 4×4，单位参量长度为 8 位，如表 3-2 所示。

表 3-2　加密参量表结构

	1	2	3	...	j
1	Nonce1-1	Nonce1-2	Nonce1-3	...	Nonce1-j
2	Nonce2-1	Nonce2-2	Nonce2-3	...	Nonce2-j
3	Nonce3-1	Nonce3-2	Nonce3-3	...	Nonce3-j
...	...	...	...	...	...
i	Nonce$i$-1	Nonce$i$-2	Nonce$i$-3	...	Nonce$i$-j

本方法不需要频繁地更新对偶密钥或者保存大量密钥完成密钥的动态使用，以改变数据加密过程中的参量来加强数据加密过程中的随机性，在保证端到端数据传输安全的同时，实现了动态密钥管理的低开销性。

二、工业无线网络密钥管理

1. 密钥管理架构

安全管理的核心是安全密钥管理，因为密钥管理是保障整个网络安全的前提，其目标是合理使用安全密钥，为设备之间建立共享的加密密钥，同时保证任何未授权的设备不能得到关于密钥的任何信息。密钥管理包括密钥分发和密钥更新。密钥分发由协议栈来实现，在设备入网后由安全管理者进行分发。密钥更新由上位机发起，对密钥更新周期到期或受到安全威胁的设备进行更新。

在集中式管理模式下，工业无线网络安全管理者对网络中所有的对称密钥进行管理，安全密钥管理机制包括了密钥的产生、分配、更新、撤销等安全服务。工业无线网络使用了以下对称加密密钥。

配置密钥(Provision Key, PK)：建立于设备预配置期间，由工业无线网络安全管理者分配，用于生成加入密钥。

加入密钥(Join Key, JK)：设备加入网络时使用的密钥，在加入网络之前由配置密钥、待加入网络的设备 D 及单调随机序列共同生成，用于鉴别设备的身份。

密钥加密密钥(Key Encryption Key, KEK)：设备加入网络以后，根据密钥协商协议产生的共享于设备和安全管理者之间的秘密密钥，用于在分发传送密钥时加密保护新密钥。

数据加密密钥(Data Encryption Key, DEK)：设备加入网络以后，由工业无线网络安全管理者分配，提供数据传输过程中各层数据帧的保密性和完整性校验。工业无线网络使用的数据加密密钥包括数据链路层加密密钥、应用层加密密钥。

对称主密钥(Symmetric Master Key, SMK)：存储于工业无线网络安全管理者中的最高层次密钥，用于派生出设备的其他加密密钥，如应用层加密密钥、数据链路层加密密钥。特殊情况下对称主密钥也可以作为密钥加密密钥使用。

2. 密钥分发

工业无线网络中所有密钥都是由安全管理者统一产生分发的。网络无线设备在安装于现场之前，应该根据实际需求向现场设备装载初始密钥即为配置密钥，该配置密钥可通过安全管理者直接下载在新设备内,或者通过手持等移动设备进行分发。设备在加入网络之前,需要利用配置密钥生成加入密钥。当设备上线时,加入密钥通过某种不可逆的摘要算法在安全管理者和设备之间提供认证消息,确保设备的网络认证。

设备安全入网后,安全管理者将为设备分发通信密钥,包括密钥加密密钥、数据加密密钥,此时簇首中的安全管理代理负责转发簇内设备的密钥加密密钥和数据加密密钥。安全管理者通过秘密密钥产生(Secret Key Generation,SKG)协议为设备产生共享的对称主密钥,通信密钥的建立基于对称主密钥,安全管理者可以利用对称主密钥派生设备的通信密钥。图 3-28 显示了 SKG 协议的实现流程。

步骤 1:构造密钥产生信息 MACData=64 位设备标识‖64 位安全管理者标识符‖设备产生的 128 位随机值‖安全管理者产生的 128 位随机值("‖"表示连接运算)。

步骤 2:根据 HMAC(Hash-based Message Authentication Code)机制,使用密钥产生信息 MACData 和 128 位共享密钥进行计算,产生 MACTag=MACKey(MACData),其中,ipad 表示 16 个值为 0x36 的十六进制值串;opad 表示 16 个值为 0x5C 的十六进制值串,Hash 算法是使用了无密码的算法。

步骤 3:MACTag 将作为设备与安全管理者之间共享的秘密密钥。

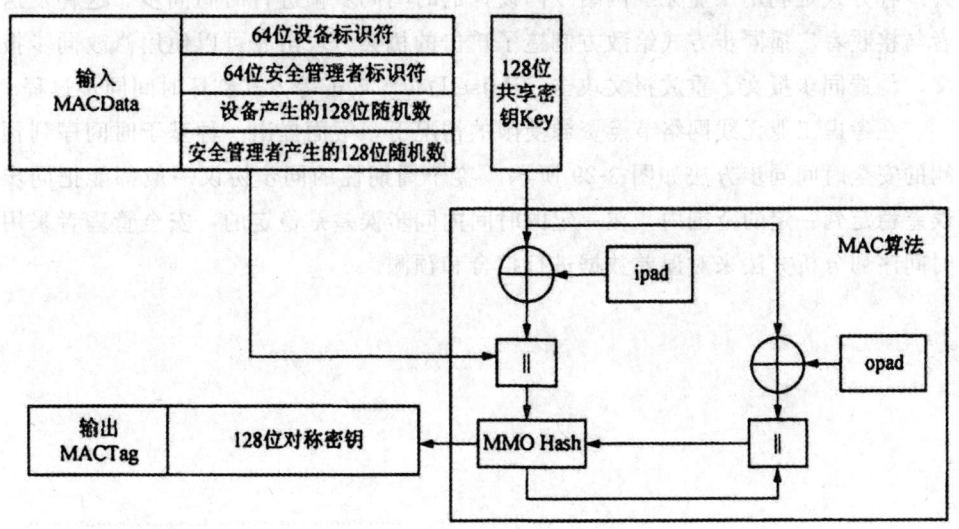

图 3-28　SKG 协议实现流程

3. 密钥更新

当需要更新设备密钥时,安全管理者根据实际应用环境的安全强度要求升级安全密钥策略，同时利用主密钥派生新的密钥值，并采用设备的密钥加密密钥，对新密钥进行保护后传送给相应设备。设备接收到密钥信息后，使用自己的密钥加密密钥将其解密，从而更新密钥信息。网络自动更新密钥的周期由用户决定，推荐为 24 小时。

4. 密钥撤销

在设备正常的密钥更新之后，安全管理者将撤销所有过期的密钥。当设备发现密钥的安全受到威胁、密钥已经泄露等情况时，就要及时通知安全管理者将该密钥撤销。安全管理者也可以根据工业无线网络受威胁的情况，在密钥未过期之前强制撤销设备中的某个密钥。撤销通知应包括密钥 D、撤销的日期时间、撤销的原因等。在密钥撤销之前，安全管理者应及时为该设备更新密钥。

安全管理者将执行整个工业无线网络的密钥管理功能，包括获取密钥请求/响应、更新密钥请求/响应等。

三、安全时间同步

时间同步技术是无线传感器网络的一个关键应用共撑技术，如果时间同步遭到破坏，就会对整个网络造成极大的破坏。工业无线网络同时采用两种方式进行时间同步，一种方式是利用 EEE STD802.15.4—2006 的信标帧进行时间同步，另一种方式是利用工业无线网络专门设计的时间同步帧进行时间同步。这种发送者与接收者广播同步方式给敌方制造了攻击的机会，攻击者可以使用修改同步报文、伪造同步报文、重放报文攻击、Pulse-Delay 攻击等方式破坏时间同步过程。

在考虑工业无线网络节点资源受限的情况下，下面提出一种基于时间序列预测的安全时间同步方法如图 3-29 所示。鉴于周期性的同步协议一般都能把同步误差稳定到一定的范围内，在一定的时间内同步误差是稳定的，安全管理者采用时间序列分析方法来对误差数据进行拟合和预测。

第三章 工业物联网关键技术

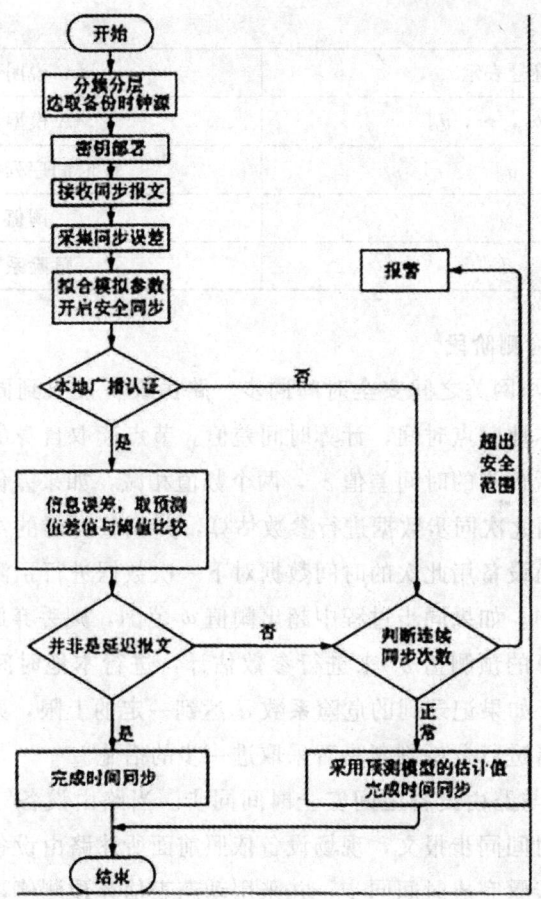

图 3-29 安全同步过程示意图

1. 时间同步序列建模

在工业无线网络初始化阶段,当节点时间同步稳定时,安全管理者采集节点的时间同步偏差,用时间序列分析法进行模型参数训练,利用线性预测技术(自回归滑动平均模型(Auto-Regressive and Moving Average Model,ARMA))对时间偏差建立线性预测模型,估算出模型参数,然后下发到节点。节点保存模型参数和由经验设定的阈值到节点内置动态表,如表 3-3 所示。至此,网络完成初始化,开始进行时间同步检测。

表 3-3 节点内置动态表

符号表示	说明
$\varphi_1, \varphi_2, \cdots, \varphi_n$	AR 模型参数

续表

符号表示	说明
$\theta_1, \theta_2, \cdots, \theta_m$	MA 模型参数
σ_i	时间序列样值
$\bar{\omega}$	阈值
d	危险系数

2. 时间同步检测阶段

(1) 路由设备与网关之间安全时间同步。路由设备接收到同步报文后,记录时间值,并读取本地节点时间,计算时间差值。节点读取自身的动态表格,获取上一轮同步过程后预测的时间差值 σ_i,两个数值相减,如果差值的绝对值小于阈值 $\bar{\omega}$,则节点采用此次同步数据进行参数估算,并调整自己的本地时间完成时间同步。此外,路由设备用此次的时间数据对下一次数据进行预测,并将预测的数值存入动态表格中。如果同步过程中超出阈值 $\bar{\omega}$ 范围,则丢弃此次同步报文,并采用动态表中估算的预测值 σ_i 来进行参数估计,进行本地时间调整,同时添加动态表格记录 d。如果记录到的危险系数 d 达到一定的上限,则向安全管理者报警,由安全管理者进行分析判断是否采取进一步的措施。

(2) 现场设备与路由设备之间安全时间同步。当路由设备完成与网关的同步后,广播自己的时间同步报文,现场设备依照前面所述路由设备与网关之间安全时间同步类似的步骤完成时间同步,并采用动态表估算预测值,直到全网完成时间同步,此一轮同步周期结束。

簇头(路由设备)完成与网关的同步后,广播自己的时间同步报文,簇内节点、下级簇头节点依照同样的步骤完成时间同步,时间同步过程分层次进行,直到全网完成时间同步,此一轮同步周期结束。

3. 报警处理与模型更新

如果现场设备接收到的时间同步信息经计算后时间偏差多次超过阈值,则向安全管理者报警。当安全管理者检测到某个路由设备下面多个现场设备同时报警,或报警频率超过一定的频率上限 ($f \geqslant f_n$) 时,经过安全管理者检测分析,可判断该路由节点,即时间源受到安全威胁,安全管理者可启用冗余路由设备作为时间源,以防止路由设备下面的现场设备脱离网络。

工业无线网络的不同簇根据自己的节点规模以及应用需要,由安全管理者设置不同的模型参数更新周期。如果时间达到一个周期或者工业无线网络受到外部环境影响，则重新启动初始化对节点模型参数进行更新，由安全管理者重新训练参数并分发至节点，以保证模型的有效性。

本章提出的时间同步安全检测算法一方面能够及时检测出接收到同步的新鲜性，并及时报警保障网络的安全性，另一方面由于具有较高的检测精度，对内部攻击也能起到一定的容忍作用，可以很好地预防由于微小同步差的攻击而产生的现场设备脱离网络。并且，现场设备只需要采集自身历史数据进行参数拟合，避免了接收大量冗余信息造成的链路冲突，解决能耗过大问题。

四、基于监督机制的工业无线网络安全数据聚合

为了解决工业无线网络数据聚合的安全问题，本章提出了基于监督机制的工业无线网络安全数据聚合方法，基于该方法的物联网安全数据聚合提案已写入国际标准 ISO/IEC FDIS 29180 中。该方法以路由设备为聚合节点，冗余路由设备为监督节点，通过监督信息来保证聚合信息的安全性。当监督节点开始执行监督功能时，一方面监督信息是对融合信息的监督，另一方面监督信息是对融合信息的冗余。

（1）数据聚合和监督功能的执行。当确定聚合节点周期和监督节点周期后，聚合节点对簇成员上传到聚合节点的数据进行数据聚合。网关设备可以周期性地或主动发送激活报文来激活监督节点使其履行监督功能，当监督节点被激活后，开始监听与聚合节点同时同源的簇成员的数据，并采用和聚合节点相同的聚合算法形成监督节点的聚合信息——监督信息。

（2）聚合信息与监督信息的上传。监督节点将监督信息传给聚合节点，经聚合节点传送给网关设备，该信息的安全性采用监督节点与网关之间的应用层密钥来保证。聚合节点生成的聚合信息的安全性采用聚合节点与网关设备之间的数据链路层密钥和应用层密钥来保证。

（3）网关设备对于聚合信息可信性的判定。网关设备将聚合节点上传的聚合信息和监督节点上传的监督信息相比对，当聚合信息与监督信息不一致时，需对聚合节点进行认证，判断其是否可信；若网关设备超过系统设定的容忍时间未收到监督信息，则亦可判定该聚合节点为恶意节点。

（4）路由设备的撤销。当聚合信息与监督信息不一致时，网关设备需对聚合节点进行认证，认证通过则判定监督节点为非恶意节点，广播报警信息并上报主控计算机，要求更换冗余路由设备。认证不通过则启用冗余路由设备作为聚合节点，并上报主控计算机，更换路由设备。

第四章 工业物联网核心技术——安全架构

第一节 工业物联网安全：一种商业必然

通过先进的 IT 平台实现工业机械设备（或任何实物资产）的数字化互联，是一项独特的进步，开创了前所未有的社会和经济机遇。在工业上，物理世界和网络世界的融合意味着可以在数千英里外操作（设备），可实现主动检测和修复机器故障、数字化跟踪供应链、远程提供保养护理，以及许多类似的用途。

毫无疑问，这些用途是有前景的。然而，网络威胁是无处不在的连接的祸根，目前它是 IIoT 领域的主要威胁。

在 2017 年，物联网行业 62% 的从业人员表示，在使用 IoT 方面，他们首先担心的是网络安全和数据隐私问题，其次是缺乏互操作性和互联性的标准（IOT-WLD）。

在传统工业环境中，隐匿确保了安全性。物理隔离是保护敏感工业系统的普遍安全策略。根据定义，物理隔离系统不连接任何外部网络或系统。在一个资产永远无法完全免受入侵的数字时代，物理隔离这种策略似乎存在问题。

联网企业系统以提高生产率是需要付出一定代价的。据报道，Equifax 网络安全漏洞在 2017 年 8 月暴露了数百万用户的身份信息，这只是 DDoS 攻击、勒索软件、欺诈交易甚至干预国家管理和治理的众多实例之一。

虽然企业网络犯罪的影响主要限于财务、品牌声誉和隐私方面的损失，但人们担心，针对关键资产的犯罪行动所造成的安全漏洞，会有更严重的影响。例如，航空公司数据库中的一个漏洞可能会暴露机密的乘客记录和个人数据。然而，通过破坏飞机的飞行控制系统，可以实时操纵高度敏感的航空数据。例如，导航仪表板可以显示的高度比飞机实际飞行的高度更高。航空公司数据库中的漏洞已经非常严重了，然而，失去高度（和安全）可能会有更严重的后果（WLT-ICS）。针对核设施、制造工厂、智能电网或连接的医院环境的网络安全入侵可能会对基础设施造成巨大破坏，并导致生命损失。

这就是为什么安全在每个 IIoT 系统中都如此重要的准则。在任何 IIoT 部署中，安全既不能单独考虑，也不能事后考虑。过程、人员和事物——所有 IIoT 架构的三个组件——决定了其物理安全性和信息安全性需求。工业物联网安全包含完整的解决方案生命周期，本书提供了对大部分问题的安全指导。对相关行业的独特安全特性的认识和理解、风险评估、跨产品生命周期的缓解以及安全设计原则是任何成功的 IIoT 业务策略的核心。否则，代价高昂的安全威胁所带来的损失可能远远超过 IIoT 对社会和经济所带来的收益。

第二节 网络安全与网络物理物联网安全

网络安全是互联网孕育出来的。随着网络的发展，存储在给定网络域中的信息（数据）和智能（软件程序和应用程序）变得更容易被非法访问。为了防止此类访问及其后果，网络信息安全成为一门不可或缺的学科。网络安全通常可以定义为保护计算系统（服务器、应用程序端点）、数据和网络免受未经授权的访问、恶意攻击以及其他形式的故意和无意损害的过程、协议和实践的技术栈。

工业互联网安全可以被看作网络安全的一个超集，因为工业互联网安全还包括网络物理系统的安全。

什么是网络物理系统

网络物理系统（CPS）是指任何与物理世界交互的网络连接设备，例如连接到数据网络的恒温器。在工业环境中，网络物理系统的一个常见示例是工业控制系统（ICS）。ICS 是一个通用术语，用来描述可用于控制工业过程的各种控制系统和仪器，这包括从控制逻辑较少的小型控制器模块到大型控制器。

大规模集成电路通常使用数据采集与监控（SCADA）系统、分布式控制系统（DCS）或可编程逻辑控制器（PLC）进行部署。所有系统都接收来自元科传感器的数远程传感器测量过程变量（PV）将这些数据与所需的预设点（SP）进行比较，并派生出命令函数，这些命令函数可通过最终控制元件（FCE，如控制阀）来控制一个过程。

当一个 CPS 连接到一个外部网络（比如一个集中的云基础设施）时，我们可称其为一个网络物理物联网。图 4-1 是对 ICS 或网络物理系统的概括。该系统可以控制汽车的发动机性能和加速度，也可以用来控制电网中的温度。

在网络安全方面，主要关注的是保护数据本身，个人资料隐私及身份保护是首要工作。在网络物理安全的情况下，可见的控制很重要。例如，如果一个发电厂的温度传感器被黑客远程攻击，那么它会错误地输出非常高的温度值，进而导致控制系统关闭整个发电厂。在相反的情况下，也就是说，如果传感器的输出远低于它应该输出的值，那么控制动作可能会导致更危险的后果。

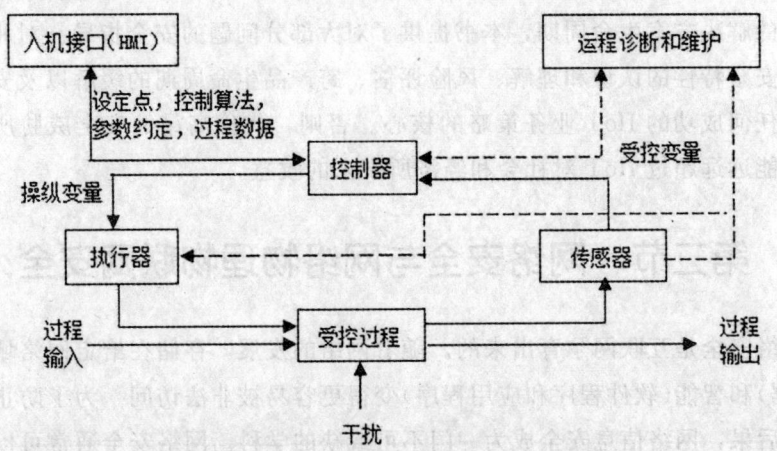

图 4-1　ICS 功能流程图（NIST-800-82r2）

英文全称为 Cyber-Physical System，也译为信息物理系统。

任何 CPS/ICS 系统的一般特征包括：

（1）能够通过通信信道与物理环境进行交互，以接收输入（如温度）和反馈。在这种情况下，与网络攻击不同的是，攻击者可以通过远程触发一系列动作，在不破坏系统的情况下造成损害。这些行为可以被感知，进而导致 CPS 表现出意想不到的行为，这更加表明保护通信信道和终端设备的必要性。

（2）管理和控制通常是分布式的。

（3）关于读数、状态和信任的不确定性。

（4）涉及具有确定性性能要求的实时控制循环。

（5）从地理上来说，可以分布在一个大的区域，而组件所在的位置缺乏物理安全。这些特性使得网络物理安全比网络安全更加复杂。在 CPS 中，由于环境的相互作用，安全漏洞会对物理环境安全产生影响。

这就要求网络物理控制系统具有内在的弹性。当一个控制系统暴露在异常状态下，包括有意和无意的错误、恶意攻击和干扰时，它能够保持状态感知和良好的稳定状态等级，意味着它具有弹性（RIE-GERT）。

第三节 工业"物"、连接和运维技术

在 ITU-TY.2060 中,我们在 IoT 背景下有了以下关于设备和事物的定义(ITU-IOT):"设备:具有强制性通信能力,具有传感、执行、数据捕获、数据存储、数据处理等可选能力的装备。事物;物理世界(物理事物)或信息世界(虚拟事物)的对象,能够被识别并集成到通信网络中。"

在 IoT 环境中,通信和数据解码能力是工业"物"的固有属性。随着工业数字化和连通性的不断提高,工业"物"包括广泛的设备,从低内存、功率和计算占用开始。除了物理资产,其也包括虚拟对象。例如,某些 IoT 云平台使用数字"孪生"概念,这是其物理对等物(如风力涡轮机)的精确数字复制,以便获得更好的预测,也更容易访问 CPS,进而实现高效的故障检测和修复。

从某种意义上说,属于 IIoT 范畴的技术和平台为提高流程效率和优化水平奠定了基础,开创了新的商业模式和收益模式。连通性是这些进步的一个不可或缺的方向。不幸的是,其带来的另一面是网络威胁。随着标准连接技术取代专有的工业协议,在 IT 领域常见的威胁(如恶意软件、数据渗漏、未经授权的远程访问等)也越来越适用于工业网络。

一、运维技术

运维技术(OT)是指用于检测或诱导物理过程变化的硬件和软件,其涉及直接监视和控制物理设备(如阀门、泵等)的技术。例如,考虑发电站或铁路机车制造设施的 ICS/SCADA 系统所涉及的计算和连接技术,该系统监视和控制各种物理系统和工厂程序。随着物联网行业加速发展,在典型的行业部署中评估当前的工业资产和技术,并确定在不损害弹性的情况下向更高效率过渡的实际机制是很重要的。因此,在深入研究工业物联网安全之前,本节将讨论目前流行的工业设备、系统和技术。

二、机器对机器

虽然机器对机器(M2M)常常与 IoT 混淆,但在过去的二三十年里,它一直存在于各行各业。一般来说,M2M 指的是这样一种技术,它使机器能够在不需要人工干预的情况下交换信息并执行操作。因此,M2M 是 IoT 发展的基础。

引用 GART-IOT 的话:"M2M 系统的关键部件是:现场部署的带有嵌入式

传感器的无线设备或具有互补性有线接入的 RFID 无线通信网络,包括但不限于蜂窝通信、Wi-Fi、ZigBee、WiMAX、无线局域网(WIAN)、通用 DSL(xDSL)和光纤接入(FTTx)"蜂窝移动 M2M 通信行业的发展可以追溯到 1995 年,当时西门子开发并发布了一款名为 M1 的 GSM 数据模块。Ml 基于西门子手机 S6,用于 M2M 工业应用,它使机器能够通过无线网络进行通信。

在工业领域,除了远程监控和现场资产控制之外,M2M 遥测是一个非常常见的用例。

三、SCADA、DCS 和 PLC 概述

SCADA 是一种分布式控制系统架构,用于控制地理上分散的资产。分布式系统(如电网、油气管道、配水、铁路运输等配电系统)均高度依赖于集中数据采集和控制。

SCADA 控制中心通过长途通信网络监控现场站点的警报和数据,这些来自远程站点的信息用于将自动化或操作人员驱动的监视命令推送到远程现场设备(本节稍后将讨论),以控制本地操作,如阀门的开启/关闭、断路器的关闭、传感器数据的收集等(NIST-800-82r2)。

DCS 在功能上类似于 SCADA,但它通常用于连续性制造程序的本地控制,如发电厂的燃料或蒸汽流量、炼油厂的石油以及化工厂的蒸馏。由于 DCS 将控制功能定位在工厂附近,因此对于控制室位于附近的情况,DCS 是一种更经济、更安全、更可靠的选择。

PLC 在大多数工业过程中被广泛使用。PLC 是固态闭环控制系统的组成部分,在 SCADA 和 DCS 中用于对汽车装配线等离散过程进行操作控制。

DCS 和 PLC 通信是在工厂或设备内实现本地化的,它们使用的是可靠且高速的局域网(IAN)技术。相反,SCADA 系统覆盖更大的地理区域,需要考虑远程传感器网络中的远程通信挑战、延迟和数据丢失。

集成电路是一种包罗万象的工业技术,通常包括 SCADA、DCS 和 PLC 功能。

四、工业控制系统架构

lCS(工业控制系统)是一个通用术语,指用于执行本地和远程设备资产的数据采集、监视和管理控制的工业系统。前面我们讨论了 SCADA、DCS 和 PLC,它们是分布式资产和操作的集中监视和控制的基本构件,这些资产和操作有时分

散在数千平方千米的范围。

图 4-2 显示了制造控制系统的各个功能层次。

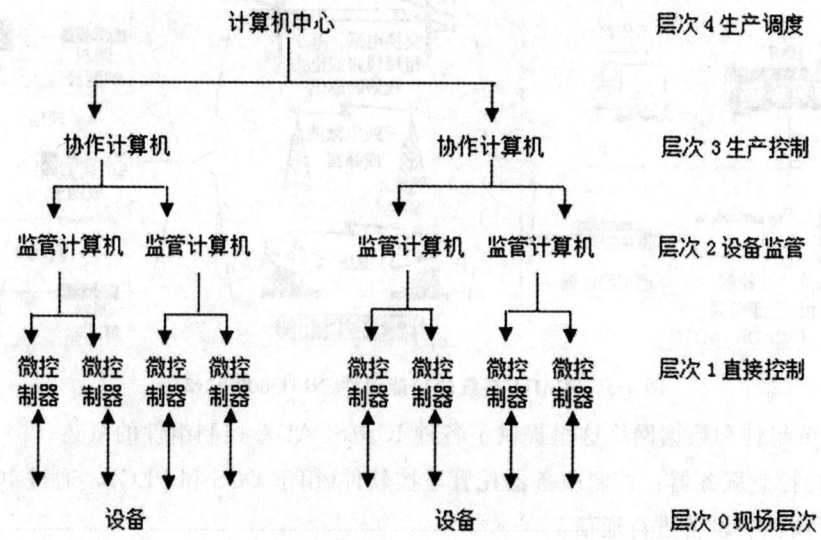

图 4-2 计算机化制造的功能层次

根据上图,我们了解到以下情况。

(1)现场设备(如传感器和控制阀)位于层次 0。

(2)工业微控制器和输入,输出(I/O)模块位于层次 2。

(3)控制室的组成部分位于层次 2,包括带有综合过程信息的监管计算机和操作员控制屏幕。

(4)在层次 3 表明生产控制主要涉及生产活动和资产的监控。

(5)生产调度函数在层次 4 中被捕获。

现场设备是远程站控制的设备,根据来自中央控制站的自动化或操作人员驱动的命令进行操作。这些控制站根据从其他远程站接收到的信息来生成命令,例如,打开或关闭阀门和断路器、从传感器系统收集数据、监视本地环境的警报条件等(NIST-800-82r2)。

这些特定行业的组件与数字或模拟系统交互,并将数据暴露给外部世界,它们提供机器对机器、人对机器和机器对人的能力,以便集成电路交换信息(实时或接近实时),从而支持 IIoT 背景下的其他组件。这包括传感器、解释程序、翻译程序、事件生成器、日志记录器等。

工厂设备和装置包括传感器、执行器以及控制阀等,它们根据集成电路的命令进行感知和操作。

图4-3 显示了ICS/SCADA系统的各个组件。

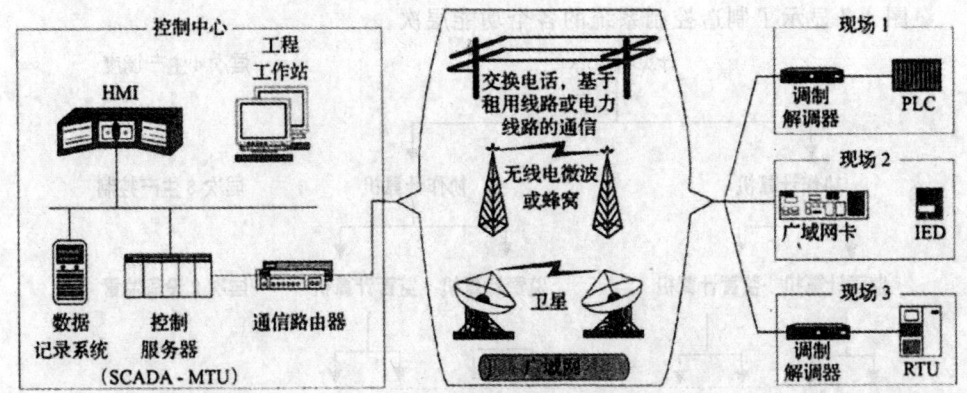

图4-3　SCADA系统的功能组件（NIST-800-82r2）

ICS组件和数据网络这里提供了各种ICS/SCADA控制组件的概述。

(1)控制服务器：控制服务器托管监控软件(用于DCS和PLC)，通过ICS网络与下属控制设备进行通信。

(2)主终端(MTU)：MTU或SCADA服务器在SCADA系统中充当主导者，而远程　终端单元和位于远程现场站点的PLC设备充当服务者。

(3)远程遥测单元(RTU)：RTU支持SCADA远程站的数据采集和控制。作为现场设备，RTU配备了有线和无线(无线电)接口。

(4)智能电子设备(IED)：这是智能传感器/执行器，包含获取数据、与其他设备通信以及执行本地处理和控制所需的功能。IED可以将模拟输入传感器、模拟输出、低级控制能力、通信系统和程序存储器集成在一个设备中。

(5)人机界面(HMI)：HMI通常驻扎在集中控制室，包括软件和硬件，允许操作员监视状态流程控制、修改控制设置、配置设置点和控制算法，并在出现紧急情况时以手动操作替代自动操作。HMI显示流程状态信息，并向通常可以上网的监管人员报告。

(6)历史数据和IO服务器：历史数据是一个集中的数据库，用于记录ICS中所有处理过的信息，支持各种计划和报告生成的功能，而IO服务器收集和缓冲来自PLC、RTU和IED的信息。

第四节　工业物联网中的身份和访问管理

如何设计强大的身份和访问管理框架一直是安全专业人员面临的首要挑战，

在数字世界中使用有线和无线基础设施进行访问控制的多种技术已经发展了数十年,工业互联网中的访问控制向我们提出了更加严峻的挑战。

一、身份和访问控制初探

安全的基本原则之一是确保只有已授权的实体才能访问信息、系统、网络和其他受保护的资产。自文明诞生以来,我们便一直实行身份和访问控制。在《一千零一夜》中,我们听过借助密码和消息编码来保护隐藏宝藏的有趣故事。从那以后,我们走了很长的一段路。

访问卡、生物识别、密码、物理安全密钥等在人类世界中被广泛用于访问控制。随着网络和电子商务的出现,一些新的协议和信任模型随之诞生。这些信任模型严重依赖应用加密技术来保护网络世界中的事务。在过去 10 年中,我们目睹了无线认证和授权技术的快速发展以确保移动办公的安全,特别是 BYOD。在本章中,我们将重点关注网络物理世界中工业规模的身份和访问控制技术。在这样做之前,我们先回顾一下身份和访问管理的四个主要内容,即身份识别、身份认证、授权和账户管理/审计;图 4-4 说明了这些内容。

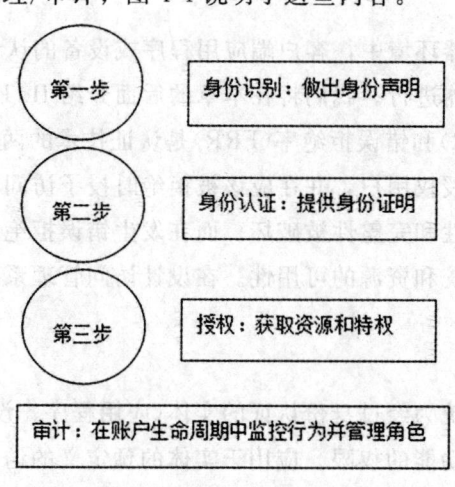

图 4-4　身份识别和访问管理的四大内容

1. 身份识别

身份识别是任何访问控制系统的基础,该系统要求实体(设备或人员)具有向系统标识自己的特定方式。

以下关键术语的定义摘自工业互联网安全框架(IIC-IISF):

(1)身份:"身份是实体的固有属性,可以将其与其他实体区分开来。"

(2)实体:"具有可识别的独特存在的个体。"

(3)凭据:"支持身份声明的证据。"

唯一性是正确凭据的关键,正因如此系统才不会将实体与系统的其他用户混淆。不同的用例有不同的标识符,它可以像一个人的名字和姓氏一样容易混淆,而诸如媒体访问控制(MAC)地址的这种唯一设备标识符则是更强的凭据;其他一些常见例子有用户名、电子身份证和网络端点的 IP 地址。

为确保足够的可信度,我们应使用强大的加密算法来创建适当的凭据。此外,我们必须安全地使用和存储凭据。在缺乏多层机密性和完整性控制的情况下,传输凭据通常有一定风险。

2. 身份认证

身份认证使用一个或多个身份认证因素来验证身份声明。在信息安全领域,这些因素分类如下。

(1)知道什么:一个密语,诸如令牌、密码或口令。

(2)是什么:生物特征,如指纹、面部几何或眼图。

(3)有什么:拥有的物理设备,如智能手机、电子邮件账户或身份认证令牌密钥卡等。

在客户端—服务器环境中,客户端应用程序或设备的认证可以由服务器本身或由单独的认证服务器进行。我们将在本章的后面介绍 IIoT 环境中的认证机制。

错误接受率(FAR)和错误拒绝率(FRR)是认证技术的两种常用指标,当系统错误地将实体标识为授权用户,并在应该被拒绝时授予访问权限时,会发生错误接受,这会导致机密性和完整性被破坏。而在发生错误拒绝时,系统拒绝授权用户访问,这会影响系统和资源的可用性。在设计访问管理系统时我们需要考虑这两种错误率。

3. 授权

在授权阶段,系统为经过身份认证的实体(应用程序、设备或个人)分配访问系统资源和执行各种功能的权限。应用于实体的预定义的访问控制策略是基于其身份、角色或所属组设定的。从机密性和完整性的角度来看,基本授权方法遵循最小特权原则,其为经过身份认证的实体分配一组最小特权(或没有特权)。另一个原则是功能分离,其赋予实体一些明确定义的功能。在服务器操作系统中,容器技术提供了这种功能分离的实现。

IAM 系统还支持特定于角色或特定于组的关联策略,这提高了 IAM 系统的可扩展性,其中新实体被添加到角色或组,并且对该实体使用与角色相关联的策略。

4. 账户管理

授予访问权限后，我们需要定期监视与用户关联的账户以评估活动日志，这对跟踪各个用户的资源使用情况以及检测可能影响系统整体可信度的恶意或错误行为来说是必要的。

账户管理还包括生命周期维护功能，如角色和组重新分配、权限更新、撤销以及删除。

现在我们对网络世界中的 IAM 原理有了基本了解，那么让我们把注意力转向在网络物理世界中如何应用这些机制，在那里这些动态运作的机制将与概念有明显不同。

二、工业物联网的身份认证和授权框架

当评估基于 IT 的身份认证和授权技术在 IIoT 用例中的实际适用性时，我们要牢记网络物理世界的独特需求。图 4-5 总结了三种主要的身份认证方法。

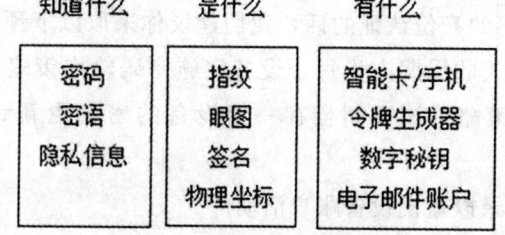

图 4-5　身份认证因素的示例

1. 基于密码的身份认证

基于密码的身份认证是人们与设备或系统交互时最常用的身份证明方式。如图 4-5 所示，它属于"我所知道的"，并允许管理账户权限的多个级别。除了客户端—服务器应用程序之外，密码还用来保护对操作系统资源的访问。

今天我们制造的许多消费级和工业级物联网产品都有出厂默认密码。默认密码通常是易于猜测的短语（如 password123），并且在部署设备时会被更强的密码替换。历史上这些默认密码通常会给设备所有者/管理员带来错误的安全感，这意味着他们通常不替换出厂默认密码。

大多数被用作攻击向量的包含物联网设备的安全漏洞都可以追溯到默认密码漏洞。从安全角度来看，一些安全专家认为如果制造商停止提供默认密码的做法，它可能会很好地服务于世界，从而要求管理员提供新的密码。

一些物联网消息传递和通信协议内置了对基于密码的身份认证的支持。MQTT 是一种主要用于可扩展 IoT 基础设施的发布/订阅消息传递协议，其

CONNECT 消息(OASIS-OPEN)中具有用户名/密码字段。MQTT 以纯文本处理这些字段，因此为了确保加密安全性，我们需要结合使用 TLS。

但是，基于密码的身份认证从没有为 M2M 世界进行设计，因此该方法为 IIoT 部署带来了多重挑战。一些问题如下。

(1)可扩展性：从工作量和准确性方面来说，为大量设备配置和管理用户名和密码是一个实际障碍。

(2)密码管理：在高度扩展的用例中很难自动执行初始部署和定期密码更新。

(3)安全存储：在设备中安全地存储密码并不容易，而且这为入侵提供了后门。

(4)默认综合征：当修改默认密码不容易实现时，运营商会依赖默认选项而不去覆盖出厂默认密码。而物联网僵尸网络的兴起证明了使用默认密码所带来的不良后果。

在一些小规模且不易受攻击的部署中，基于密码的身份认证可能仍然适用。如果要使用基于密码的身份认证的话，我们建议你采取以下预防措施。

(1)在 30 或 40 天的周期内为每个设备实施密码轮换策略。我们建议你使用警报机制扩充这些策略，该机制会在一组设备的密码更新到期时自动提示管理员。

(2)建立事件记录以监视设备账户活动。

(3)创建特权账户以支持对 IoT 设备的管理访问。

(4)将受密码保护的 IoT 设备隔离到不太受信任的网络上。

(5)创建一个禁止默认密码并强制实施密码强度要求的策略。

(6)确保在传输层中实施密码加密。

2. 生物识别技术

生物识别技术(作为认证因素)的使用已经越来越普遍，它不仅提供无密码认证的便利性，而且还可以作为多因素认证方案的第二个因素。指纹、面部几何、声纹等都是在基于生物识别的身份认证中使用的各种独特属性：事实上生物识别技术在人机接口中已经发挥起了作用，例如，验证访问机器和资源的操作员。以运输部门为例，现场技术人员想要修理一块路边设备(RSE)。技术人员可以使用声纹，通过与后端身份认证服务器(IOT-SEC)的云连接来访问设备。

因此在工业物联网 IAM 策略中，我们将生物识别技术与用于设备认证的其他方案一起考虑。

生物认证涉及集中式生物识别服务器，该服务器存储与各种用户相关的生物识别数据。该数据库由生物识别身份认证器使用。在针对此敏感生物识别数据的恶意攻击时，集中式身份认证服务器可能出现成为单点故障的漏洞。

Hypr（www.hypr.com）等生物识别安全公司正在推广分散式生物识别标记化的概念。

在分散式架构中，没有两个人的生物识别数据存储在同一服务器上。生物识别标记允许将生物识别数据翻译成随机令牌，以便将其安全地存储在用户的移动设备上。加密质询—响应功能允许从生物识别中提取特定于动作或时间戳的验证器，并通过云或本地服务器发送，用以激活登录、车辆启动或任何其他移动应用程序执行的功能？区块链技术（将在第 8 章讨论）也越来越多地被用于开发分散的生物识别解决方案。

基于生物识别技术的安全性（也称为 Bio-T）正在消费者物联网使用案例中得到更快的采用，其中包括无钥匙家庭和汽车访问、生物识别锁等。FIDO 联盟（www.fidoalliance.org）已经制定了开放标准，该标准定义了基于生物识别的认证的使用。

3. 多因素身份认证

在本节开头的图 3-2 中显示了三个常见的身份认证因素，使用这些因素中的任何一个进行身份认证无疑都是有用的，但单因素身份认证具有与其使用的相应身份认证因素相关联的漏洞。例如，攻击者可以通过字典攻击来破解密码；但是，如果身份认证过程需要两个不同的身份认证因素，如密码和智能卡生成的一次性令牌，那么破解的可能性就会大幅降低，这说明了实施多因素或双因素身份认证的价值。

多因素身份认证被广泛用于客户端—服务器会话中，同时也被建议用于边缘到云的通信。物联网云提供商（如 AWS 和 Microsoft Azure）使用多因素身份认证（主要用在人机用例中）。

4. 基于密钥的身份认证

基于密钥的身份认证是一种完全自动化的身份认证技术，其中对加密密钥进行保密。

该方法严重依赖于加密算法。在我们讨论基于密钥的身份认证之前，考虑到完整性，我们提供了一些关键的密码学概念。

密码学利用加密算法执行两个基本操作。

（1）加密：使用加密密钥将信息从明文形式转换为加密版本（称为密文）。

（2）解密：执行反向转换，将加密的密文转换回明文。

选择正确的加密算法的挑战之一是：确定用于加密和解密的密钥或密钥对的长度不会影响密钥强度（就弹性而言）。更长的密钥可保证更高的安全性，如图 4-6 所示。

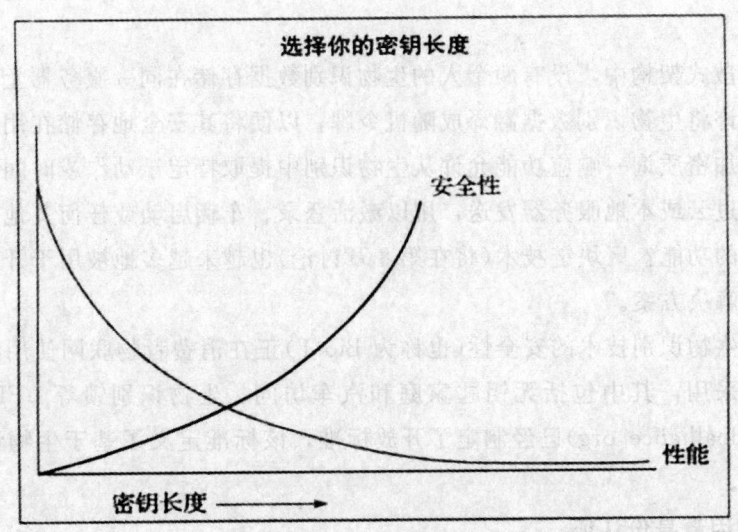

图 4-6　密钥的安全强度和性能之间的反向关联

但这种好处是以牺牲性能为代价的，更长的密钥会导致更多的资源消耗。在资源有限的环境中这是一个主要考虑的因素。除了加密/解密速度、内存、CPU 和电源使用情况外，我们建议根据特定用例的安全目标来确定加密算法的每个密钥的成本（成本/密钥）。

4. 基于证书的身份认证

更进一步地，基于证书的身份认证使用公钥加密框架，其中公钥由受信任的证书颁发机构（CA）签名。CA 使用其私钥对请求者的公钥进行签名。这使得远程端点确保始发端点具有私钥，并且还可以用作身份证明。基于证书的身份认证可用于服务器到服务器或设备到服务器连接的相互认证。

从自动化和可扩展性的角度来看，基于公钥的数字证书是 IIoT 用例中一种很有前途的认证方法。考虑到基于证书的身份认证的资源密集性，在资源受限的环境中使用此技术可能特别具有挑战性。然而随着行业努力克服这些挑战，我们可以期待进一步的改进。

基于证书的身份认证提供了不可否认性，我们将在讨论数字证书时进一步详细说明。

三、消息协议中的身份支持

要实现端到端的信任，IoT 消息传递协议必须支持身份识别和访问控制机制，在本节中我们将简要描述最常用的 IoT 消息传递协议中的身份控制机制。在第 5 章中，我们将提供针对 IIoT 连接堆栈各层的协议安全功能的更深入评估。

1. MQTT

MQTT 允许发送用户名和密码。直到最近，该规范建议密码不超过 12 个字符。用户名和密码作为 CONNECT 消息的一部分以明文形式发送，因此在使用 MQTT 以防止密码被中间人攻击时，使用 TLS 至关重要。理想情况下，在两个端点（或网关到网关）之间使用端到端 TLS 连接（带证书以相互验证 TLS 连接）是可取的控制方法。

请注意，McAfee(MC-DXL)有一个名为数据交换层(DXL)的 MQTT 开源变体，它是具有加密有效载荷的 MQTT，有助于保护凭据。DXL 通信包括 TLS 1.2 和相互认证，因此它不需要单独的 TLS 部署。但是，它需要首先实现 PKI，这增加了一定程度的复杂性。

2. CoAP

CoAP 支持多种身份认证选项，用于设备到设备的通信，它还可以与数据报 TLS(DTLS)组合使用，以实现更高级别的机密性和身份认证服务。

3. DDS

对象管理组的数据分发标准(DDS)安全规范支持参与分布式系统的各部分进行相互认证，它支持数字证书和各种身份/授权令牌类型。

4. REST

HTTP/REST 通常需要 TLS 协议的支持才能进行身份认证和机密性服务。虽然基本身份认证（其中凭据以明文形式传递）可以在 TLS 范围内使用 J，但这不是推荐的做法。

相反，我们可以考虑尝试在 OAuth2(OAUTH-SEC)之上建立基于令牌的身份认证（以及授权，如果需要的话）方法，如 OpenID 身份层。当使用 OAuth 时，我们需要仔细考虑其他的安全控制(OAUTH-SANS)。

四、监控和管理功能

IAM 策略必须包含支持整个身份生命周期的控件，身份生命周期从设备引导开始，以便加入与基础设施其他元素的信任关系，它以设备停用和相关账户停用及删除为结束。从安全角度来看，在此生命周期中有许多事件和活动需要足够的可见性和控制范例，本节将讨论两个重要的设备管理功能。

1. 活动记录支持

在工业 OT 中，我们通过维护网络日志历史来跟踪控制操作和命令，与事件和访问控制相关的日志对于充分了解物联网部署的动态来说非常重要。

一些 IIoT 平台会生成事件和活动日志，任何检测到的异常或欺骗活动都会被向上转发用于进一步的分析和报告，但日志容易受到意外的改动，因此我们必须对日志进行签名（有其自身的挑战和弱点），或者将日志/事件从设备移出到可以监视日志数据完整性的更安全的环境中。日志记录通常使用 syslog（在 UNIX 系统上）实现，并且我们可以使用 rsyslog 从远程设备中获取事件。rsyslog 连接是链中下一个易受攻击的元素，因此也需要受到保护。

2. 支持撤销和 OCSP

一般而言，撤销机制应该能够在终止与该设备关联的任何账户的信任关系时向管理机构进行标记。在系统中进行身份认证时，除了到期之外，设备需要知道其他设备的凭据何时不再有效。

使用基于 PKI 的信任模型时，证书撤销是整个工作流程的一部分。PKI 会出于各种原因（例如，设备遭到入侵或出现故障）或仅因退役而定期撤销凭据，这是通过加密签名的证书吊销列表（CRL）来实现的，CA 会定期生成这些列表。该过程会涉及延迟问题，因为它取决于 CA 生成 CRL 的频率，以及设备何时检测到新的 CRL 并更新其列表。此延迟暴露了不受信任的设备可能被忽视的时间间隔。在线证书状态协议（OCSP）有助于缓解这种风险，因为它允许设备与 CA 进行交叉检查以判断公钥凭据是否仍然有效。

第五节　端点安全与可信度

一、端点安全支持技术

端点安全需要跨越硬件、同件和软件，还包括网络和应用程序接口。为了实现一个可信且具有弹性的 IIoT 端点和子系统的生态系统，各种技术都可以发挥作用，如图 4-7 所示，它将安全技术插入到硬件安全、中间安全、增强安全和智能安全这些层中，此分类的主要目的是让读者了解可用于保护端点的每种技术的相对作用和重要性。

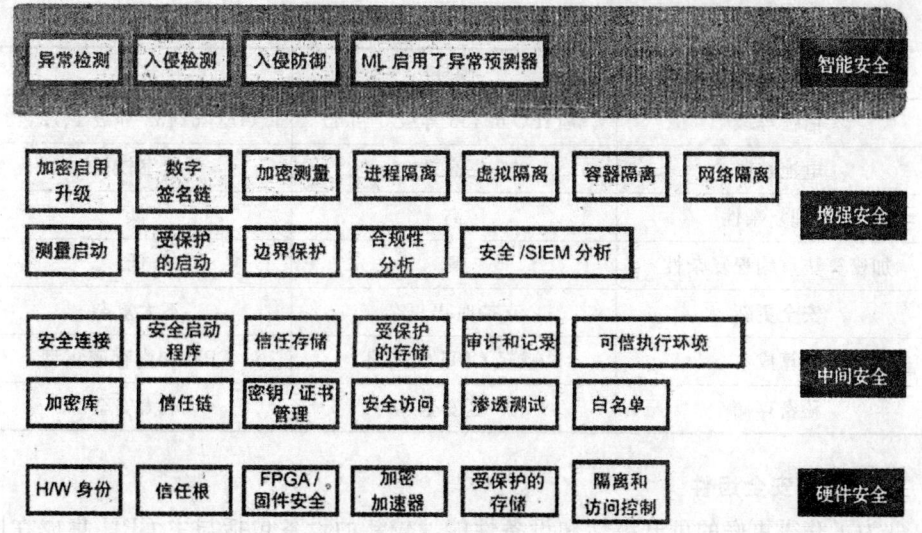

图 4-7　端点保护技术

在硅或硬件级别集成信任是端点弹性的基本原则。加密、安全协议和存储以及隔离技术是创建端到端信任环境的关键方法。虽然建议考虑所有这些技术，但实际中，安全实现应始终与特定用例的风险评估相关。根据与给定实现相关的安全风险，读者可以自定义此堆栈，并与其相应的风险配置文件保持一致。

在工业物联网中，数据可能跨越多个组织边界。端点接口也可以被其他组织域以及来自各种供应商的设备端点访问，这使得端到端的技术一致性成为一个极大的需求。但是，在边缘和云的所有端点上都具有通用 API 级别的功能，并且遵循模块化和可扩展的架构，可以简化整体安全设计。

二、建立硬件信任

信任锚可以用软件或硬件实现，也就是要求在复杂性和保障级别之间进行权衡。与基于软件的信任相比，防篡改硬件在可信性方面做得更好，因为它为 RoT 提供了安全的秘密存储。基于硬件的信任会有较低的功耗（IIC-IISF），这是资源受限环境中的重要考虑因素。然而，这些好处是以管理固件和加密库更新的复杂性为代价的。基于硬件的安全往往更加严格，通常涉及静态实现。由于缺乏更新功能，在某些情况下硬件漏洞可能会在设备的整个生命周期中持续存在。近年来，可信计算的技术创新已经明显解决了这些局限性中的一部分。

许多 IT 系统都在使用基于软件的信任，它提供的是较低级别的保障，因此还应该仔细考虑网络物理系统：表 4-1 可用作基于硬件和软件的安全的快速比较。

表 4-1 基于硬件和软件的安全解决方案的比较

	硬件	软件
信任等级	高（IEC 62433 等级 3 和 4）	低（IEC 62433 等级 1、2、3）
电池性能	更高效	效率较低
管理复杂性	高	低
加密算法重编程复杂性	高	低
安全更新	支持时更复杂	不太复杂
计算成本	减轻 CPU 的负担	CPU 和内存密集型
秘密存储	更安全	不太安全

1. 硬件安全组件

为了获得更好的可升级性和设备性能，较新的设备包括与主 CPU 集成在同一电路板中的硬件安全组件（IIC-IISF）：硬件安全组件包括现场可编程门阵列（FPGA）、加密加速器、硬件安全模块（HSM）、可信平台模块（TPM）以及基于硬件的可信执行环境（TEE）。

FPGA 可重新编程并支持固件更新，FPGA 单元还可以包括 CPU 协处理器，用以执行安全功能的内部操作；加密加速器处理单元在芯片上占用很小的空间，可以嵌入加密功能。

HSM 经过精心设计和集成，可在同一物理设备平台上提供安全功能的物理隔离。

TPM（在 ISO 和 TCG 标准中定义）通常是嵌入在主板中的芯片。HSM 和 TPM 旨在提供强大的防篡改、加密密钥存储、使用硬件随机数生成器（RNG）生成密钥、强身份验证以及启用完整性保护等功能。

顾名思义，TEE 在更大的芯片/SoC 上提供可信的执行环境，它通常不提供物理隔离。

2. 保护秘密或密封

端点可能具有许多秘密信息，如密码、共享的机密信息和数据加密密钥。向未授权方披露这些密钥可能会损害端点，从而损害更广泛的设备生态系统。

存储在 TPM 中的秘密信息可以通过物理、网络或软件接口提供实质性的保护来防止丢失。但是，TPM 加密引擎的功率是有限的，这可能会影响扩展环境中的签名性能，特别是对于诸如网关、路由器和服务器等的高端端点。一种可能的解决方案是将密钥保持在 TPM 的加密存储中，在使用时释放它们以访问平台软件或者高吞吐量的加密引擎(TCGG-29)，这种在 TPM 中存储秘密的机制称为密封，其中密钥(或其他秘密)存储在设备的文件系统中，加密文件只有在满足预定义的一组标准时才能用 TPM 释放的密钥进行解密。

三、端点身份认证和访问控制

端点或设备的身份是任何信任模型中的基础构建块。身份是执行身份认证、授权、安全资产管理、远程监控、管理和维护的先决条件。识别和认证控制是 IEC 62443 中的七个基本要求之一，并将四个保障级别与其相关联，这些保障级别与给定 IIoT 用例中端点的风险概况相关：

"如果端点不存在威胁，则可以使用明文凭据，如识别号。在极少数情况下，所有端点可能都不需要支持身份，但应充分了解和记录风险。ISO/IEC 24760-1 定义了三种身份信任级别：身份、唯一身份和安全身份。工业 4.0 提供了有关安全身份技术所包含的信息，在使用数字身份的情况下，安全身份是受 HRoT 保护的证书，如 TPM，"(摘自 IIC-IISF)端点访问控制包括身份认证和授权功能，端点基于其身份凭据进行身份认证，必须将凭据的秘密部分(密码、密钥等)安全地存储在信任库中。信任存储在硬件中实现，用以获得更高级别的保障，并且可以作为低风险方案的软件的一部分。相互或双向身份认证可以防止模拟未经认证的终端。建立一个安全的 TLS 会话(IETF-RFC5246)隧道是避免以明文形式传输密码的常用方法，建议尽可能使用多因素身份认证。

职责分离、最小特权和基于角色的访问控制构成了授权的基础。

对于要求 IEC 62443 保障级别为 3 或 4 的用例，建议使用非对称加密。PKI 是目前已知的最强的设备安全方案，尽管它有一天可能会被更适合设备驱动通信的机制和不断发展的攻击向量取代。预计将持续至少十年的大多数新制造的 IIoT 设备都带有一个或多个数字签名的 X.509 证书，这些证书与芯片制造商、设备制造商、系统集成商以及资产所有者相关联。

加密密钥的生成、交换和数字签名验证对于低端处理器和微控制器来说可能过于消耗资源，协处理器和专用的加密加速器现在被广泛用于减轻主 CPU 的这些操作。

设备需要在可信生态系统中建立可靠性，每次进行设备认证时，使用非对称加密技术都不需要人工协助。在需要较低保障级别的用例中，单向对称密钥和零知识证明可用于避免资源受限。

四、建立操作阶段的端点信任

在操作阶段整合强大的信任机制对于长期不间断运行的工业端点至关重要。

固件是在任何设备上运行的直接与硬件交互的最基本的代码。定期更新固件和软件以修复安全漏洞是非常重要的。

尽管加载受感染固件的后果通常是不可逆转的，但确保软件和固件更新过程的安全性非常重要。在本节中，我们将深入研究安全更新过程以及在操作阶段建立端点信任的机制。

1. 安全更新

软件和固件不可能完全没有漏洞和缺陷。因此，需要通过定期升级来修复错误并进行安全更新。

攻击者可以利用更新及更新过程中的漏洞，或者通过应用程序软件漏洞和权限提升来获得对端点的后门访问权限。软件和固件感染可能会感染整个设备，还可能导致横跨 IIoT 系统的协同攻击；并且在许多情况下，恢复这些设备可能非常困难，这也是安全更新在端点中至关重要的原因。

数字签名和数列是目前固件更新保护的常用机制，验证启动和检测启动使用签名验证和加密检测来保护固件。验证启动可防止执行未经授权的固件，并且在检测到这些固件时会暂停整个启动程序。

检测启动可以检测固件中的恶意代码，还可以检测固件漏洞和过时的版本，从而触发固件更新。

更新过程的附加安全措施是以加密的方式实现对固件更新传输的保护。某些 IIoT 信任供应商提供了隧道机制（使用 PKCS 信封），通过空中下载（OTA）、有线或网络安全地传输更新（MOC-NAN）。

最好是由制造商（必须至少完成）以及供应链中的其他参与者来对固件更新进行签名，以创建信任链。考虑 TPM 固件更新的情况，TPM 固件由 TPM 制造商、集成芯片供应商、使用芯片的设备制造商以及运营商签署。当更新受到多级签名（在我们的示例中为四个级别）的保护，并且在本地启动更新过程之前强制执行验证时，此类信任链会显著提高固件升级的保障级别。

2. 可信的执行生态系统

除了在端点本地建立信任之外，还必须在 OT 环境中横向建立信任，并且还必须在设备与云之间垂直建立信任，以确保可信通信和数据交换。身份认证提供了端点事务中的基本可信度。为了获得高级别的保障，可以使用 PKI 和数字证书来实现信任度量。

在 IT 环境中，证书颁发构和 CA 信任链提供基于 PKI 的身份服务。然而，在涉及对等通信的 M2M 域中，基于 PKI 的证书分发和生命周期管理因其固有的复杂性而难以穿透 OT 环境。虽然存在一些专有证书的实例，但子系统之间跨供应商的互操作则需要开放标准，如 PKI 和 X.509 证书。截至撰写本书时，有一个供应商生态系统(DigiCert、GlobalSign 等)通过充当根 CA 并生成 X.509 证书来满足这一需求。

在扩展的 IIoT 部署中，对证书的生命周期进行管理(安装、管理、更新和撤销)仍然是一项挑战。分发 X.509 证书的一个选项是使用 EST(EST-CERT)，它允许通过安全的有线或无线信道来进行证书配置，该证书配置基于 RFC 7030 (RFC-7030)。对于面向未来的安装部署，基于策略的更新允许在必要时对加密算法强度和密钥长度进行修改。

并非所有的端点都需要加密控制组件，例如，对于处理存在于公共域中的数据端点来说，数据的机密性不是优先考虑的内容。当网关后面有冗余传感器时，可以把加密操作放到网关处来执行，而不是在传感器上。

五、端点物理安全

部署为现场设备的 IIoT 端点可能会暴露在极端天气条件下，并且面临被盗、硬件篡改以及故意破坏等问题，在第 5 章中将更详细地讨论物理安全机制。感兴趣的读者还可以参考关于端点物理安全的现有指南。NIST SP 800-53 (NIST-PE)的物理和环境保护提供了有关物理保护、访问控制和监控方法的信息。还可以参考工业互联网安全框架(IIC-IISF)，以获得有关该主题的详细指导。

六、启用机器学习的端点安全

网络安全对策传统上具有应对性，换言之，疫苗只有在病毒感染了系统后才会出现。

对策通常遵循安全事件的评估和补救。加密检测和控制(以创建可信的 IIoT 生态系统)以及异常检测功能可以解决这种应对行为。用于主动保护端点的主机入侵检测(HID)和主机入侵防护(HIP)是动态完整性验证控制的示例。

在 IT 环境中，通常使用网络和应用程序黑名单策略。白名单在 OT 环境中更常见。

但是，当检测到新的零日漏洞时，这些策略会在事后更新。AI/机器学习允许我们基于异常行为来动态更新黑名单和白名单策略。

机器学习广泛使用基于历史数据的数学模型来构建预测器，这些技术在基于安全情报的端点保护方面具有很大潜力。

基于机器学习的智能安全使用机器学习算法(如模式识别)和预测分析。为了将连接或文件聚类并分类为恶意或良性，需要提取、转换和矢量化大量的训练数据来对模型进行训练。这种情报可以部署在 IIoT 端点中。

机器学习面临的一些挑战如下：①预测的准确性是不确定的；②需要大量的训练数据；③需要训练数据集，其中包含与类似漏洞相关的数据。

Cylance（www.cylance.com）是基于机器学习的端点安全的众多供应商之一，他们试图通过使用技术来检测尚未发现的零日威胁，以便克服这些挑战。

基于机器学习的端点安全解决方案的一些选择标准如下(CYDATA)：

(1)具备在不需要预先存在的攻击的情况下检测零日威胁的能力。

(2)在现实世界中测试数学模型的广泛程度(年数)。

(3)解决方案能够防止威胁执行。

(4)在线和离线环境中的威胁防御。

(5)威胁防御分辨率为毫秒，不会对 CPU 使用率产生重大影响。

第六节　确保连接和通信安全

安全连接是工业互联网成功的基础，互联网和云连接已经使许多工业企业的运营变得更加简化，并且开始盈利。除了云连接之外，诸如智能城市和联网汽车等这样的 IIoT 用例同样都需要在垂直架构的各种技术和系统中具有横向的互联和互操作性。

一、网络、通信和连接的定义

像网络、通信和连接这样的术语通常可以互换使用，尽管这些术语在不同的上下文中确实会有一些差异。为了更清楚，在本节中，我们将定义这些术语，并且本书其余部分也将遵循这些定义。

为了得出这些定义，让我们采用三种流行的基于标准的信息技术堆栈模型。

(1)七层 OSI 模型(ISO/IEC 7498)。

(2)四层 TCP/IP 堆栈。

(3)IIoT 连接堆栈模型(IIC-IICF)。

图 4-8 显示了每个堆栈模型中各层的相对映射。

如图 4-8 所示，堆栈的网络部分用来处理在任意两个设备之间路由和转发数据包的基础设施、技术和协议。连接部分涉及包含整个堆栈的基础设施、技术和协议，包括传输和应用程序，使用此参考插图，我们可以定义如下术语：

IIOT 连接	OSI 模型	Internet（TCP/IP）	
			用来在终端之间分享结构化数据的公共协议
传输层	传输层	传输层	在终端之间共享消息
网络层	网络层	Internet（IP）	跨不同数据链路和物理访问域的数据共享（路由）
			数据包的共享/专用媒体访问层
物理层	物理层		物理介质（有线/无线/射频）

图 4-8　通信堆栈模型的相对映射

网络：它涉及包括物理基础设施（光学、电气、RF 有线/无线媒体）、媒体访问链路层基础设施以及网络或互联网（IP）层基础设施的技术和协议。网络层支持相邻和非相邻端点之间的数据包交换，该层的端点可以相互操作。

连接：它为端点之间的数据交换提供基础设施，并通过利用网络层、传输层和框架层的技术和协议来确定设备和应用程序之间的通信方式。

通信：它指的是连接框架中可互操作的参与者之间的信息交换过程。参与者可以是相邻的或不相邻的，并且可以属于单独的组织域。连接可实现通信。

保护连接和通信的范围将包括保护从物理层到框架层的 IIoT 连接堆栈模型（图 4-9），以对动态数据和使用中的数据进行保护。

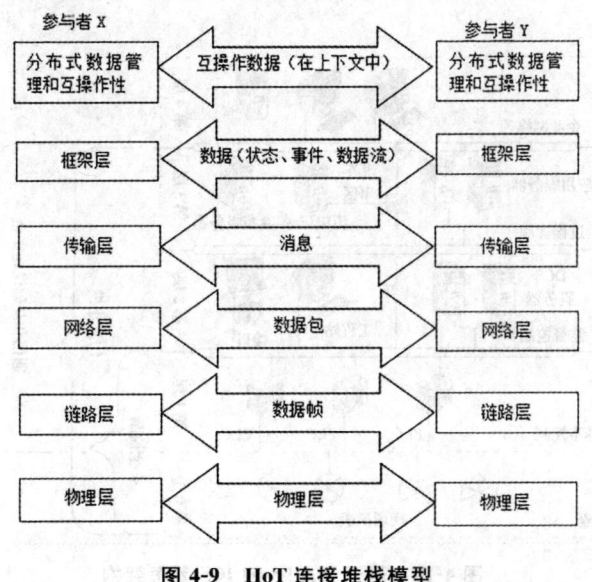

图 4-9　IIoT 连接堆栈模型

二、IIoT 连接架构

在工业界，100％的绿地 IIoT 用例是罕见的。随着行业中数字创新的采用，他们必须考虑其现有连接框架的特征。由于传统 OT 基础设施与 IT 连接框架的融合，网络安全保护必须扩展到工业边缘、工厂车间和远程现场。

然而，安全会产生成本，工厂停工会造成巨大的成本损失，工厂经理在任何情况下都希望避免这种情况、在将安全连接引入生产环境前，需要正确评估特定用例的风险，并弄清楚如何将安全技术部署于运营环境，理解安全工业连接的架构也是实现适当安全控制的前提。

要设计安全的网络架构，建议根据不同的功能和用途来定义网段，还需要控制各个网段之间的传输流量。这将以更粗的粒度来实施安全措施，避免不必要的信息流。

自 20 世纪 90 年代以来，已有 ICS 基础设施标准规定了网络域的分离（INCI-BE）。国际自动化学会（ISA）制定了关于业务和控制系统集成的 ISA-95 标准（ISA-95）。该标准提出了一种称为 Purdue 企业参考架构（PRA）的模型。PRA 建立了五个逻辑层，其中 ICS 架构中不同功能的元素被分组，如图 4-10 所示。每个段（第 1～4 层）由防火墙隔开。非军事区（DMZ）定义在工业和企业网络之间。

这种分段方式允许在每个级别上以特定粒度开发安全策略，并为它们之间的信息流建立安全机制。

为了与工业互联网保持一致，基于 ISA-95 的连接架构需要进一步演进，原因如下。

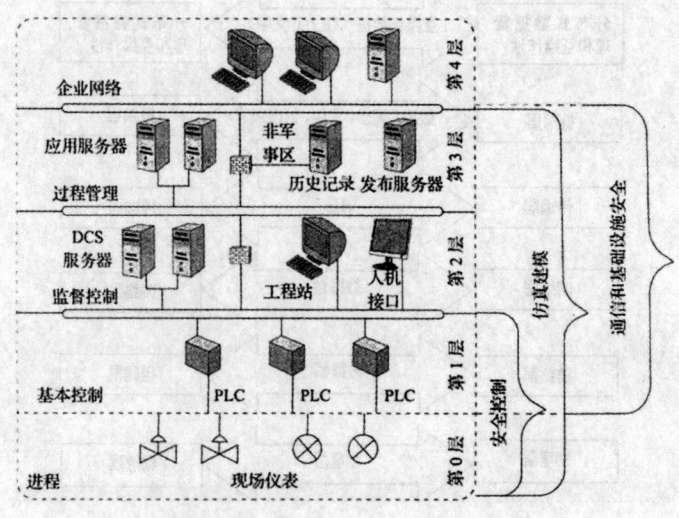

图 4-10　基于 ISA-95 的 ICS 参考架构

要通过托管应用程序来收集和分析机器生成的遥测和诊断数据，云连接是必要的，这意味着：①引入边缘连接层将工业站点连接到云；②暴露于较新的网络攻击载体；③工业互联网是关于建立连接的超系统。为了构建智能城市或自动驾驶汽车解决方案，诸如制造、汽车、医疗和运输等多个垂直行业必须水平互连和互操作，多个垂直领域和供应商之间的相互作用构成了复杂的生态系统，从而为无意的错误和安全"漏洞"打开了大门。

三、IIoT 连接标准和协议的安全评估

如前所述，对于工业系统，自动化和连接技术的发展主要是为了满足特定垂直行业的需求。考虑到某些原因（已讨论过），设计中省略了网络安全控制。使用特定领域专有协议的传统工业网络仍然是 IIoT 部署的一部分。针对域间连接（如具有基于云的应用的现场传感器），或者针对多个垂直领域的连接（如与制造设施连接的智能电网），重要的是要了解传统协议以及互联标准协议的安全尺度。

图 4-11 显示了一些连接协议和标准与 IIoT 连接堆栈模型（IIC-IICF）的映射。该技术栈的每一层都需要相应的安全控制，在每一层启用保守的安全控制都可能导致不可接受的性能成本。但是，仅在某些层的选择性安全实施可能导致安全漏洞。因此，我们需要取得平衡，建议对特定用例使用基于风险的方法，可以在不降低性能或经济性的情况下实现足够的安全性。

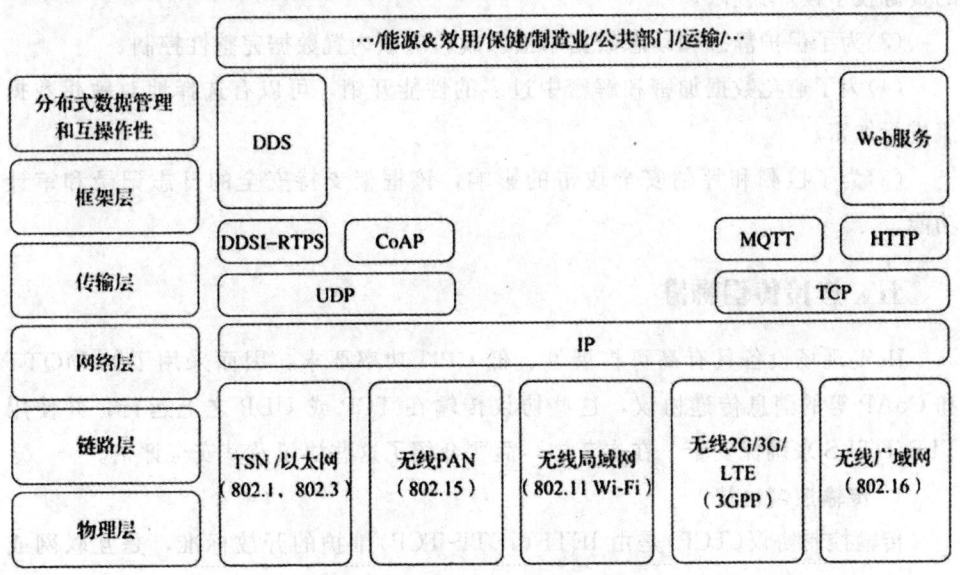

图 4-11　映射到 IIoT 连接堆栈模型的协议（IIC-IISF）

四、连接框架标准

IIoT 连接框架标准实现了设备之间的逻辑数据交换服务，支持安全的数据交换，具有低延迟和抖动、硬件和传输层不可知性、高效的设备发现和身份认证，以及与传统现场总线和其他开放标准的互操作性。

IIoT 数据通信中的两种主要数据交换模式是发布－订阅和请求－响应。在发布－订阅模式中，应用程序发布众所周知的主题的数据，独立于其消费者或订阅者，而订阅该知名主题的应用程序对发布者不可知。这提供了参与端点之间的松散耦合，其中端点可以作为发布者、订阅者或两者。在请求－响应数据交换模式(也称为客户端－服务器模式)中，请求者(客户端)发起服务请求，该请求由应答者角色中的端点完成。

连接框架层需要确保数据交换的完整性、机密性、真实性和不可否认性。为实现这些目标并最大限度地减少安全漏洞的影响，框架层标准的指导原则如下(IIC-IICF)：

(1)发现新端点后，需要首先对其进行身份认证，然后才将其添加到连接基础设施中。

(2)访问控制策略需要遵循最小权限原则，并且要足够精细，以便仅为需要的资源授予读/写权限。

(3)为了保护静态和动态数据不被篡改，应该内置数据完整性控制。

(4)为了避免数据加密和解密中过多的性能开销，可以有选择地对敏感数据流进行加密。

(5)为了检测和评估安全攻击的影响，该框架支持安全的日志记录和审计功能。

五、连接传输标准

IIoT 现场设备具有高可扩展性、低 CPU 功率要求，因而采用了如 MQTT 和 CoAP 等的消息传递协议，这些协议传输在 TCP 或 UDP 之上运行，并使用 TLS/DTLS 来确保安全。在本节中，简要介绍了这些协议及其安全评估。

1. 传输控制协议

传输控制协议(TCP)是由 IETF(IETF-TCP)维护的开放标准，是互联网或 TCP/IP 协议栈的组成部分。TCP 提供面向连接的传输，并已广泛用于基于 HTTP 的应用程序，如电子商务。在 TCP 中，消息按顺序传送，且支持在丢失消息的重传，因此需要较多的时间和资源。故而使用 TCP 时，消息延迟可能会有很大差异。

TCP 安全：TLS 协议通常用于保护传输层流量，TLS 是 SSL 版本 3（RFC-TLS）的开放标准版本。在某些情况下，TLS 可能需要在应用层中进行适配。但是，考虑到其广泛应用于保护基于 HTTP 的应用，这是一种低风险的选择。有关 TCP 安全的其他信息，建议读者参考 NISTSP 800-52"传输层安全的选择和使用指南"：https: //csrc.nist.gov/publications/nistpubs/。

2. 用户数据报协议

用户数据报协议（UDP）通过传送 SLA 为网络流量提供无连接传输（RFC-UDP），与 TCP 相比，UDP 是一种轻量级协议，因为它不支持重传或消息排序二对于要求低延迟传输且资源受限的 IIoT 部署，UDP 要优于 TCP。UDP 消息限制为 64KB，对于较长消息，高层协议需要在 UDP 之上进行分段和重组。

UDP 安全：数据报传输层安全（DTLS）（RFC 6347）基于 TLS 协议，并提供类似的安全控制。在资源受限设备的 ICS 网络中，多播和安全是必然要求。基于 DTLS 的低功耗和有损网络多播安全（IIN）（draft-KTM）的互联网草案定义了一个框架，以便在基于 DTLS 安全协议（已在 CoAP 设备中使用，如稍后所述）的 LLN 中保护多播通信。

六、连接网络标准

IIoT 连接栈模型（IIC-IICF）将 Intemet 协议作为工业互联网和工业 4.0 应用的网络层中唯一的协议标准。对于多播通信，在网络层使用 Internet 组管理协议（IGMP）。为了保证网络安全，IPSec 是由 IETF（RFC 4301）定义和维护的一套开放安全标准。

为了给空间低占用、资源受限的设备提供 IP 连接，IETF 定义了 6LoWPAN 标准（RFC 6282）。该标准包括封装和报头压缩机制，允许通过低速无线个域网（LR-WPAN）发送和接收 IPv6 分组。

第七节　保护 IIoT 边界、云端与应用

云环境是推动工业互联网中 M2M 技术发展演化的关键因素：在云环境投入使用的早期，企业主要会考虑到数据的私密性，故而放缓了将组织数据迁移到多终端云平台的步伐。然而在最近 10 年间，云平台所带来的弹性成本效益已经远

远超过了隐私方面的担心;而且目前,云服务是增长最快的 IT 领域(GART-CL)之一。

一、定义边界、雾与云计算

20世纪初,当思科公司当时的 CEO 约翰·钱伯创造出"网络即平台"(Network as aPlatform)"的概念时(INETNW),云计算的时代才刚刚开始。云计算是众多破坏性技术(它们为改变游戏规则的、"支持网络"的平台打下基础)中的一种,如今它被认为是业务增长的巨大引擎。

传统上,计算资源指的是拥有固定计算能力、放置在企业厂房中的基于硬件的资产二该模型提供了数据邻近性、数据归属以及数据安全效益。然而,当一项业务需要提高其计算能力时,这将转化为巨大的资本支出和管理成本。

典型的云计算框架将转变这个模型。云计算利用第三方云供应商来提供所需的计算能力、数据存储以及应用托管服务。计算资源和应用不再需要预先进行物理配置,而是可以驻留在远程数据中心内的专用硬件或者虚拟平台上。云供应商提供受管服务用于计算和存储资源,从而通过可升级的"根据用量进行支付"模式实现灵活性。在我们当前的语境中,云计算模型具有两个主要影响。

(1)云计算包含了通过公共网络访问数据,以及在共享基础设施中存储和使用数据。这就需要额外的控制手段来保护处于传输、使用和空闲状态的数据。

(2)尽管拥有地理定位的特性,云平台上的数据访问和计算也都会带来高延时,而这对于时间敏感型应用(如工业控制系统)可能是不能接受的。

二、IIoT 云安全架构

基于云环境的平台将计算、存储和管理功能集中到了一起,这将改善可升级部署方案的整体经济状况。然而对于工业 IoT 系统用例来说,考虑到工业应用独有的时间敏感特性,云安全必须进行架构设计,并且必须满足安全性、可靠性和数据私密性准则要求,图 4-12 展示了 IIoT 云安全架构的多种组成元素,范围包括从工业厂房到部署云服务的集中式数据中心。

第四章 工业物联网核心技术——安全架构

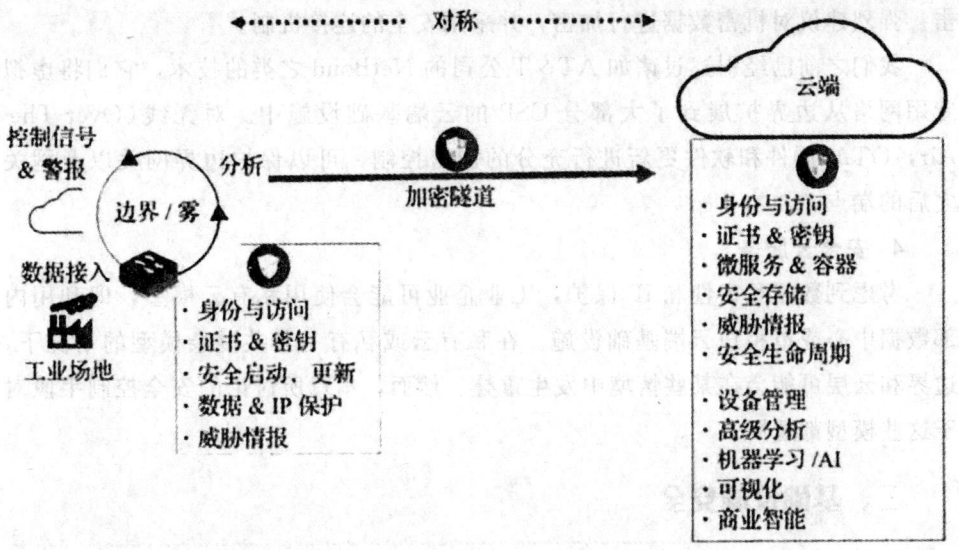

图 4-12 IIoT 云安全基础设施的元素

这种安全架构有四种主要的功能组件。

1. 受保护的工业场地

云安全依赖于在工业场地内实现的信任控制手段。工业资产、连接基础设施或机器数据信任度的破坏，将影响从边界到云端的整个价值链。

2. 受保护的边界智能

在利用内部操作来安全地连接并实现云端智能的过程中，工业边界起到了重要的作用。边界层可能包括一台或多台设备，比如一个网关，它能用来获取高容量时间序列机器数据（例如，从温度和压力传感器中），进行现场分析以避免数据不必要的暴露，并且为时间敏感应用提供低延时控制手段。一个边界—云端同步的部署方案模型，能够消除一个只使用云端的 IIoT 策略的诸多限制。它允许操作人员强制实行安全策略、分析智能以及内建于云端到边界的设备模型。在边界处进行处理，消除了与云端来回传输相关的延迟。

边界层还可以提供安全的设备管理功能，比如设备上线以及身份与访问控制。我们必须通过物理安全、防篡改硬件、安全启动以及经过签名的固件更新，来确保内部边界设备的可信度。一台边界设备需要实现安全最佳实践，比如阻塞未使用端口、基于白名单的访问策略、防火墙、威胁情报、管理密钥与证书，以及与数据中心进行安全的设备信息同步。

3. 安全边界云传输

我们需要对来自工业边界和数据中心的传输数据进行保护，以防止中间人攻击。强烈建议对机密数据进行加密，并采用安全的连接机制。

我们之前已经引述过诸如 AT&T 公司的 NetBond 之类的技术，它们将虚拟专用网络从边界扩展到了大部分 CSP 的云端基础设施中。对无线（Over-The-Air，OTA）同件和软件更新进行充分的加密控制，可以保护边界网关以及网关之后的端点。

4. 安全云服务

考虑到数据私密性和 IP 保护，工业企业可能会使用私有云模型，即利用内部数据中心或单租户云端基础设施。在私有云或私有—公共混杂模型的情况下，边界和云层可能会在某些情境中发生重叠。然而，本章所讨论的安全控制手段对于这些模型都适用。

三、基础设施安全

我们构筑的第一道防线是实现安全控制以保护数据中心资产（如服务器群、路由器、交换机、配线柜、网络防火墙等）免受自然和人为威胁。反尾随措施、视频监控、物理访问控制屏障、口令保护控制台以及端口锁定等，都是一些物理安全措施示例。

在多租户架构的情况下，计算、网络和存储资源是共享的，但需要在租户工作负荷之间进行充分隔离。根据 SLA，可以在裸机和物理硬件级别、虚拟机或容器实现隔离。使用相同操作系统内核的容器可能会带来相当大的完整性风险。对于敏感的工作负荷，容器可以在单独的 VM 或裸机硬件的顶部运行，以提供足够的安全性并与其他工作负荷隔离。

多租户实现方案可以利用加密来保护静态数据。网络分段、合适的防火墙规则、VPN、TLS 加密传输、互联框架机制以及 Web 应用防火墙（Web Application Firewall，WAF）是其他一些建议用来保护基础设施层的控制手段。

四、身份与访问管理

信任为 M2C 通信过程的可靠性和稳定性提供了支撑。

基于云端的 IIoT 部署方案具有很大的攻击面，容易受到多类威胁攻击，比如伪装设备标识，升级权限来对设备或应用展开攻击，试探传输数据，发送恶意数据和控制命令等。

设备和服务在建立信任关系的过程中必须相互认证。同样，开发人员、应用和用户在基于设备数据采取行动之前或者在发送控制命令之前，也必须对他们的身份标识进行认证。身份与访问管理的角色和责任通常由云供应商和租户（或用户）共同承担。对于一个 IIoT 部署方案来说，身份、认证和授权的最佳实践包括：

（1）利用数字证书和 PKI 基础设施、联邦身份认证方案以及基于角色和组的身份认证与访问控制来实现身份管理。由于很多云供应商都能够生成设备证书，因此建议设备都拥有自己独有的数字证书，最好是基于硬件实现的。

（2）在客户与服务器之间进行相互认证，从而确保设备和应用正在通信的是预期服务器，而服务器正在接收的数据也来自一个经过认证的数据源。在可行的情况下，建议使用多因素认证。

（3）云实现应该对设备进行认证，并且仅为那些授权订阅内容的设备开放授予访问权限。

（4）按照基于用户角色的最小权限和职责分离原则，基于用户角色和责任对权限级别进行定义和分配。

（5）基于用户角色、设备组等实施访问策略。在云端实现的访问策略需要在对应的边界设备中再现出来。

（6）通过支持强密码算法库、加密算法、多租户环境中用户账号和命名空间的严格隔离以及身份声明周期管理（包括证书撤销），实现未来证明认证和访问控制。

五、数据保护

在数据驱动的经济中，数据本身就是一种资产。IIoT 是利用支持云的分析技术来揭示数据中所蕴含的情报。每个组织都有责任保护其自身以及用户的数据。就医疗保健行业来说，医药公司必须保护与病人生物特征识别、健康记录、信用卡等信息相关的敏感数据。在交通和保险行业中，需要保护用户的个人可识别信息（Personally Identifiable Information，PII）。对机器数据的未授权查看，可能导致敏感技术信息泄露，它可能被误用来针对拥有数据的组织开展攻击。

因此，当敏感数据可能会在多个组织边界进行传输、处理和存储时，其 IIoT 部署方案中数据保护和管理必须进行清晰定义和优先考虑。云服务提供商必须保证对租户在用和空闲（存储）数据的保护。然而，这还不够。必须在顶层添加安全策略和流程，来为数据提供从头到尾的保护。在任何给定的时间点，数据流都需要是可验证的,这样才能确保设备正在向/从网络上的预期端点发送/接收数据,以及该端点没有被攻陷(例如,一个正在发送大流量 DDoS 攻击数据的自动程序的情况)。云平台需要保护其进出口点,从而对数据异常进行检测,并且保护机器对云端的通信过程。

六、安全设备管理

大部分 IIoT 部署方案中都至少会有数千台互联设备(如果不到百万级的话)。对这些设备的规模化管理,是大部分 IoT 云提供商所提供的核心功能之一。设备的端到端生命周期管理包括安全准备、身份与访问控制、配置管理、设备健康状况的远程监控,以及闲置设备清理。一个自动设备准备服务会对具有地理上不同 PoP 的新设备进行注册、管理设备配置、通过推送 OTA 补丁和更新来保护设备,同时在设备重新连接或迁移时让其重新准备。

为了实现对设备状态信息和健康状况数据安全且有效的访问,以及为分析和业务应用部署创造便利条件,云端需要为每台设备维护一份虚拟副本。不同的云平台会赋予这份副本不同的名称,如"数字或设备孪生体""设备影子"等。云端和边界的数字副本与物理设备实现了准实时的状态同步。这种机制让我们能够更好地审视设备状态、安全态势、其软件/固件版本,以及设备健康状况。

图 4-13 展示了利用数字孪生体实现的安全设备管理和设备健康状况监控。

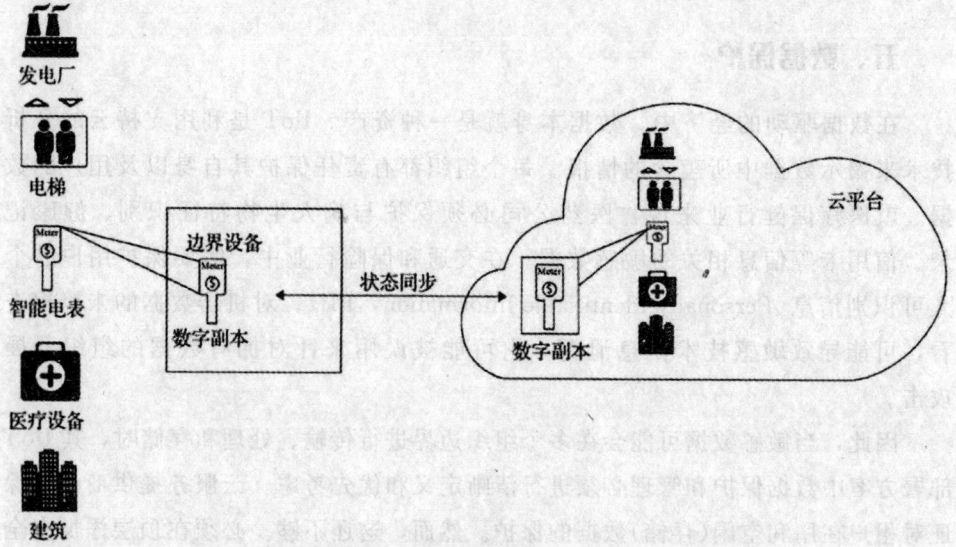

图 4-13　边界和云端与物理设备状态同步的数字副本

第五章　工业物联网核心技术——云计算

第一节　云计算概述

边缘计算是在云计算技术和大数据技术的基础上发展起来的。想要理解边缘计算技术，首先需要了解云计算技术。

一、云计算的定义

"云计算"这一名词自 1996 年首次出现以来便受到广泛关注。随着该技术发展愈发成熟，其定义也逐渐明确。

从运营角度来看，云计算是"一种将可伸缩、共享的物理和虚拟资源池以按需自助服务的方式供应和管理，并提供网络访问的模式"。

根据美国国家标准技术研究所的定义，云计算是"一种模型，用于实现对可配置计算资源（例如 CPU 资源、内存资源、硬盘资源、网络资源等）的共享，实现无处不在的、方便的按需供应和访问，这些资源可以通过最少的管理工作快速配置和发布"。

云计算具有以下 5 个特征。

1. **按需自助服务**

无须通过与云服务商进行详细的业务沟通，用户可以自行选择所需要使用的资源。

2. **广泛的网络访问**

用户可以通过各种互联网的入口访问云资源，如手机、平板电脑、笔记本电脑、工作站等。

3. **资源池化**

云服务商将其所有资源汇集起来，再根据用户的不同需求，动态地为用户分配不同的计算资源。

4. 快速弹性

用户可以根据其对计算能力需求的变化向云服务商快速地申请和释放大量计算资源。

5. 可测量的服务

云服务商可以实时地监测用户对其资源的使用情况，据此进行计费，并优化资源利用效率。

二、云计算支撑技术

云服务商为了向用户提供各类服务，需要多种技术提供支撑，主要有资源虚拟化技术、分布式数据存储技术以及并行计算技术等。

1. 资源虚拟化技术

为了能够让用户方便且个性化地使用各种云资源，首先需要对云服务商的所有设备进行虚拟化。一般而言，其主要任务有 CPU 虚拟化、内存虚拟化和 I/O 虚拟化。

虚拟化技术通过设置一个虚拟化层来实现，该层又被称作虚拟机监视器（Virtual Machine Monitor，VMM）。根据底层操作系统的角色不同，其实现结构主要分为 Hypervisor 模型和宿主模型。在 Hypervisor 模型中，VMM 是扩充了虚拟化功能的操作系统；在宿主模型中，VMM 是宿主操作系统中独立的内核模块。

同时，云服务商还需要对虚拟化资源进行管理，主要包括对虚拟化资源的监控、分配和调度等。

2. 分布式数据存储技术

与传统上将数据存储于本地不同，云服务商将数据分散存放在部署于世界各个位置的服务器中，这就对数据存储方案提出了较高的要求。

分布式数据存储技术主要分为分布式文件系统、分布式对象存储系统和分布式数据库管理系统 3 种类型。

（1）分布式文件系统是一种基于网络、在多台设备上共享文件的系统。它具有高容错性，即使部分节点失效，它也可以确保数据不丢失。它是分布式数据存储的基础。常用分布式文件系统方案包括：GFS 系统，以及 Hadoop 基于 GFS 开发的开源 HDFS 系统。它们构建的集群都具有高度可扩展性，能够提供对数据的高性能访问服务。

（2）分布式对象存储系统主要存储非结构化数据。它可以在存储数量增长时更有效地将元数据平衡地分布到多个节点上。从理论上讲，它能够提供无限的可扩展性。如 Amazon S3 业务，该业务可以让不同行业和规模的客户存储不同数据量的数据，并提供存档、备份、还原等功能。

（3）分布式数据库管理系统通过网络将物理上分散的多个数据库单元连接起来，在逻辑上形成一个整体，主要用于存储和处理海量结构化数据。由于其分布式特点，它在做平行任务处理时可以达到很高的效率。然而，分布式数据库需要在规定时间内完成所有单元的同步，也导致了数据处理和管理的复杂度较高等问题。

3. 并行计算技术

云计算的一大优势就是可以将巨大的计算任务分解，并使用低算力节点以极低成本完成计算任务。这就需要使用优秀的并行计算方案来驱动。在云计算环境中，常用的方案有 MapReduce 模型和 Dryad 模型。

云计算的关键任务有以下几个方面。

（1）任务划分。即如何更加优化地分解巨大的运算任务。

（2）任务调度。在云计算环境下，如何尽量通过本地化降低通信开销是一个重要问题。MapReduce 和 Dryad 都将分解后的存储和计算任务部署在同一个节点上，使得大部分数据能够本地读取，降低了对带宽的需求。

（3）容错机制。容错主要指在部分节点失效的情况下计算仍能够正确执行。在云计算环境下，低成本主机产生运行异常应被当成常态进行处理。如果产生错误，系统需要检测并隔离出错节点，再调度分配新节点接管出错节点的计算任务。

三、云计算服务模式

如图 5-1 所示，云计算的产业模式主要分为软件即服务（Software as a Service，SaaS）、平台即服务（Platform as a Service，PaaS）和基础设施即服务（Infrastructure as a Service，IaaS）3 种类型。这也相当于云计算的 3 个分层，软件即服务在最下端，平台即服务在中间，基础设施即服务在最顶层。云服务的 3 种模式是对资源不同程度的抽象，通过这 3 种类型的服务，云服务商可分别为用户提供不同层次的服务。

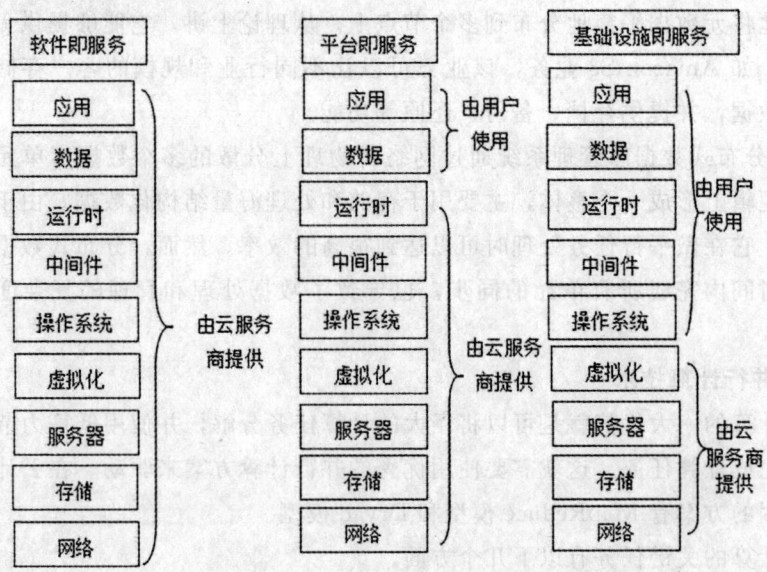

图 5-1　云计算服务模式分层

国际云服务商主要有微软公司、亚马逊公司等，国内云服务商主要有阿里巴巴公司、腾讯公司、百度公司等。

1. Saas

SaaS 是可以提供软件服务的一种应用模式。在该模式中，用户通过网络请求云端的软件提供服务，而无须在本地安装全部执行代码。用户通常可通过精简的客户端或经网页浏览器来访问云端服务。

与传统软件模式相比，随着联网成本的降低以及网络接口标准化的发展，SaaS 模式极大地降低了软件的更新成本，云服务商只需更新云端服务软件即可。然而，将大部分数据放在云端的模式不但降低了系统的安全性，而且提高了延迟。SaaS 层关键的技术有 Web 服务技术和互联网的应用开发技术等。

表 5-1 展示了主流的 SaaS 业务。

表 5-1　主流 Saas 业务

业务名称	面向人群	业务描述
Microsoft Dynamics CRM	企业	是一个侧重于销售、营销和服务的客户关系管理软件包
Salesforce	企业	是一个按需定制的软件服务。拥护每个月需要支付类似租金的费用来使用网站上的各种服务，这些服务涉及客户关系管理的各个方面

续表

业务名称	面向人群	业务描述
Office 365	企业	是一个基于 Microsoft Office 套件的云端办公室方案,包括线上会议、管理右键、建立小组沟通等
G Suite	企业/个人	是一套具有协作能力的办公工具和软件,包括邮件、实时通信、云端存储、文档协同编辑等
iCloud	个人	是一个云端存储和云端计算服务。用户能在 iCloud 中存储音乐、照片、App 数据、文件、联系人和日历等,并将其推送到用户所有支持 iCloud 同步的设备上
Adobe Creative Cloud	企业/个人	是一套包含平面设计、视频编辑、网页开发、摄影应用的云端套装软件

2. PaaS

云安全的标准化组织云安全联盟(CSA)给出的 PaaS 定义如下:以服务的方式交付的计算平台和解决方案包。PaaS 服务消除了购买、管理底层硬件和软件以及部署这些主机所带来的成本和复杂度,使应用的部署变得更容易。

在该模式中,云服务商将软件研发的平台做成一种服务对外提供,如提供虚拟服务器和操作系统。消费者能控制部署的应用程序,也可能控制运行应用程序的托管环境配置,但不掌握操作系统。PaaS 层中关键技术有海量数据处理技术和资源管理与调度技术等。

表 5-2 展示了主流的 PaaS 业务。

表 5-2 主流 PaaS 业务

业务名称	业务描述
Google App Engine	是一个开发、托管网络应用程序的平台,用户可在全托管式的平台上构建和部署应用
AWS Lambda	是一项计算服务,可使用户无须预配置或管理服务器即可运行代码
Heroku	是一个支持多种编程语言的云平台,它允许开发者完全基于云来创建、运行应用程序
Azure App Service	可供用户使用如 .NET 等常用框架在任意操作系统上快速地创建、部署和运行网络应用

续表

业务名称	业务描述
OpenShift	可供用户创建网络应用。开发者可以使用 Git 在平台上发布自己的 Web 应用程序

3. IaaS

IaaS 提供的是基础设施层面的服务。云安全联盟给出的 IaaS 定义如下：消费者能够获得处理能力、存储、网络和其他基础计算资源，从而可以在其上部署和运行包括操作系统和应用在内的任意软件。消费者不用管理云基础设施，但可以控制所购买的存储资源、所安装的操作系统及所部署的应用，也可以控制或管理部分网络组件（如防火墙）。在该模式中，消费者可以通过调用接口或者登录网页使用云服务商提供的基础计算资源，如处理能力、存储空间、网络组件（防火墙、负载平衡器）等。常见的 IaaS 业务就是虚拟机的租用服务。国际 IaaS 服务商主要有亚马逊公司和微软公司。国内 IaaS 服务商则主要有阿里巴巴公司、腾讯公司和百度公司等，它们主要提供虚拟机租用服务。

IaaS 层的关键技术有数据中心管理技术和虚拟化技术。IaaS 层是云计算核心服务的基础层，数据中心对 IaaS 层又至关重要，因此数据中心的资源规模和可靠性对云服务有着重要的影响。数据中心网络设计技术和数据中心节能技术是构建高效、节能、可靠的数据中心的主要技术。此外，数据中心为云计算提供了海量的资源，为了实现对基础设施服务的按需分配，需要虚拟化技术来支持。

四、云计算部署模型

随着云计算的发展，在实际应用中出现了 3 种不同的云模式：公共云、私有云和混合云。

1. 公有云

公有云由第三方提供，用户可以通过 Internet 对公有云进行使用。多个用户可以通过云服务商共享系统资源。在公有云中，用户不用自己搭建或部署环境就可以享有丰富的资源和服务。使用公有云服务的成本比较低，甚至有些是免费的。对于一些小企业来说选择这种服务模式有很多好处。

（1）它们不用花费资金去购买基础设备，降低了开发成本的同时还可以享受很专业的服务和丰富的资源。

（2）它们可以按需申请相应的服务，当规模扩大需要更多的服务时，直接向云服务商申请即可。

(3)当有技术更新时，企业可以随时向云服务商提出升级要求，不用考虑硬件资源的问题。

但是公有云的缺点是不能确保数据是安全的，可能存在用户隐私泄露。私密性要求高的企业一般不会选择公有云。

2. 私有云

私有云是为某个用户或者企业单独使用而构建的。私有云的运作方式和公有云类似，但企业必须自己设计数据中心、网络和存储设备等。企业可以在私有云上部署它们自己的防火墙，这样保障了一些关键性数据和用户隐私的安全，缺点是这样做的成本费用就会很高。

3. 混合云

混合云结合了公有云和私有云两种服务模式。利用两种服务的优点。提供灵活的服务。对于安全问题，用户可以将关键的数据放在私有云上。当数据剧增或者私有云负载过重时，就可以申请公有云服务。这样做的缺点是在公有云和私有云共同使用的时候，必须有统一的标准接口，但这样会增加维护的难度。

五、云计算存在的问题

随着云计算的快速发展，一些亟待优化的问题也逐渐暴露了出来。这些问题主要体现在以下几个方面。

1. 可用性有待提高

近年来，每当云服务商的服务器集群发生失效问题时。其所造成的经济损失都是巨大的。为了保证有效地为大量用户提供高质量的服务，云服务商必须首先保证其物理设施的高可用性。

2. 数据的一致性较弱

由于同时使用部署在全球多个位置的服务器，所以如何保持不同位置的多集群之间的同步，使各个位置的用户及时获得相同的内容变得非常具有挑战性。

3. 接口标准性较差

接口标准性较差主要表现在两个方面：首先是云服务商的运营标准不同，难以对相似业务做出比较，导致竞争混乱；其次是不同厂商提供的 API 不同，提高了用户更换云服务商的成本。

4. 信息保密及法律法规问题

传统法律管辖权理论主要以地域和国籍为基础，基本上都对个人数据的跨境流动做出了严格的限制。然而云计算与这种传统的法律模式存在矛盾。如果隐私保护法律对云计算进行地域限制，会束缚它的服务功能和效果，有违云计算的内在特性；如果对其毫无限制，又会使频繁进行跨境传输的个人数据处于失控状态，不能有效保护数据主体的权益。因此，云计算对传统的隐私管辖权理论提出了严重的挑战。如何在遵守当地法律的情况下保证其用户数据的私密性，不仅需要云服务商对其服务做出定制性的修改，也需要国家层面加速相关法律的制定和落实。

六、云计算的发展趋势

自云计算诞生以来，其相关产业一直以超高的速度发展。云计算重新定义了服务模式，软件即服务（SaaS）、平台即服务（PaaS）和基础设施即服务（IaaS）的采用率将以不同的增长率持续增长。据 Gartner 预计，至 2020 年底，全球云计算规模有望达到 3546 亿美元。

目前来看，全球的云计算服务已经被几家巨型互联网公司垄断，规模效应凸显。尤其在 IaaS 领域，市场基本已经被瓜分完毕。不过随着各大云服务商对开源达成了共识，其各种业务的创新性依然高涨，各种新技术层出不穷。

此外，也可以让云计算与 5G、机器学习、物联网相结合，在各个领域发挥其低成本、高定制化的优势。

1. 5G 移动云计算

在面向 5G 的移动通信时代，移动云计算将成为其创新性服务技术的典型代表。结合 5G 移动通信技术，移动行业内部的基础设施、应用资源、数据存储等方面均会产生巨大的变革。5G 提供的远端智能计算服务，结合无线接入网技术，可以构建分布式移动计算网络，为移动用户提供更加丰富的应用以及更好的用户体验。

2. 机器学习

近年来，随着信息产业的高速发展，人们可以收集到的数据量以指数级增长。传统的机器学习算法由于受到机器内存的限制，不能有效地处理大规模的数据。因此，将机器学习和云计算平台相结合，利用云计算提供的低成本大规模计算机集群来为机器学习提供所需的存储空间和计算能力，就可以实现高效训练大规模数据的目的。

3. 物联网

物联网技术的发展必须依赖高效率低成本的存储和计算技术，云计算技术的优势即在于此。因此，云计算是物联网发展的重要基础。除了传统的通过无线传感器、射频识别等智能设备搜集及整理数据和信息然后传递到云计算平台的物联网方案，近年来也兴起了将计算能力前移的边缘计算技术。随着边缘计算和云计算的结合日益紧密，物联网产业也将迎来新的变革。在未来，云计算能力将不会再被当成物联网设备的一个突出特点，而会变成一种基本属性，融入生活的各个方面，从而发挥其巨大的潜力。

第二节　上云的挑战：错误预期

企业都期望通过上云带来收益，不同的人群，对于上云有不同的预期，以下是一些常见的想法。

"我认为企业应用上云后，将大幅降低成本。"

"我认为将应用上云后，只要选择大品牌云计算厂商，安全方面以及系统可靠性方面的问题都将迎刃而解。"

"云计算是大势所趋，盘点下目前公司组织人员能力和所有应用系统情况，我们应该在接下来的一年时间里，实现所有的应用切换到云，哪个部门如果没有完成目标，向负责人问责。"

"云计算是企业数字化的必经之路，完成所有企业应用上云，我们企业就实现全面数字化了。"

这些话是不是似曾相识。有人把云计算奉为解决问题的灵丹妙药，上云包治企业百病，而忽视了自身的经营问题、生产问题、研发问题。有人认为云计算是绝对安全可靠的，只要上了云，应用系统安全性与可靠性问题就都解决了。有人认为应该做大做全，一次性完成企业上云，而不是循序渐进，否则何时才能见到规模化效应。有人认为企业上云将大大降低成本，把可见的账算一下，效益很容易出来了，而忽视了企业应用程序有可能需要重写，需要使用云厂商提供的新工具，才能部署到云中。还有些人认为企业上云就完成了数字化转型。

云计算是一种伟大的商业模式，对于许多公有云用户而言，只需要在页面上完成几步申请，几分钟后就能够立刻拥有开发与部署应用所需要的资源，这种感觉和体验，在以前是无法想象的。云计算在技术方面也有着较多的创新，很多基础技术在云计算之前就一直存在，例如虚拟化、容器、面向服务架构和软件定义网络等。云计算围绕它的5个特征，促进某些技术不断进步，有些是飞跃式的，同时也催生了一些新的技术和理念。

云计算的价值是巨大的，这一点毋庸置疑。大众热捧一项技术，就很容易神化它,导致走向极端——认为技术是万能的。云计算如此,人工智能如此,工业物联网亦如此。而一旦发现新技术引入后并没有如预期般的效果,转而开始抨击和质疑,并片面地得出"×××不过如此"的结论。其实稍微理性的人就应该具备常识,技术不是万能的,别人的成功,到你这里并非照搬就能成功。

对于云计算而言,企业现有的系统架构、组织变革的准备程度、企业经营问题,这些对于拥抱云计算的成功同样非常关键。说得再直接一些。如果云计算只是换了种更高效的方式提供基础设施,而管理层却希望通过上云解决企业目前面临的种种经营问题和生产问题。这现实吗?下面针对最开始的几种声音,逐一剖析。

一、企业数字化转型

企业数字化转型是一个非常大的课题,它涉及企业的方方面面,只有企业对其业务进行系统性梳理、彻底的(或重大的)重构,而且对组织活动、流程、业务和员工能力的方方面面进行详细定义,才有可能成功实现转型,它不单纯是 OT 技术或 IT 技术的升级。比如研发制造型企业,早期有些公司决策层认为只要引入 ERP,再上定制化 MES,就实现全面信息化了。到了云计算这里,它们同样的思路,认为把企业应用全部上云,再用一些 SaaS 软件,企业就全面数字化了。这种想法有点幼稚,或者说是盲从。信息数字化、流程数字化和业务数字化,前提是企业明白数字化的方向在哪里,以及企业所面临的问题、瓶颈短板、增长乏力的原因。

二、大幅降低成本

云计算可以有效降低成本,无论是中小企业全面上云,还是大企业采用混合云(充分利用公有云的弹性特点),已经有非常多成功的案例。如果应用在最初阶段就按照云计算的架构和理念进行设计,上云将带来很大的收益。如果是现有的应用迁移上云呢?有关云计算的常见误解是认为将应用迁移至云端是降低成本的有效方法,事实往往相反。实际上,只有一部分的应用程序能够以其现有的架构迁移到云端,而很多传统软件的架构,设计之初就是运行在企业内部,如果是多年前开发的软件,技术栈有可能对原来的物理环境有强依赖关系,而且软件并不具备按需扩展或缩减的能力。对应用的迁移,极有可能导致整个软件重构或进行较大再造工程,这无疑带来风险和成本投入。

令开发人员和架构师头痛的另一个挑战是处理系统的状态,云计算的特点是无状态的，即服务端不存储状态，由于在客户端而非服务端存储应用的状态，因此对基础设施没有依赖性，某个服务器实例挂了或者过载了，可以快速切换到其他实例。而遗留应用程序的底层架构如果是有状态的，从有状态切换到云计算的无状态就非常困难甚至不可行了。并非每一个问题都牵扯云计算，如果应用运行正常，也不需要扩容或缩减，并且企业已经支付了一次性投资的费用，很显然，上云反而增加了成本，保持现状也许是更好的选择。

三、安全性与可靠性无忧

关于安全，有两种观点，一种认为云计算是不安全的，不管出于什么原因，都不应该把数据存放在公有云上，持这种观点的人，通常会搭建私有云，而私有云并非是有效使用公司资源的好选择；另一种则认为公有云是绝对安全的，云计算厂商会为他们考虑所有的安全问题，安全漏洞是云计算厂商要解决的事情，尽管放心地将应用部署到云上就可以了。安全不是可以买卖的商品，而是需要在应用软件中计划和设计好的，多年来应用于数据中心安全方面的最佳实践也应当在云计算中使用。

对于大多数云计算厂商而言，安全是它们的核心竞争力。进一步，如果企业用户有着适当的安全架构设计考虑，公有云会比大多数本地数据中心更安全。关于可靠性，和安全一样，是需要选择策略的。不论哪一种云计算服务模式，都有可能出现服务中断的情况，问题的焦点不在于是否会出现服务中断，而是当服务中断时，企业的应对措施是什么，如何将其对业务的影响降至最低。

对于 IaaS 模式，企业需要考虑系统容灾设计，云计算厂商的服务器资源分散在多个可用区，这些可用区物理上分散在不同的地域，如果企业用户在设计之初就将应用部署在不同的可用区，将大大提高系统的可靠性。假如某云计算厂商提供的服务等级协议（Service Level Agreement，SLA）中，服务可用性为 99.95%，根据概率论统计学，理论上将应用部署在两个不同的可用区时，服务可用性将高达 $1-(1-99.95\%)\times(1-99.95\%)=99.999975\%$。

对于 PaaS 模式，由于使用了云计算厂商的栈组件，例如数据库，用户应当意识到选择这些服务的同时意味着放弃了某种程度的控制权，而供应商消失也意味着服务的消失，因此用户要确保无论何时，在云计算厂商之外，自己都具备数据访问和操作的能力，包括数据的备份与存储。

四、大踏步前进，短期全面切换上云

从零开始建设新系统的初创企业，上云的障碍并不大。对于经营已久的大公

司，尤其是具有大量基础设施和IT人员的公司，如果在云计算方面的经验甚少，决策层一句口号，要求一年内公司所有业务系统全面切换上云，这种大跨步的方式，忽略了技术演进的客观规律，也忽视了它将对企业商业流程和组织带来的影响。

云计算是按需付费的，类似于移动通信领域运营商账单结算模式，传统的数据中心建设需要购买物理资产，软件方面需要一次性支付软件许可费用，云计算将打破企业原来的采购流程。技术方面我们已经有讨论，有些应用并不适合迁移上云，或者说迁移的代价和风险非常之大，一刀切并非好的选择。另外存在非技术层面的因素，例如在新技术出现时，很多人的第一反应是拒绝和排斥，担心多年沉淀的技术积累，将丧失用武之地并被淘汰，这要求组织内部进行充分的沟通和宣导，确保组织已经为新技术的引入做好准备。

第三节　虚拟化技术

虚拟化技术是云计算的基础，没有虚拟化，就无从谈起资源池化和快速弹性。虚拟化技术从数据中心时代开始。云计算基础设施之中，计算、存储、网络，都可以虚拟化。虚拟化是一种资源管理技术，它将计算机的各种实体资源如CPU、内存、磁盘空间和网络适配器等予以抽象，转换后呈现出可供分制割、组合的逻辑资源。对于一台计算机。可以简单地划分为三层，从下到上依次是物理硬件层、操作系统层和应用软件层，如图5-2所示。

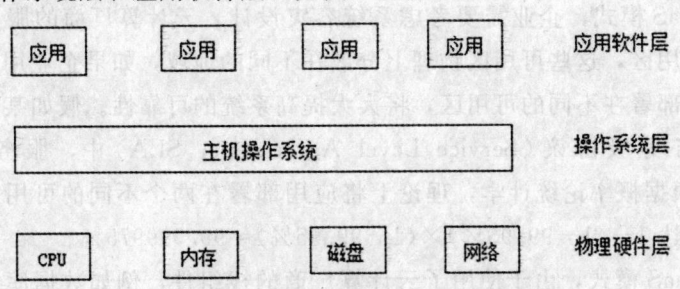

图5-2　计算机简单三层结构

虚拟化技术可以在同一台物理服务器上虚拟出多台服务器，或者多台服务器通过虚拟化的方式形成一个资源池——资源集群（Resource Cluster），能像IT资源那样进行操作。虚拟化技术的实现是在系统中加入一个虚拟化层，将下层的资源抽象成一种软件可编程的逻辑资源，供上层使用。虚拟化技术可以将单个CPU模拟为多个CPU，允许一台服务器同时运行多个操作系统，并且操作系统之上的应用程序可以在相互独立的空间内运行而相互不影响。它就像一个仿真器，使得上层应用以为它是在和真实的硬件打交道。

虚拟化层又称作虚拟机监控器(Virtual Machine Monitor，VMM)，而它更耳熟能详的名字是 Hypervisor。目前，市场上存在多种虚拟化技术，如 VMware vSphere、微软 Hyper-V、开源 Xen/KVM，以及 LXC/Docker 容器技术等。如何实现对计算机底层物理资源的虚拟化分割呢？Hypervisor 有两种技术方案，分别是 Type-Ⅰ型和 Type-Ⅱ型。Type-Ⅰ型直接运行于裸机上，使用和管理底层的硬件，并构建出多个隔离的操作系统环境，例如 Xen。对于 Type-Ⅰ型，硬件设备的兼容性由 Hypervisor 来实现，优势是它更高效，不需要宿主操作系统中间环节，裸金属服务器是 Type-Ⅰ型虚拟化的应用，如图 5-3 所示。

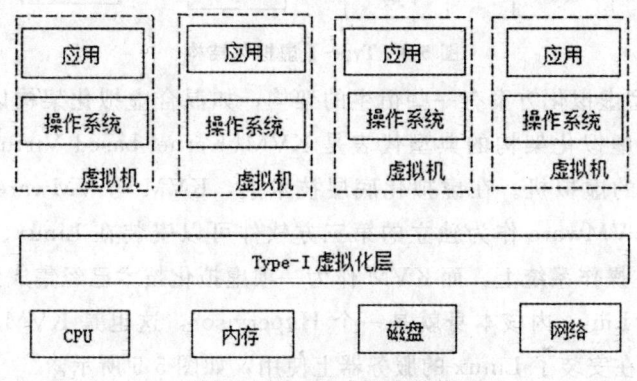

图 5-3　TypeⅠ虚拟化结构

Type-Ⅱ型指 Hypervisor 与硬件之间，还有一层宿主操作系统(Host OS)，客户操作系统(Guest OS)对硬件的访问需要经过宿主操作系统，来自客户操作系统的硬件调用需要穿越多个层级，因而带来了额外的开销。好处是 Hypervisor 可以充分利用宿主操作系统提供的设备驱动和底层服务来进行内存管理、进程调度和资源管理等，如图 5-4 所示。VMware Workstation 属于 Type-Ⅱ型。

非虚拟化环境下，操作系统根据实际硬件进行相应配置，当硬件发生变化时，操作系统需要重新配置，在硬件平台上直接配置操作系统以及安装应用软件会导致许多软硬件之间产生依赖关系，而虚拟化则是一个转换过程，它对物理资源进行抽象，标准化为基于软件的资源，就像软件一样可编程调用，做到硬件无关性，解决了硬件兼容性的问题。如此应用软件才能够比较容易地迁移，虚拟资源的复制操作也将比复制物理资源要简单得多。

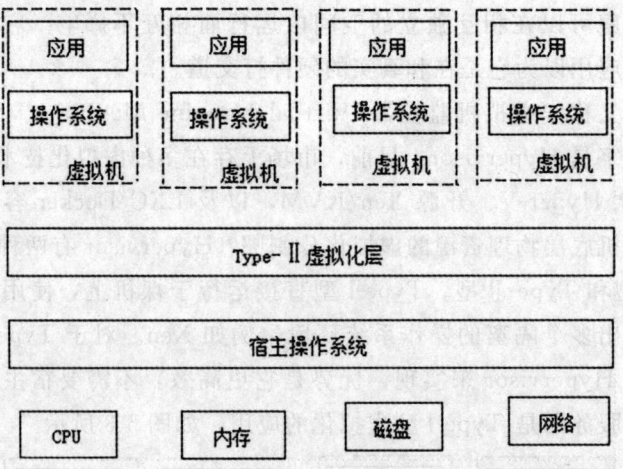

图 5-4　Type-Ⅱ虚拟化结构

Type-Ⅱ型虚拟化方案有一些衍生的架构，如混合虚拟化架构以及容器虚拟化架构。混合虚拟化架构的典型代表是 KVM(Kernel-based Virtual Machine)，意为基于内核的虚拟机。在虚拟化底层技术上，KVM 与 VMware 后续版本一样，不同的是 VMware 作为独立的第三方软件可以安装在 Linux、Windows 和 macOS 等宿主操作系统上，而 KVM 作为一项虚拟化技术已经集成到 Linux 内核中，可以认为 Linux 内核本身就是一个 Hypervisor，这也是 KVM 名字的含义，因而 KVM 只在安装了 Linux 的服务器上使用，如图 5-5 所示。

容器虚拟化架构是对 Type-Ⅱ性能方面的改进，如图 5-6 所示，容器共享宿主操作系统的内核，不再有客户操作系统，相对于虚拟机，容器更加轻量级。

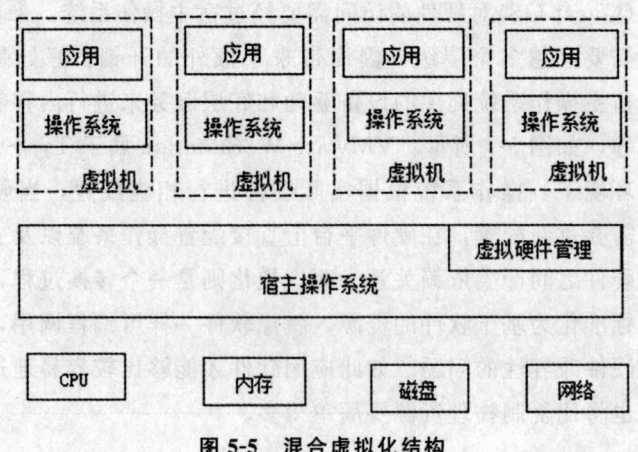

图 5-5　混合虚拟化结构

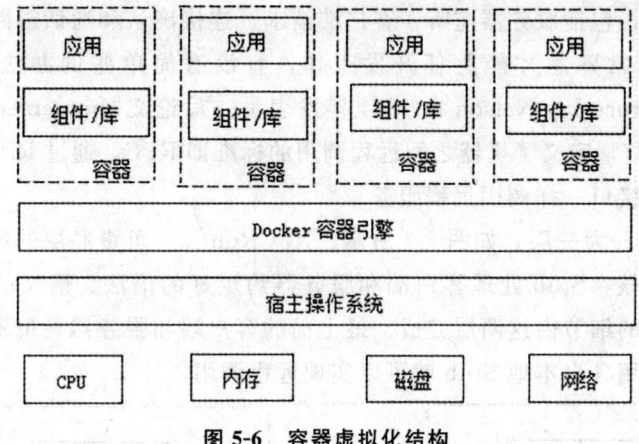

图 5-6 容器虚拟化结构

第四节 服务化

云计算的一个重要特征是服务化,各种基础设施、栈组件和应用软件,都通过网络以服务的形式提供给用户。什么是服务,服务的形式是什么?这要从远程过程调用(Remote Procedure Call,RPC)和面向服务架构(Service Oriented Architecture,SOA)说起。

一、远程过程调用

服务是一种经过抽象的理念,在计算机编程世界里,服务有两个重要特征——自治和管制。自治代表服务不能被外部牵制,比如一个服务内部处理过程中需要调用外部资源或等待外部流程结束,这种等待不能影响服务本身的调用。由于所调用服务可能来自其他系统,因此服务可能归属不同的部门或者不同的公司。服务是受管制的。为了保持服务自治,在涉及系统之间调用协调时,经常采用异步机制。

对于分布式系统如数据中心和云计算平台,离不开基于网络的进程间的远程通信。在网络世界里、实现不同机器进程之间远程通信的基础方式,便是基于TCP或UDP的套接字(Socket)编程,以实现调用方和被调用方。套接字可看作不同机器间进程双向通信的端点,它是网络环境中进程间通信的 API,Socket 以IP 地址和端口号标识。从 OSI 参考模型来看,Socket 介于网络传输层和应用层之间,是应用程序和网络协议交互的接口。

Socket 编程相对难度高一些,如果每一次机器之间的通信,程序员都要手动处理很多逻辑，包括服务器监听、客户端请求、连接确认和通话链路保持等，要对网络技术非常熟悉才能胜任开发工作，有没有简单些的办法呢？Andrew D. Birrell 和 Bruce Jay Nelson 在 1984 年发表了一篇论文"Implementing Remote Procedure Call"，定义了机器之间远程调用的标准即 RPC，通过 RPC，客户端可以像调用本地接口一样调用远程服务。

RPC 框架分为三层，如图 5-7 所示。RPCRuntime 负责底层的网络传输，也就是套接字内核，Stub 处理客户端和服务器约定好的语法、语义的封装和解封装，远程调用的细节由这两层完成。最上面的客户端和服务器只负责处理具体的业务逻辑，调用各自本地 Stub 就可以实现远程调用。

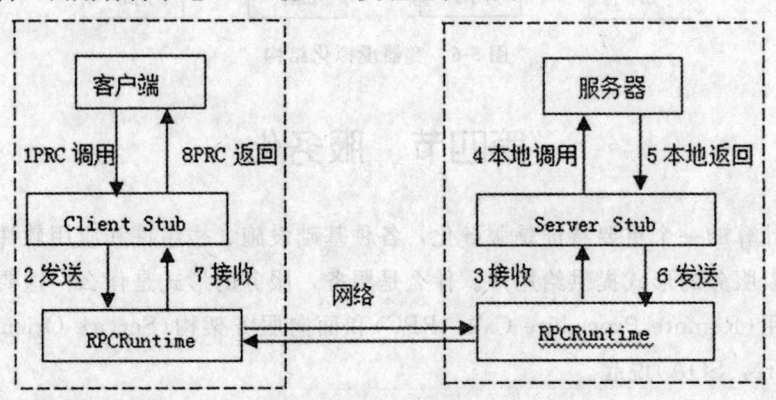

图 5-7 RPC 调用过程

一个 RPC 框架需要包括协议约定、网络传输和服务发现三部分。协议约定定义了远程过程调用的语法，包括如何传参。网络传输指网络发生错误、丢包或者出现性能问题时如何处理，应对机制是什么。服务发现指客户端如何知晓服务器有哪些服务可调用，从哪个端口访问。有了 RPC 框架，调用一台远程机器上的接口代码和利用本地方法调用代码看起来没什么区别，从而降低了分布式系统开发的难度。于是陆续推出了很多 RPC 框架，如 SOAP、gRPC 以及 REST。与 SOAP 和 gRPC 相比，REST 不算是一种 RPC 架构，也不是一种协议，而是一种架构风格，基于 RESTful 风格也能实现客户端与服务器之间的通信，REST API 简单直接，目前已成为互联网应用的标准接口之一。

二、面向服务架构

面向服务架构是一种思想，一种架构理念。它的提出是将耦合的系统划分为松耦合的粗粒度的无状态服务，服务发布出来供其他服务调用，一系列服务构成了 SOA 架构下的系统。对松耦合系统的诉求来自这样一个事实，业务应用程序须随着业务发展而变得更加灵活，以适应不断变化的市场，例如经常变更的政策、业务优先级、合作伙伴关系及其他与业务相关的因素，这些因素甚至影响到业务性质。业务客户一般注重软件的功能，不同系统之间的数据交换也是以功能性服务接口为主，面向服务架构更加贴近业务，并适应业务合作伙伴之间的流程整合。

SOA 架构理念将应用程序的不同功能单元（称为服务）进行拆分，并通过这些服务之间定义良好的接口和协议联系起来。接口采用中立的方式定义，即独立于实现服务的硬件平台、操作系统和编程语言。这使得在构建各种各样的系统时，服务之间能够以一种通用的方式进行交互，实现数据互通。

SOA 的本质是服务的集合，服务间彼此通信，这种通信可能是简单的数据传输，也可能是多个服务之间相互协调以实现某个复杂功能。回到服务是什么这个问题上，所谓服务就是精确定义、封装完善并独立于其他服务所处环境和状态的函数。后半句即服务自治理念。SOA 的关键特性是粗粒度、松耦合、服务之间通过简单和精确的定义接口进行通信、不涉及底层编程接口。

SOA 怎么落地呢？使用 RPC 样式架构构建的基于简单对象访问协议（Simple Object Access Protocal，SOAP）的 Web 服务（Web Service）以及 HTTP REST，是实现 SOA 的常用方法。Web 服务使用了 RPC 的 SOAP 框架，客户端将一个装满数据的信封（包括方法和参数信息）通过 HTTP 发送到服务器，信封作为 HTTP 报文的 Body 部分打包发送，服务器打开信封并使用传入参数执行指定的方法。将方法调用后的结果同样打包到一个信封并作为响应发回客户端，客户端收到响应并打开信封。上述流程其实就是 RPC 调用过程的一个完整示例，强调了接口与服务。

Web 服务包括 3 个关键部分——SOAP、WSDL 和 UDDI。SOAP 的协议约定部分采用 Web 服务描述语言（Web Service Description Language，WSDL），基于可扩展标记语言格式（eXtensible Markup Language，XML），WSDL 可看作 Web 服务接口的一种标准格式文档，它详细描述了该如何访问服务接口（RPC 框架的协议约定部分，定义了远程过程调用的语法，如何传参，此处 WSDL 即实际例子），客户端与服务器开发人员无须面对面交流，通过查看 WSDL 文档，客户端就知道如何去封装请求并调用服务了。

图 5-8 定义了 task 对象，包含 name、type 和 priority 三个元素。

```
1  <wsdl:types>
2  <xsd:schema targetNamespace="http://www.task.io/management">
3  <xsd:complexType name="task">
4  <xsd:element name="name" type="xsd:string"></xsd:element>
5  <xsd:element name="type" type="xsd:string"></xsd:element>
6  <xsd:element name="priority" type="xsd:int"></xsd:element>
7  </xsd:complexType>
8  </xsd:schema>
9  </wsdl:types>
```

图 5-8　WSDL 对象类型描述

SOAP 可以在多种应用层协议上传输，大多数情况下基于 HTTP，这导致很多人以为 SOAP 就是 HTTP+XML。SOAP 有个信封的概念，待交换信息就像一封信，包括 Header 和 Body 两部分，SOAP 的请求与回复都放在信封里传递。如图 5-9 所示，客户端通过 HTTP 发送请求并创建新任务，调用服务 addTask，并创建 task 对象的实例。

```
1   POST/addTask HTTP/1.1
2   Host:www.task.io
3   Content-Type:application/soap+xml; charset=utf-8
4
5   <?Xml version="1.0"?>
6   <soap:Envelope xmlns:soap="http://www.w3.org/2001/12/soap-envelope"
7   soap:encodingStyle="http://www.w3.org/2001/12/soap-encoding">
8     <soap:Header>
9        <m:Trans xmlns:m="http:www.w3schools.com/transaction/">
10        soap:mustUnderstand="1">12
11       </m:Trans>
12    </soap:Header>
13   <soap:Body xmlns:m="http://www.task.io/management">
14      <m:addTask>
15         <task>
16            <name>Write an article</name>
17            <type>Writing</type>
18            <priority>2<priority>
19         </task>
20      </m:addTask>
21   </soap:Body>
22  </soap:Envelope>
```

图 5-9　SOAP 信封通过 HTTP 传输

WSDL 描述了如何访问特定的 Web 服务，在互联网上，如何发现这些 Web 服务，客户端如何知道服务器提供了哪些服务？这就要用到 UDDI（Universal Description，Discovery and Integration），UDDI 用于描述、发现和集成 Web 服务，SOAP 的服务发现采用 UDDI 机制，它相当于一个注册中心，服务提供方将 WSDL 文件发布到注册中心，使用方可以到注册中心查找服务。UDDI 是一种目录服务，企业可通过 UDDI 注册和搜索 Web 服务。Web 服务体现了 SOA 架构思想，即服务化、协议标准化以及跨平台，如图 5-10 所示。

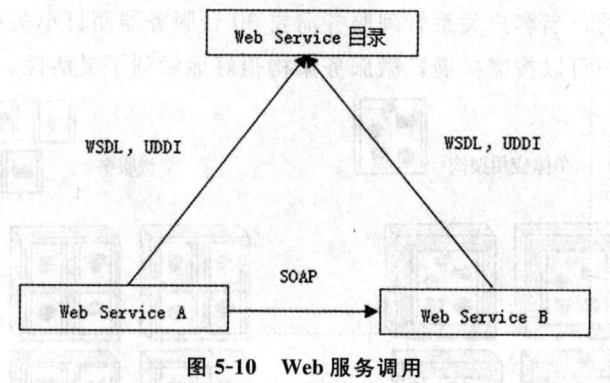

图 5-10 Web 服务调用

三、微服务

SOA 架构是一种粗粒度、松耦合的服务架构，它将耦合的系统划分为多个松耦合的服务，SOA 引入服务这个重要概念。而微服务架构将这个理念做了更进一步的延伸，微服务强调系统按业务边界做更细粒度的拆分，每个服务独立部署。业界有很多关于微服务与 SOA 区别的讨论，事实上，微服务和 SOA 一脉相承。2014 年 Martin Fowler 正式提出了微服务的概念，摘录 Martin Fowler 关于微服务的描述如下。

"In short, the microservice architectural style is an approach to developing a single application as a suite of small services, each running in its own process and communicating with lightweight mechanisms, often an HTTP resource API. These services are built around business capabilities and independently deployable by fully automated deployment machinery. There is a bare minimum of centralized management of these services, which may be written in different programming languages and use different data storage technologies."

简而言之，微服务架构是一种方法，它提倡将单一应用程序划分成一组小的服务，服务之间互相协调、互相配合。每个服务运行在独立的进程中，服务与服务之间采用轻量级的通信机制互相协作(通常是基于 HTTP 的 RESTful API)。每个服务都围绕着具体业务进行构建,并且能够被独立部署到生产环境中。

相对单体架构以整个系统为单位进行部署,微服务则以每一个独立组件(例如客户关系管理服务、订单服务分别为不同功能组件)为单位进行部署,微服务拥有独立部署和灵活扩展的优势。以一张经典图片为例,图 5-11 左侧表示单体应用架构,它将所有的功能打包在一起,当客户关系管理服务需要扩展 30 台服务器时,需要把订单服务等功能都进行同等规模扩展。对比微服务架构,由于每个组件独立部署,当客户关系管理服务需要 30 台服务器而订单关系只需要 10 台服务器时,用户可以按需扩展,微服务架构很好地做到了灵活性。

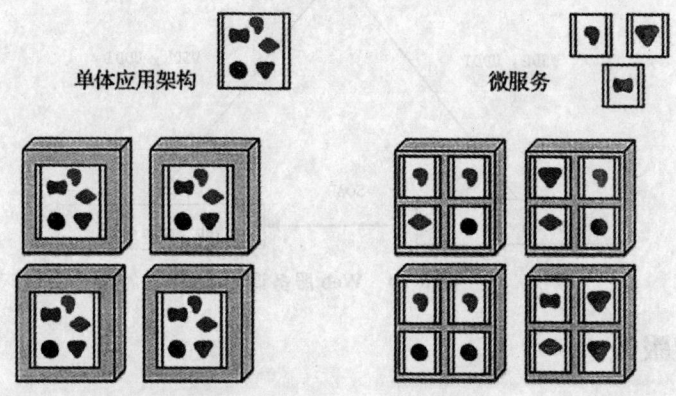

图 5-11 单体架构与微服务架构对比(经 Martin Foeler 和 James Lewis 授权引用)

微服务架构将单个应用组件化、服务化,并且具有以下特点。

(1)围绕业务拆分功能。

(2)研发人员交付的是组件产品,要对产品全生命周期负责,而非定制化项目的思维方式。

(3)每个微服务的功能经过精心设计,强内聚低耦合,对于外部请求,它能够做出判断并使用合适的逻辑处理与响应,服务与服务之间。并不需要非常复杂和智能化的通信管道机制,例如 RESTful API、RabbitMQ 等能够协作完成业务要求。

(4)去中心化的管理,每个微服务可用不同的语言开发,而不受限于某个框架。

(5)近几年流行的容器技术,为微服务架构提供了有效的载体。容器提供进程级的隔离,通过快速打包微服务应用程序及其依赖环境,以加速应用部署。简化后期运维。

还有一种云原生架构 Serverless,通常译为无服务。Serverless 无须考虑服务器即可运行代码,特点是通过事件触发方式,启动进程执行一个特定函数(一段后端代码),函数在规定时间内执行完成后,运行代码的进程随之销毁。代码的生命周期很短,公有云厂商会限制代码执行的时间,超出时间后执行代码的进程会被强制销毁。Serverless 和微服务并没有直接关系,即使两者有相似之处,例如都需要对业务进行拆分、强调无状态以及具有敏捷特性。微服务以服务为边界拆分业务,而 Serverless 以函数为边界拆分业务。微服务可以有跨调用的内存状态共享(不同请求之间),Serverless 要求调用彻底无状态化。像后端小程序识别一张图片、对一段音频/视频编解码、将客户提交的工单通过邮件方式通知客服人员等,都是 Serverless 的理想应用场景。由于 Serverless 要为每个请求启动一个进程,开销较高,因此不适合特别高并发的场景,Serverless 调用之间不能共享状态让编写复杂程序变得极其困难,Serverless 架构不会成为复杂应用的架构首选。

纵使设计千变万化,重要的是了解每种架构设计背后的原因及其适用场景,没有一招通吃,不应盲从,任何一种架构的设计都代表某种折中(All design is about tradeoff)。

四、RESTful 风格

在 RPC、SOA 及微服务中都提到了 RESTful。与 SOAP 和 gRPC 不同,REST(REpresen-tational State Transfer)不算是一种 RPC 架构,也不是一种协议,而是一种架构风格,基于 RESTful 风格同样能实现客户端与服务器之间的通信,RESTAPI 简单直接,目前成为互联网应用的一种标准接口。

基于 SOAP 的 Web 服务采用比较冗余的 XML 数据格式,而 REST 样式的 Web 服务使用 JSON(也可以用 XML),格式更加简洁易懂。对于 SOAP,它使用 HTTP 作为传输协议,协议约定(语法、参数)使用 WSDL 精确描述。对于 REST,它使用 HTTP 作为传输协议,协议约定方面没有严格规定。

XML 和 JSON 都使用结构化方法来标记数据,以一个简单示例做比较,如图 5-12、图 5-13 所示,用 XML 和 JSON 分别表示中国部分省市数据,JSON 相对简洁。简洁并非意味着 JSON 就比 XML 好,只是各自适用的领域不用。

RESTful 首次出现在 2000 年 Roy Fielding 的博士论文中[②],Roy Fielding 是 HTTP 规范的主要编写者之一。REST 是一组架构约束条件和原则,满足这些约

---

② 论文名为"Architectural Styles and the Design of Network-based Software Architectures"。

束条件和原则的应用程序或设计就是 RESTful，HTTP 是采用 RESTful 风格的典型代表。随着云计算和移动计算的兴起，许多企业愿意在互联网上共享自己的数据和功能，即给外部提供 RESTful API(RESTful 的 Web 服务)，而在企业内部，RESTful API 也逐渐成为实现 SOA 的重要手段之一。

```
1   <?Xml version="1.0"encoding="utf-8"?>
2   <country>
3       <name>中国</name>
4       <province>
5           <name>广东</name>
6           <cities>
7               <city>广州</city>
8               <city>深圳</city>
9               <city>东莞</city>
10          </cities>
11      </province>
12      <province>
13          <name>湖南</name>
14          <cities>
15              <city>长沙</city>
16              <city>岳阳</city>
17              <city>株洲</city>
18          </cities>
19      </province>
20      <province>
21          <name>贵州</name>
22          <cities>
23              <city>南昌</city>
24              <city>贵阳</city>
25          </cities>
26      </province>
27  </country>
```

图 5-12　XML 数据格式

```
1   {
2       "name"："中国"
3       "province"：[
4           {
5               "name"："广东"
6               "cities"：["广州""深圳""东莞"]
7           },
8           {
9               "name"："湖南"
10              "cities"：["长沙""岳阳""株洲"]
11          },
12          {
13              "name"："贵州"
14              "cities"：["南昌""贵阳"]
15          }
16      ]
17  }
```

图 5-13　JSON 数据格式

REST 最重要的原则是客户端与服务器之间的交互在请求之间是无状态的。应用的状态由客户端维护，服务器不存储任何状态。客户端到服务器的每个请求报文都必须包含理解请求所必需的信息，如果服务器在请求之间的任何时间点重启，客户端不会得到通知。此外，无状态请求可以由任何可用服务器回答，这十分适合云计算。

第五节　Docker 容器技术

在本章第四节介绍了各种虚拟化架构，包括 Type-Ⅱ 的衍生架构——容器虚拟化架构。虚拟机和容器诞生的初衷，都是为了更好地提高基础设施利用率，两者的区别在于：虚拟机是操作系统级别的资源隔离，而容器本质上是进程级的资源隔离。虚拟机是虚拟整个计算机，为了让虚拟机中的程序实现在真实物理机器上运行的效果，背后的 Hypervisor 要做大量的工作。

虚拟机中的应用程序可能只需要一个独立的运行环境，并不需要帮它虚拟出一个完整的计算机，基于此诞生了容器。从虚拟化架构最上层应用的视角来看，虚拟机虚拟的是计算机硬件（中间隔着客户的操作系统），而容器虚拟的是操作系统。一台物理机同时虚拟出数十个虚拟机是比较吃力的，而同时虚拟出数百个容器还是很容易的，虚拟机比容器的资源消耗要高很多。回顾虚拟化架构，没有了客户操作系统，容器虚拟化架构更加轻量化，如图 5-14、图 5-15 所示。

图 5-14　虚拟机架构

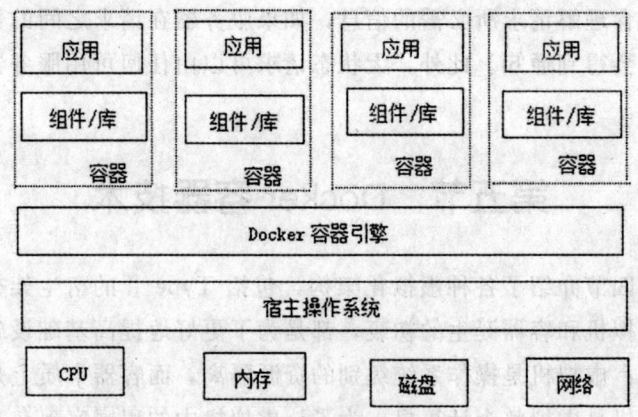

图 5-15 容器虚拟化结构

容器技术是一种轻量级的虚拟化技术，通过共享宿主操作系统内核创建多个虚拟的操作系统实例，来隔离不同的进程。不同实例相互隔离，彼此无感知。相比于虚拟机，容器没有自己的操作系统，而是通过容器引擎共享宿主机操作系统内核，从而减少运行多个操作系统的开销。

LXC(LinuX Container)是最早的容器技术，以 Linux 内核的 Cgroups 技术和 namespace 技术为支撑，隔离操作系统文件和网络等资源，在宿主操作系统上隔离出单独空间，将应用程序置于其中运行，这个空间的形态类似于一个容器将应用程序包含其中，故取名容器技术。

如今火热的 Docker 技术的底层原理与 LXC 并无本质区别，早期 Docker 是直接基于 LXC 的高层次封装。Docker 在 LXC 的基础上更进一步，最重要的是将应用程序运行所需的各个组件和依赖打包成镜像，便于移植和部署。尽管容器技术已经出现很久，直到 Docker 出现(Docker 之父 Solomon Hykes Docker 开源之后)才变得广为人知。Docker 是第一个使容器能在不同机器之间移植的系统，它不仅简化了打包应用的流程，也简化了打包应用的库和依赖组件的过程，甚至整个操作系统的文件系统能被打包成一个简单的可移植的镜像，这个镜像可以被用来在任何运行 Docker 的机器上使用。

Docker 容器技术的 3 个核心概念是镜像(Image)、镜像仓库(Repository)和容器(Container)。Docker 镜像提供容器运行时所需的一切，将应用程序及其运行所需的组件和依赖全部打包，成为一个镜像，而镜像仓库用于存储镜像。Docker 是创建容器的工具，是应用容器的引擎，基于 Docker 镜像创建容器。镜像和运行该镜像的容器之间的关系，就像编程中类和类的实例。一个运行中的容器就是一个运行在 Docker 容器引擎上的进程，但它和 Host 主机以及所有运行在主机上的进程之间都是隔离的。这个进程也是资源受限的，只能访问和使用分配给它的资源，如 CPU 和内存等。

Docker 典型的使用流程如下。

（1）开发者在开发环境机器上开发应用并制作镜像。Docker 执行命令，构建镜像并存储在机器上。

（2）开发者发送上传镜像的命令，Docker 收到命令后，将本地镜像上传到镜像仓库。

（3）开发者向生产环境机器发送运行镜像的命令，生产环境机器收到命令后，Docker 从镜像仓库拉取镜像到机器上，然后基于镜像运行容器。

如图 5-16 所示，这个流程就是构建、搬运、运行（Build、Ship、Run）。

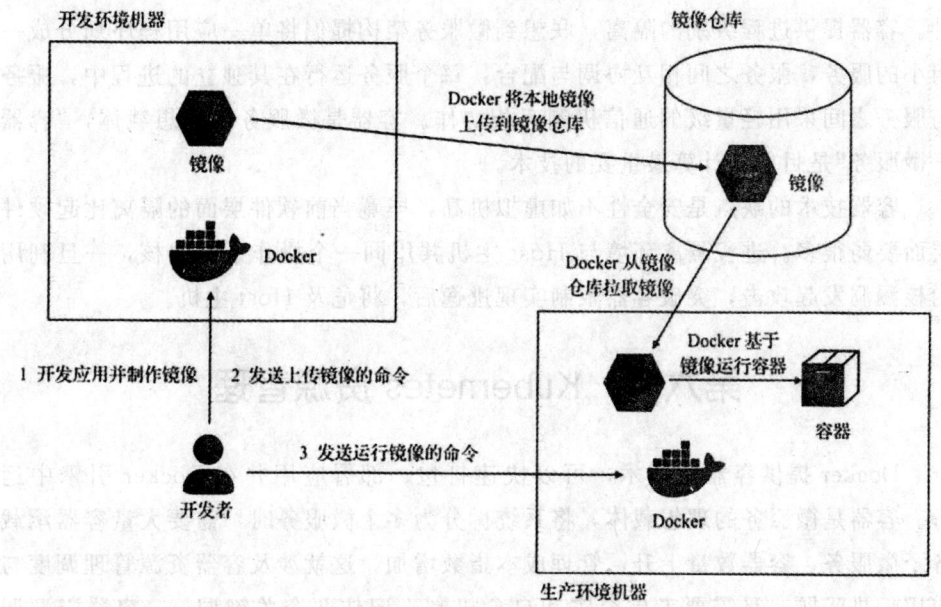

图 5-16　Docker 使用流程

应用程序的开发过程中，有一个常见问题是环境的一致性。由于开发环境、测试环境及生产环境不一致，导致有些问题并未在开发前期和测试阶段被发现。而 Docker 镜像提供了除内核外完整的运行时环境，确保了应用的运行环境一致性，迁移应用更加容易。Docker 可以在很多平台上运行，无论是物理机还是虚拟机，其运行结果是一致的。可以轻易将一个平台上运行的容器应用迁移到另一个平台上，而不用担心运行环境变化导致应用无法正常运行。容器真正实现了构建一次，到处运行（Build once，Run anywhere）。

初次接触容器时，大家会习惯把容器和虚拟机进行类比，称之为轻量级虚拟机。这种比较是有益的，人们能够快速理解容器。事实上，随着理解的深入，人们会发现容器和虚拟机严格来讲并不是一个层次的东西，容器就是"应用＋环境"的打包集合。无论是物理机还是虚拟机，都是基础设施的一种交付方式，虽然容器虚拟化架构中容器运行在物理机上，这种情况下容器和虚拟机是在同一个层次进行比对。但是容器并不受此架构限制。容器主要解决以软件为中心的问题，如开发、测试、部署、发布以及运行，它同样可以运行在虚拟机上，随着越来越多的企业上云，将 IDC 逐步迁移到云上，在虚拟机中运行容器已经成为一种实践惯例。

容器的启动时间在秒级甚至毫秒级，它通过容器引擎共享宿主机操作系统内核，从而减少系统开销，更高效地利用系统资源，而虚拟机启动通常需要数分钟。容器提供进程级别的隔离，联想到微服务架构提倡将单一应用程序划分成一组小的服务，服务之间相互协调与配合，每个服务运行在其独立的进程中，服务与服务之间采用轻量级的通信机制互相协作。容器是微服务的理想载体，"容器＋微服务"是目前云计算最重要的技术。

容器技术的缺点是安全性不如虚拟机高，毕竟当前软件层面的隔离比起硬件层面要弱很多。进程隔离环境与 Host 主机共用同一个操作系统内核，一旦利用内核漏洞发起攻击，突破容器限制实现逃逸后，将危及 Host 主机。

第六节　Kubernetes 资源管理

Docker 提供容器化技术，可以快速打包、部署应用并在 Docker 引擎中运行。容器是微服务的理想载体，将系统拆分为多个微服务时，需要大量容器承载各个微服务，容器数量上升，管理成本指数增加，这就涉及容器资源管理调度与应用编排问题，且需要考虑容灾和自愈机制。记住两个关键词——容器资源调度、应用编排。Docker 一开始并不具备复杂容器编排能力，它的核心是容器的创建与运行，之后 Docker 公司希望向容器生态上层发展，于是推出了 Swarm 容器资源调度管理组件，以及 Compose 应用编排组件。事实上，业界目前主流的容器资源管理与应用编排工具是 Kubernetes，简称 K8s(只保留首位字符，用具体数字来替代省略的字符个数)。

Kubernetes 是 Google 公司在 2014 年宣布开源的容器资源管理和应用编排引擎，由 Google 公司内部容器集群管理系统 Borg 演变而来。Google 公司内部大量使用了容器以承载不同类型的应用负载，如搜索、邮箱和大数据等。Kubernetes

的官方描述如下[③]。

"Kubernetes is an open source system for managing containerized applications across multiple hosts. It provides basic mechanisms for deployment, maintenance, and scaling of applications."

简单地说，Kubernetes 是负责自动化运维管理多个容器应用的集群。使用 Docker 对应用程序打包、实例化并运行；Kubernetes 则以集群的方式管理跨机器的容器、资源调度，并解决跨机器容器之间的通信问题，Kubernetes 的容灾和自愈机制使得容器总是运行在用户期望的状态。

Kubernetes 架构如图 5-17 所示，Kubernetes 系统通常称为一个服务器集群（Cluster）——Kubernetes Cluster，集群是物理机或虚拟机的集合、应用运行的载体。Kubernetes 集群包含两部分，Master Server 与 Node。Master Server 作为主节点，负责调度、管理与控制；Node 则是工作负载节点，承载创建容器集的特定物理机或虚拟机，并负责执行用户程序。如果服务器非采用虚拟机，Master Server 和 Node 其实就是分别安装了 Kubernetes 组件的物理机，各自对应独立的物理机，虽然 Master Server 可以和其中一个 Node 安装在同一台物理机，但是通常建议 Master Server 单独部署。

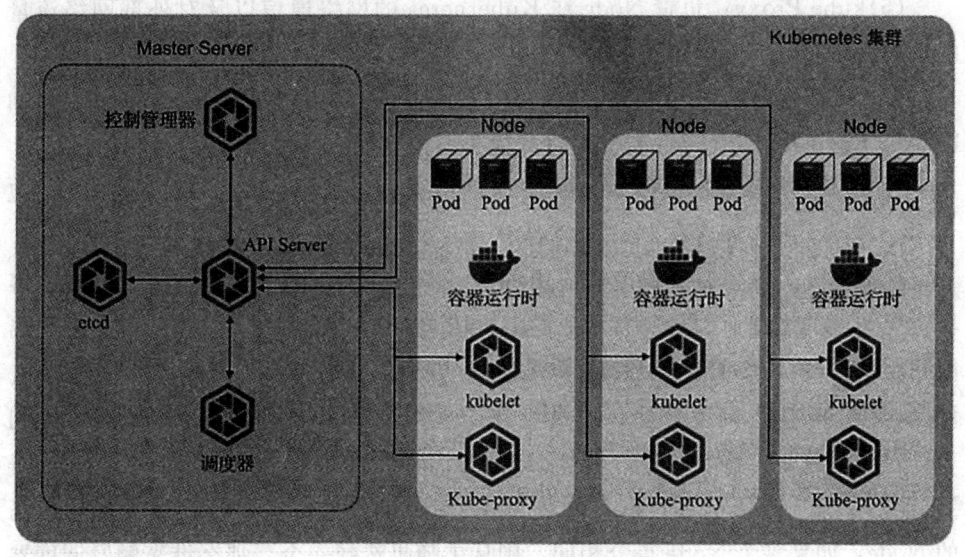

图 5-17　Kubernetes 架构

Master Server 主要包含以下组件。

---

③　原文地址：https://kubernetes.io/.

(1)API Server：Kubernetes 的请求入口服务，系统的对外接口，API Server 负责接收 Kubernetes 的所有请求，例如来自 UI 界面或者 CLI 命令行工具。API Server 根据用户的具体请求通知其他组件，相当于"营业厅"。

(2)调度器：负责对集群内部的资源进行调度，是 Kubernetes 所有 Node 的调度器，Scheduler 会根据调度算法选择合适的 Node 来部署服务，它相当于"调度室"。

(3)控制管理器：集群内部的管理控制中心，实现 Kubernetes 集群故障检测和恢复的自动化。它是 Node 的监控器，负责监控和调整部署在 Node 上的服务，比如用户要求 A 服务部署 3 个副本，那么当其中一个副本挂了的时候，控制器会马上监控到并做出调整，请求调度器再选择一个 Node 重新部署服务。

(4)etcd：用于存储集群中所有资源对象的关键配置和用户配置信息。Node 主要包含以下组件。

(5)kubelet：与 Master Server 的通信器，kubelet 定期向 Master Server 汇报其 Node 上所运行服务的状态，并接收来自 Master Server 的调度与管理指令，例如为 A 服务新增或删除容器。

(6)kube-Proxy：负责 Node 在 Kubernetes 的网络通信以及对外部网络流量的负载均衡。

(7)容器运行时：容器的运行环境，确保容器化程序能够跑起来，例如 Docker Engine，Kubernetes 也支持其他类型的容器。

(8)Pod：容器集，Kubernetes 中的最小资源分配单元，一个 Pod 中可以包含多个容器，服务部署在 Pod 的容器中。

前面提到的容器资源调度和应用编排，Kubernetes 具体是如何做到的呢？容器资源调度的过程：假如所有服务的部署请求放置在列队中，按照队列先进先出原则，调度器从队列最前端读取了 A 服务的部署请求，即 A 服务请求一个 Pod。调度器接下来执行调度算法，通过过滤函数得到满足 Pod 部署条件的 Node 列表，过滤函数是一些硬约束，例如 CPU 和内存是否足够。过滤函数在这一步得到 Node 列表，接下来通过打分函数为各个 Node 打分，将 Pod 部署于得分最高的 Node，如果多个 Node 得分相同，则从中随机选择一个。那么谁来触发调度器进行调度呢？可来自控制管理器，当它监控发现某个 Pod 失效时，就要通知调度器选择 Node 创建新的 Pod，以保持服务正常。

在传统的单体式架构中，应用开发、测试、交付以及部署都是针对单个组件的，很少提到编排这个概念。而在云计算时代，微服务与容器非常盛行，一方面它们显示出敏捷性与可移植性方面的巨大优势，同时也为应用交付和运维带来了新的挑战。当单体式的架构拆分成越来越多细小的服务，并运行在各自的容器中时，该如何解决它们之间的依赖管理、服务发现、资源管理及高可用等问题？应用编排涉及由多个容器组成应用、容器规格、容器之间依赖关系以及相关存储配置。

对 Kubernetes 架构有了一定了解之后，就能够比较清晰地理解容器与 Kubernetes 之间的关系，有一种说法：容器提供应用级的主机抽象，Kubernetes 提供应用级的集群抽象。个人觉得这种说法还是比较形象的。

第七节　C/S 与 B/S 架构

在分布式系统中，C/S 与 B/S 是两种常见的 IT 架构。C/S 架构，在技术上非常成熟。例如企业 ERP 系统、工厂车间 MES 系统、大型商超的进销存管理软件、个人电脑上安装的聊天软件或电商网购软件等，每台机器都需要安装相应的客户端程序。它的特点是交互性强、响应速度快、利于处理大量数据。C/S 架构中，因为客户端不仅负责用户前端的交互，还承担了非常多的业务逻辑，包括事务处理，所以能够快速响应。

B/S(Browser/Server，浏览器服务器)架构是随着 Internet 技术的兴起，对 C/S 架构的一种变化或者改进。此架构下客户端即浏览器，用户工作界面通过浏览器呈现，而主要事务逻辑在服务器上实现，它将系统功能实现的核心集中到服务器上。这种模式最大的好处是统一了客户端，无须专门的客户端、浏览器承担了客户端的角色，而浏览器是操作系统自带的，便利是它的一个巨大优势。由于浏览器基于网页语言，和操作系统无关，浏览器与服务器之间基于 HTTP 通信，因此是跨平台的，跨平台也是它的一个优势。对于 C/S 架构，Windows 下开发的客户端是无法在 Linux 上运行的，B/S 架构很好地利用了浏览器和 HTTP 的跨平台特性。

C/S 与 B/S 架构没有本质区别，只是客户端形式变了，B/S 可看作特殊形式的 C/S。对于 C/S 架构，每台客户机器都要安装客户端程序，不能实现快速部署和配置，需要具备一定 IT 基础的人才能完成。如果系统功能发生了变化，通常服务器与客户端都要修改，软件安装调试和升级需要在所有客户机上进行，维护成本高。而 B/S 架构只需要将服务器上的软件版本升级，然后用户重新登录就可以了。

B/S 架构并非全是优点，也有缺点，如客户端软件的个性化程度明显降低。相对单调，都是 Web 页面。随着网页开发语言以及浏览器的进步，例如 HTML5 在图形的渲染方面以及音频和文件的处理上已经做得比较好，这方面将逐步得到改善。另外，数据安全性、服务器配置要求以及大数据量传输性能等方面，是 B/S 架构设计时需要考虑的问题。对于很多企业级应用软件，C/S 通常面向相对固定的用户群，它可以对权限进行多层次校验，对信息安全的控制能力较强，而 B/S 建立在广域网之上，对安全的控制能力相对较弱，且经常面向未知用户群。

云计算与 C/S 架构、B/S 架构之间有什么联系呢？云计算是集中化了的服务器概念，针对服务器而言。其具体支撑的应用，形式上可以是 C/S，也可以是 B/S。至于客户端用什么方式，浏览器还是客户端软件，是另一个范畴，与服务器是否基于云计算平台没有直接关系。

B/S 架构中，浏览器与服务器之间基于 HTTP 通信，HTTP 是 REST 架构风格的典型应用，REST 最重要的原则是客户端与服务器之间的交互在请求之间是无状态的。应用的状态由客户端维护，服务器不存储任何状态，无状态请求可以由任何可用服务器回应，这十分适合云计算。当服务器不存储任何状态时，云计算能充分发挥它弹性与资源池化的优势，任何服务器挂了，随时可以调度新的服务器切换。随着云计算的发展，B/S 架构将得到更多的应用。SaaS 软件就是典型的 B/S 架构应用，SaaS 按需为企业在线提供服务，如各种 SaaS 化的 CRM、ERP、SRM 服务。

第六章 工业物联网核心技术——边缘计算

第一节 边缘计算的基本概念与发展

一、边缘计算的基本概念

近些年来，虽然中心化的云计算(将数据集中在服务中心进行存储、处理)已经成为一种标准的 IT 服务，但是随着物联网的快速发展以及广泛应用，尤其是无人驾驶、增强现实、虚拟现实、工业互联网等各种新兴应用的出现，使得云端数据量大大增加，现有的云计算模型已经暴露出了它的局限性。思科全球云指数白皮书中显示，到 2019 年，人和物产生的总数据量已达到 500ZB，而全球云指数中心的网络流量仅能达到 10.4ZB。如此庞大的数据量如果全部传输到云服务器处理和存储，势必给整个网络带来极大的压力、导致网络时延大大增加。对于很多时延敏感的应用来说，这是不可接受的，因此、仅依靠云计算模型并不能实时高效地满足新兴应用的需求。

(一)什么是边缘计算

为了满足新兴应用对于低时延、亮带宽、隐私保护以及可靠性等的需求，业界提出了边缘计算概念。目前，关于边缘计算最成熟的观点是：边缘计算是在网络边缘给用户提供 IT 服务环境以及云计算能力的分布式开放平台。边缘计算中的"边缘"和计算机网络的"边缘"有所不同，计算机网络中的边缘是指互联网中的所有主机的集合。而边缘计算中的边缘则是相对的概念，是指从数据源到云服务器之间的数据路径上的任意计算、网络以及存储资源。例如，智能手机就是人和云之间的边缘，智能家居网关是家居设备和云之间的边缘，微型数据中心或微云是移动设备和云之间的边缘。边缘设备是给终端设备提供边缘服务的设备，也可称为边缘服务器、边缘节点。一组独立的边线设备的集合又被称为边缘云(Edge Cloud)，而云计算平台则被称为远端云(Remote Cloud)。边缘服务器的部署位置视情况而定。以移动网络为例,对于对时延要求苛刻的场景,需要将边缘服务器部署在终端设备现场覆场;对于时延要求制对宽松,并需要大数据分析的场景,可以将边缘服务器部署在基站的位置。

(二)边缘计算的架构

边缘计算是指能够在网络边缘执行计算,以使得计算发生在靠近数据源一侧的新型计算模式。边缘计算的架构如图 6-1 所示。它即可用于云服务的下行数据,也可用于物联网(Internet of Things,IoT)服务的上行数距。一个边缘设备即指位于数据源和云数据中心之间的任意计算或网络资源。例如,边缘设备可能是传感网和云之间的一个智能手机,或者是位于移动设备和云之间的一个边缘数据中心或微云。

在边缘计算中,云中心即可以从现有的数据库中直接获取数据,也可以从终端设备(如传感器和手机)中收集数据。此时,设备既可以视为数据消费者,也可以视为数据的生产者。因此,相较于传统方式中总是终端设备向云端发送请求。在边缘计算中,终端设备和云端之间的需求是双向的。网络边缘的节点可执行许多计算任务以减少设备到云端的流量,包括数据处理、数据缓存、设备管理和隐私保护等。

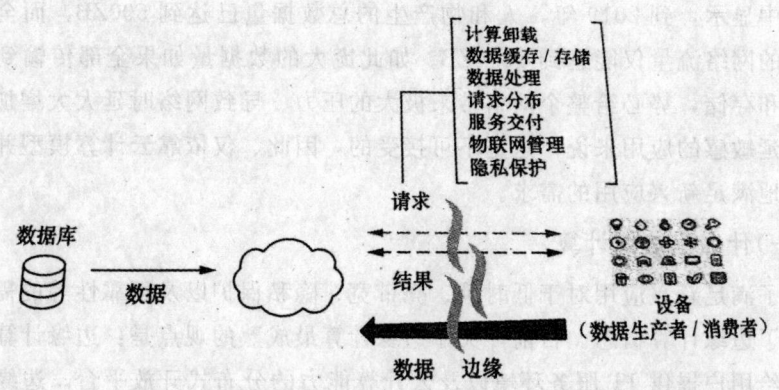

图 6-1 边缘计算的架构

当前业界普遍承认的边缘计算架构有 3 种:多接入边缘计算(Multi-Access Edge Computing,MEC),也叫移动边缘计算(Mobile Edge Computing,MEC);雾计算(Fog Computing);微云(Cloudlet)。

(1)多接入边缘计算最初由欧洲电信标准化协会(ETSI)于 2014 年提出,定义为"在移动网络边缘提供 IT 服务环境与云计算能力"。其组成结构包括用户终端、MEC 节点、云计算中心。

(2)雾计算是由思科公司在 2011 年提出的,它是针对物联网的一种新型计算架构,其组成结构包括终端、雾、云。

(3)微云最早由卡耐基·梅隆大学提出,主要面向移动设备,其组成架构包括移动终端、微云、云。

MEC、雾计算和微云是边缘计算的 3 种具体模式,它们在部署位置、应用场景和实时交互等方面有相似性,也有不同点。MEC 和微云主要为移动网络边缘提供 IT 服务环境和计算能力,前者更强调边缘概念,后者更强调移动概念。而雾计算则更强调物联网应用概念。

(三)边缘计算的特点

边缘计算作为分布式开放平台,具有可扩展性、协同执行、实时响应、位置感知等特点。

1. 可扩展性

可扩展性是指系统处理变化的应用请求的能力。针对日益增长的用户请求,边缘计算可以在不影响现有服务运行的前提下,通过快速增加硬件资源和软件资源来达到满足新增需求的性能。评价一个系统是否具有可扩展性的主要评价指标有两个:时延和吞吐量。如果边缘计算系统采用通用接口以及开放 API,那么边缘计算系统就具有可扩展性,它就可以在用户请求激增时,很方便地快速增加硬件资源以满足需要,并且当用户请求发生改变时,可以很方便地快速上线新的应用功能以服务用户。总体来说,具有边缘计算的系统更容易满足用户对时延和吞吐量的更高要求。

2. 协同执行

协同包括两方面:边缘与云的协同和边缘设备与边缘设备的协同。边缘计算可以视为云计算的补充和延伸。边缘设备的计算能力和存储资源都比较有限,承担不了数据挖掘以及神经网络训练等计算密集型(Computing Intensive)任务,所以边缘计算依然需要云计算的强大计算能力以及海量存储能力作为支撑。而边缘设备与边缘设备的协同则是一种在时延与性能上的折中,它通过将边缘设备上多余的计算任务迁移至其他边缘设备执行,从而进一步降低时延、提高性能。为了方便大家理解这两类协同的区别与联系,我们先将计算任务按照计算量大小分为 3 类:大、中、小。很明显,计算密集型任务属于计算量大的那一类。计算量小的任务一般由单个边缘设备执行,例如对原始数据的预处理;而计算量中等的任务由多个边缘设备来执行,如视频内容的分发;计算量大的任务则需要由云计算中心来执行,如神经网络的训练过程。这两类协同最大的区别就在于任务计算量的大小和计算的位置(一个是在云上,一个是在边缘设备上)。

3. 实时响应

时延是边缘计算性能评价中最重要的指标。边缘计算兴起的最大的原因是云计算模型无法满足万物互联时代的某些物联网实时应用要求。边缘计算的核心理念是"边缘计算应当更靠近数据源,更靠近用户"。这里的"靠近"体现在两个方面:空间距离和网络距离。边缘设备与终端设备的空间距离和网络距离通常都比较短。比较短的空间距离通常意味着边缘设备与终端设备处于同一个区域,边缘设备能够快速响应终端设备的服务请求;比较短的网络距离则减少了带宽、延迟、抖动等网络不稳定因素所带来的性能影响。因此,边缘计算有望缩短处理时延。

4. 位置感知

很多时候,边缘设备与终端设备处在同一个局域网中,甚至局域网路由器或网关就是边缘设备网络距离的缩短让 LBS(基于位置的服务)变得可能,而且边缘设备还可以感知当前的网络状况,动态地为用户提供服务。

二、计算边缘的发展历程

边缘计算的发展和面向数据计算模型的发展是分不开的。随着物联网的发展及各种新兴应用的出现,需要处理的数据量大大增加,人们对于时延及能耗方面的要求也越来越高,原来的计算模型越来越不能满足应用要求。为了解决这个问题,业界做了很多如何实时处理大数据的研究,提出了一些计算或存储模型。这些模型在网络边缘增加了部分存储或计算功能。其中典型的模型有分布式数据库、内容分发网络、对等网络等。后来逐渐发展出边缘计算概念。从 2009 年微云概念的提出到现在,边缘计算的概念一直在发展,形成了微云、雾计算、多接入边缘计算这三大边缘计算架构。下面逐一对其进行介绍。

1. 分布式数据库

分布式存储面临的需求比较复杂,大致可以分为以下 3 类。

(1)非结构化数据包括文档、文本、图像、图片、音频和视频信息等。

(2)结构化数据一般存储在关系数据库中,可以用二维表结构来表示。

(3)半结构化数据:介于结构化数据和非结构化数据之间,如 HTML 文档、JSON 文档、XML 文档都属于半结构化数据。

分布式数据库属于分布式存储的一部分,分为两类关系型数据库和非关系型数据库。

关系型数据库存储结构化数据,提供 SQL 关系查询语言,支持多表关联、嵌套子查询等复杂操作,并要求数据库事务满足 ACID 规则。典型的关系型数据库包括 Oracle、MySQL、PostgreSQL 等。关系型数据库容易理解,易于维护,但是其可扩展性比较差,并不能或没有办法像 Web Server 和 App Server 那样简单地通过添加更多的服务节点来扩展性能和负载能力。当需要对数据库系统进行升级和扩展时,往往需要停机维护和数据迁移。

非关系型数据库多存储半结构化数据,它与关系型数据库正好相反,强调的是高可扩展性。非关系型数据库又称 NoSQL(Not Only SQL),它在设计时抛弃了关系型数据库中复杂的 SQL 查询及 ACID 事务,转而选择简单的键值进行存储,这样大大增加了整个存储系统的伸缩性和灵活性。在 NoSQL 里比较有名的有 Redis、HBase 等。

分布式数据库和边缘计算最大的区别就是分布式数据只为大数据处理提供了存储能力,但是没有提供计算能力。

2. 内容分发网络

内容分发网络(Content Delivery Network,CDN)是构建在计算机网络之上的用于内容分发的网络。CDN 依靠部署在各地的边缘服务器,通过中心平台的负载均衡、内容分发、调度等功能模块,使用户就近获取所需内容。CDN 的基本原理是广泛采用各种缓存服务器,将这些缓存服务器部署到用户访问相对集中的地区或网络中,在用户访问网站时,利用全局负载技术将用户的访问指向距离最近的工作正常的缓存服务器,由缓存服务器直接响应用户请求。

CDN 被认为是织期的边缘计算。但是和现在的边缘计算不同的是,其边缘节点仅限于 CDN 服务器。现在的边缘节点的类型众多。有网关、个人计算机(PC)、路由器、手机等。CDN 功能单调,节点只负责静态内容分发。边缘计算节点则是在边缘提供云计算能力和 IT 服务环境的设备。

3. 对等网络

对等(P2P)网络是一种在对等者(Peer)之间分配任务和工作负载的分布式应用架构。是对等计算模型在应用层上形成的一种组网或网络形式。在 P2P 网络环境中,彼此连接的多台计算机相互都处于平等地位,无主从之分,每台计算机既可以充当服务器,又能充当客户端,共享它们拥有的一部分计算机资源。

P2P 模型和边缘计算模型很像,但是 P2P 模型没有考虑云计算中心,总计算能力偏小,很难支持智能化大数据场景。

4. 微云

微云是由卡耐基·梅隔大学在 2009 年提出的针对移动设备的边缘计算架构。

相比于后来的 MEC，微云更强调移动性。微云不仅可以和接入点、基站、网关等组件共址，还可以直接运行在车辆、飞机等终端上。微云的架构为"终端－微云－云"，是一种位于互联网边缘的用于增强移动性的小型云数据中心。其主要目的是通过为移动设备提供额外的计算能力来支持更多计算密集型和交互式的移动应用。

第二节　边缘计算基本架构与关键技术

一、边缘计算基本架构

边缘计算领域有 3 种业界认可的网络架构：多接入边缘计算或移动边缘计算、雾计算、微云。这 3 种网络架构基本一致，都分为端－边－云 3 层。

（一）移动边缘计算

移动边缘计算（MEC）是位于云和移动设备之间的计算层。作为一种新兴的生态系统，MEC 旨在融合通信和 IT 服务，在无线接入网的边缘提供云计算平台。MEC 在边缘提供存储和计算资源，从而减少了移动终端和用户的延迟，更有效地利用了移动回程及核心网络。MEC 支持模块化、开放的解决方案，提供可编程的生态系统，改变用户体验，同时允许应用提供者和第三方获得客户更多的信息。

图 6-2 从底层网络层、移动边缘主机层和移动边缘系统层 3 个方面描述了 MEC 架构。可以看出该架构是一个完整的生态系统结构，包括所涉及的实体和功能。

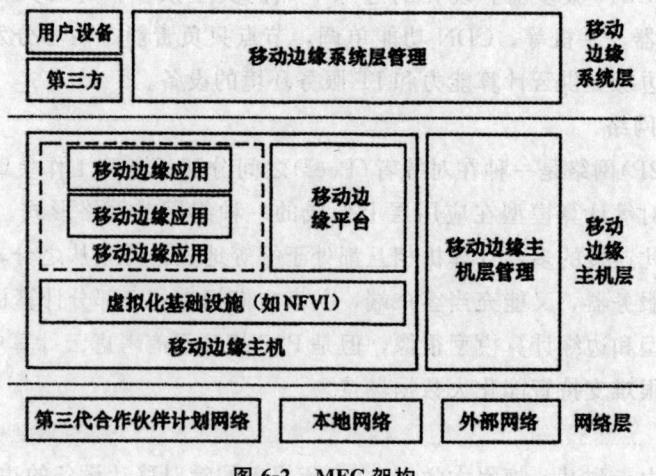

图 6-2　MEC 架构

底层网络层提供对多种访问的连接,包括 3GPP(3rd Generation Partnership Project)网络、本地网络和外部网络。

移动边缘主机层是 MEC 架构的基础部分,它由两大块组成,即移动边缘主机和移动边缘主机层管理。为了移动边缘应用的顺利实施,移动边缘主机部分提供了移动边缘平台和虚拟化的基础设施,如 NFVI 等。

最重要的是移动边缘系统层,该层提供对底层 MEC 系统的抽象,即对整个移动边缘系统具有全面的可见性,以方便用户终端和第三方的访问。

图 6-3 详细地展示了 MEC 框架,主要从移动边缘主机层和移动边缘系统层两个方面进行描述。

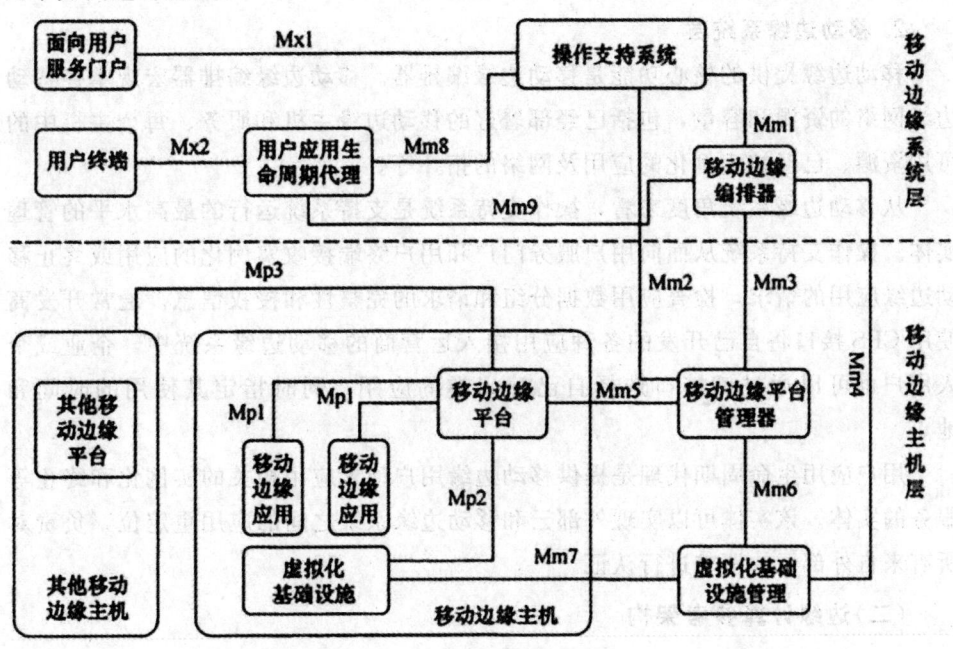

图 6-3 MEC 框架详细展示

1. 移动边缘主机层

MEC 框架的移动边缘主机层由移动边缘主机和移动边缘平台管理器组成。移动边缘平台管理器对移动边缘主机和其上的移动应用进行管理。其中,移动边缘主机由虚拟化基础设施、移动边缘应用和移动边缘平台 3 部分组成。

(1)虚拟化基础设施为移动应用平台提供基础资源,比如为移动边缘应用提供计算、网络和存储空间。

(2)移动边缘应用是运行在主机层的用于完成特定任务的应用程序,相当于运行在虚拟化基础设施上的虚拟机实例,通过两部分的交互进行服务。

(3)移动边缘平台相当于移动边缘平台管理器和移动边缘主机之间的中转器和沟通桥梁。它按照一定的规则转发指令,从移动边缘平台管理器、移动边缘应用处接收流量转发规则,再进行转发。除此之外,移动边缘平台还支持本地域名系统代理服务器的配置,可以将数据流量重定向到对应的应用和服务。

移动边缘平台管理器的主要功能是移动边缘平台元素管理、移动边缘应用生命周期管理及移动边缘应用规则和需求管理等。

2. 移动边缘系统层

移动边缘提供的核心功能是移动边缘编排器。移动边缘编排器宏观掌控移动边缘网络的资源和容量,包括已经部署好的移动边缘主机和服务、每个主机中的可用资源、已经被实例化的应用及网络的拓扑等。

从移动边缘系统角度来看,操作支持系统是支持系统运行的最高水平的管理实体。操作支持系统从面向用户服务门户和用户终端接收实例化的应用或终止移动边缘应用的请求,检查应用数据分组和请求的完整性和授权信息。通常开发商使用 CFS 接口将自己开发的各种应用接入运营商的移动边缘系统中,企业或个人用户也可以通过该接口选择自己感兴趣的应用,同时指定其使用的时间和地点。

用户应用生命周期代理是提供移动边缘用户请求应用相关的实例化和终止等服务的实体。该实体可以实现外部云和移动边缘系统之间的应用重定位,负责对所有来自外部云的请求进行认证。

(二)边缘计算参考架构

边缘计算参考架构可以采用基于模型驱动的工程方法(Model-Driven Engineering,MDE)设计。基于模型的方法可以将物理和数字世界的知识模型化,从而可实现:①物理世界和数字世界的协作;②跨产业的生态协作;③减少系统异构性,简化跨平台移植;④有效支撑系统的全生命周期活动。基于此,边缘计算产业联盟(ECC)提出了图 6-4 所示的边缘计算参考架构。

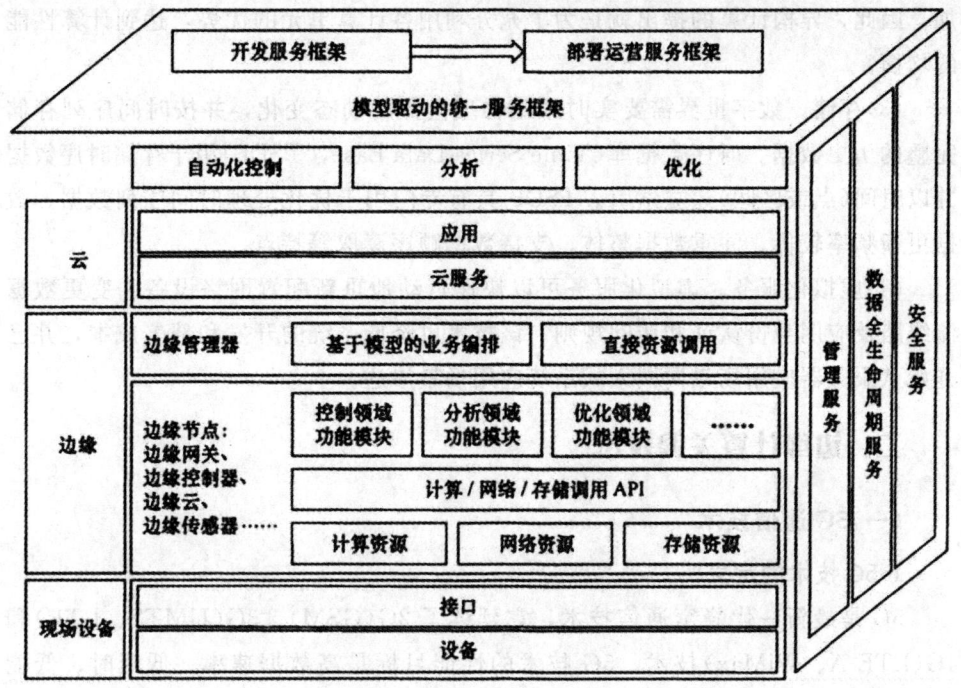

图 6-4　边缘计算参考架构

如图 6-4 所示,在边缘计算参考架构中,系统可分为云、边缘和现场设备 3 层。其中边缘层位于现场设备和云之间,且靠近设备端。边缘层向下支持各种现场设备的接入,向上可提供与云端交互的接口。边缘层由边缘节点和边缘管理器两部分组成,其中边缘管理器主要以软件的形式完成对边缘节点的统一管理;而边缘节点作为承载边缘计算业务的核心,主要是硬件实体。根据业务侧重点和硬件特点不同,边缘节点可分为边缘网关、边缘控制器、边缘云和边缘传感器等几类。

边缘计算的基础资源包括网络、计算和存储 3 个基础模块,以及虚拟化服务。

(1)网络。边缘计算的业务执行离不开通信网络的支持,其网络既要满足与控制相关的业务传输时间的确定性和数据完整性,又要能够支持业务的灵活部署和实施。其中以时间敏感网络(Time Sensitive Networking,TSN)和软件定义网络(Software-Defined Networking)为主要代表。

(2)计算。异构计算是边缘侧最主要的计算硬件架构。物联网应用和 AI 技术应用的普及对计算能力的要求较高。边缘设备既要处理结构化数据,同时也要处理非结构化数据。此外,随着边缘计算节点接入数量的增加,其种类也在大幅增加。因此，异构计算的提出就是为了充分利用各计算单元的优势，达到计算性能的均衡。

（3）存储。数字世界需要实时跟踪物理世界的动态变化，并按时间序列存储完整的历史数据。时序数据库(Time Series Data Base，TSDB)用于存储时序数据并以时间(点或区间)建立索引。TSDB 具有专门用于优化处理时间序列数据、数据更新频率较低、注重数据整体、支持数据顺序读取等特点。

（4）虚拟化服务。虚拟化服务可以快速自动地重新配置网络设备、变更数据流线路及应用身份认证和访问规则。该技术可降低系统的开发和部署成本，并已开始从服务器应用场景向嵌入式系统应用场景渗透。

二、边缘计算关键技术

（一）5G 通信技术

1. 5G 技术的定义

5G 是最新一代蜂窝通信技术，它延续了 2G(GSM)、3G(UMTS、LTE)和 4G(LTE-A、WiMax)技术。5G 技术的性能目标是高数据速率、低延时、低能耗、低成本、高网络容量和大规模的数据连接。5G 的第 1 个版本在 2019 年 4 月发布；第 2 阶段 Release 16 已于 2020 年 7 月完成，作为 IMT-2020 技术的一个候选方案提交到国际电信联盟(ITU)。其中 ITU IMT-2020 规范要求传输速率高达 20Gbit/s，可以实现宽信道带宽和大容量 MIMO。

2. 5G 技术的意义

随着 4G 与光纤通信的商用化普及，人类已开始习惯于宽带服务与丰富应用带来的信息便利，且 4G 的最终用户体验几乎等同于有线连接。尽管 4G 无线网络技术非常先进，但其仍很难支持高速的、可快速响应的、拥有高可靠性和高能效的移动服务。因此，这些功能便成为 5G 服务须达到的基本要求。目前的 4G/LTE 网络不能在保证移动用户体验质量的基础上提供实时云服务、车联网(eV2X)、物联网(IoT)及与无人机和机器人通信等服务。此外，LTE 网络只能同时对有限个移动用户提供高质量的视频体验。

通过引入新内容(如 360 度视频和全息图)以及新的服务理念(如智能交通和机器类通信)，5G 服务将会朝数个方向发展，如无限数据传输、大量的动态连接和新型移动设备(尤其是可持续能源驱动的传感器)。5G 服务的范畴不仅限于个人通信，还延伸到社会领域，包括手机、可穿戴设备、传感器、执行器、车辆、机器人等。因此，5G 网络可以被视为创新社会以及 ICT 行业的关键基础设施。

3. 5G 技术与智能技术的结合

5G 与智能技术结合如图 6-5 所示。

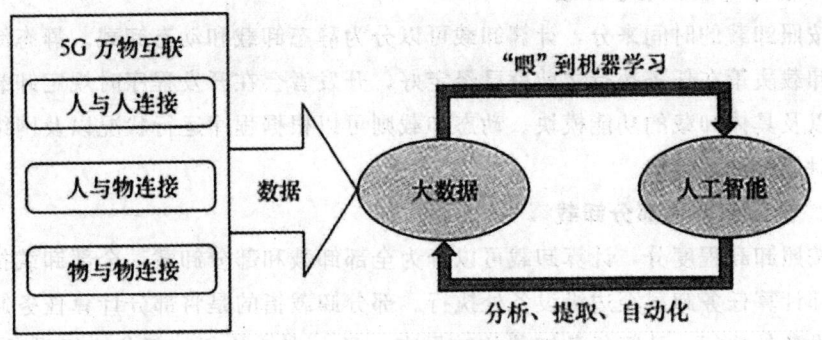

图 6-5　5G 与智能技术结合

5G 要从"人的连接"扩展到"万物互联",从网络技术到应用场景都将发生变化。但最大的变化是 5G 将大幅提高网络上行流量。首先,5G 让网络上行速率得到空前提升。传统网络偏重于下行速率,传统终端也主要用于下载数据。5G 上行速率的空前提升将再次改变人类的通信方式,也必将引发一场终端变革。其次,5G 物联网时代与互联网时代的本质区别在于数据传送的方向不同。互联网是一个内容交付网络,本质上是从中心向大众传送内容(比如视频);而物联网恰恰相反,它由外而内地从边缘引入海量数据。在 5G 时代,无论是"人的连接",还是"万物互联",都将自下而上地产生海量数据。人工智能通过收集海量数据,从数据中自动识别、学习相关模式和规则,并代替人工来预测趋势、执行策略等。它本质上是自下而上的数据驱动,靠海量数据不断"喂食"来产出最大价值。这不仅与我们的日常生活息息相关,还会给制造业带来巨大变革。

5G 的高可靠、低时延、高带宽三大特性,有利于优化制造业的工业控制、信息采集、运维管理等生产过程,有利于实现智能制造的多业务场景、多服务质量、多用户及多行业的隔离和保护等生产需求。在制造业中,设备之间的通信能力通常要求较高。5G 帮助实现工厂内设备与传感器的数据实时采集与低时延无线传输、生产线全生命周期管控、车间与车间的全连接及工厂内的零部件和产品的质量自动化检测。5G 边缘计算可以实现人工智能服务能力的就近部署和就近服务,而人工智能能力将可以直接部署在制造业中的海量设备上或者生产车间中,减少传输时间,提高工作效率,真正实现人工智能、5G 和海量设备的相互融合。5G 和人工智能协同助力制造业从应用少量离散的智能设备发展成为一体化的智能制造系统,并拥有大量应用场景。

（二）计算卸载技术

1. 静态卸载和动态卸载

按照卸载的时间来分，计算卸载可以分为静态卸载和动态卸载。静态卸载指的是卸载决策在任务执行之前就已经定好，开发者会在开发程序时规定卸载的任务量以及具体卸载的功能模块。动态卸载则可以根据程序运行状况以及网络状态来实时调整卸载策略。

2. 全部卸载和部分卸载

按照卸载程度分，计算卸载可以分为全部卸载和部分卸载。全部卸载指的是将全部计算任务卸载至边缘设备处执行。部分卸载指的是将部分计算任务卸载至边缘设备处执行。计算任务卸载的结果有3种：本地执行、部分边缘设备执行、全部边缘设备执行。可以把本地执行看成是全部卸载的变种，它和全部卸载的唯一区别就是卸载目标不同，前者是UE，后者是边缘设备。

计算卸载的最小单位是模块而非应用，因为大部分应用程序都由多个功能模块组成。功能模块的类型是决定是否卸载的关键因素之一。因此在进行卸载之前，可以先根据功能模块类型来决定是否卸载该功能模块（有些模块是不能卸载的，比如显示模块，因为它需要用到本地的显示屏）。再根据应用程序中功能模块之间的依赖关系来决定是全部卸载还是部分卸载。比如，对内部模块高度耦合或者相当简单的应用采取全部卸载策略，而对内部模块低耦合的应用则可以采取部分卸载略。最后根据综合任务的计算量、当前终端设备电量、传输时延等因素和前两部结果来确定卸载的任务量。

（三）服务迁移技术

1. 服务迁移技术的意义

作为新一代分布式计算的基础设施，边缘计算平台由于其在性能和价格上具有相对于传统云计算平台的优势，已经成为近些年学术界和工业界研究的一个热点，其应用领域在不断扩展。相对于传统的云计算服务，边缘计算平台的典型特点是访问延迟的敏感性和访问时空域的变化性。从物联网终端用户的角度来说，能最大化地获得服务是非常重要的。但随着物联网终端用户数量的增长，访问量的增加，这种获得性对服务提供者来说变得越来越困难，也越来越迫切。因此，如不考虑这些因素的情况提供服务，可能会显著增加访问延迟，更糟的是增大网络通信量，甚至导致服务中断和服务性能的下降。为了缓解这个问题，将计算服务迁移到网络中靠近物联网终端用户的某些有利位置以最小化访问延迟并降低网络成本是一种有效方式。凭借边缘计算虚拟化技术，可将服务封装在一组虚拟机中,并根据需要迁移到一个或多个不同的边缘计算数据中心,从而实现物联网终端用户的就近访问。将计算服务迁移到离物联网终端用户较近的位置,不仅可以降低服务访问延迟,还可以降低服务提供商的网络租赁成本。因此,服务迁移问题对于实时服务来说显得异常重要。通过执行服务迁移,保证用户与服务之间的相对距离始终保持在一个较小的范围内,从而使得延迟也相对较小,这对于延迟敏感类服务是非常有用的。

2. 服务迁移技术的分类

从总分类来说,服务迁移技术可以分成在线迁移和离线迁移两大类。离线迁移又叫静态迁移,其最大的特点是需要先暂停虚拟机,再进行虚拟机的迁移。在线迁移又称为实时迁移,其最大的特点是不中断用户的服务。为了让用户能够持续地接受服务,在线迁移将虚拟机的停机时间降到最低。与离线迁移一样,在线迁移也需要一定的停机时间;不同的是,在线迁移可以在迁移的开始阶段,先让源主机为用户提供服务,同时将需要迁移的内容从源主机迭代地复制到目的主机,而无须停止正在迁移的虚拟机的执行。

目前的研究工作大多集中在迁移机制上面,即如何以对用户影响最小的方式,有效快速地将一个或一组虚拟机从一个地方迁移到另一个地方。用户移动模型分别为一维用户移动模型(马尔可夫模型)和二维用户移动模型。图6-6展示了二维用户移动模型下的迁移模型。

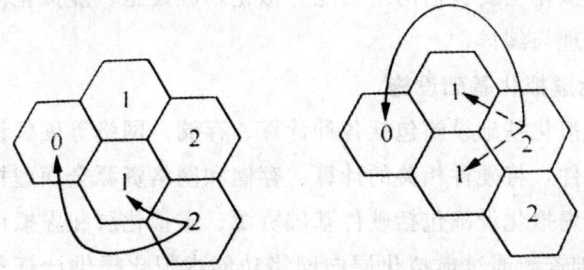

图6-6 二维用户移动模型下的迁移模型

服务迁移机制的分类:利用网络拓扑图信息将服务迁移问题转化为旅行图问题;利用网络拓扑图信息也可以将问题转化为最短路径选择问题。服务迁移决策定义了成本和用户感知质量之间的权衡。可以使用马尔克夫决策过程(MDP)对服务迁移过程进行建模来解决这种权衡。其目的是制定一个决策策略,当相关的用户设备(UE)与源数据中心(Data Center,DC)保持一定距离时,决定是否迁移。

第三节　边缘计算网关的开放性

一、网络虚拟化技术

常见的网络虚拟化技术有两种：网络功能虚拟化（Network Function Virtualization，NFV）和软件定义网络（Software Defined Network，SDN）。下面先对网络功能虚拟化和软件定义网络进行分别介绍，再对它们进行对比。

（一）网络功能虚拟化

网络功能虚拟化通过在工业界标准高性能服务器、交换机和存储设备上发展标准虚拟化技术来构建和部署网络功能。它旨在用软件实现可在行业标准服务器上运行的网络功能，并可根据需求动态部署在网络中不同的位置，而无须重新安装新的专用硬件设备。网络功能虚拟化作为一种虚拟化、技术，通过将软件网络功能部署在稳定的商用计算资源平台上，避免了在传统的异构硬件网络功能部署过程中所遇到的复杂连接配置工作，再结合灵活的负载均衡等管理机制，有效解决了传统网络功能硬件设备存在的设备价格高、管理困难及由连接配置不当和网络流量过载等引起的失效率高等问题。

网络功能虚拟化主要包括网络功能虚拟化基础设施、虚拟化网络功能以及网络功能虚拟化管理与编排。

1. **网络功能虚拟化基础设施**

网络功能虚拟化基础设施包括各种计算、存储、网络等硬件设备，以及相关的虚拟化控制数件，将硬件相关的计算、存储和网络资源全面虚拟化，实现资源池化。网络功能虚拟化设施包括硬件基础资源、虚拟化层和虚拟化资源。

（1）硬件基础资源通过虚拟化层向网络功能虚拟化提供计算资源、存储资源和网络资源等。

（2）虚拟化层负责硬件资源的抽象，同时也起到了对虚拟化网络功能与底层硬件资源的解耦功能。通过抽象虚拟化层和分配物理资源，虚拟化网络功能的部署不需要考虑物理设备，只关心逻辑分配的虚拟化资源。

（3）虚拟化资源包括虚拟计算资源、存储资源和网络资源。虚拟计算资源和虚拟存储资源通常以虚拟机或容器的形式向虚拟化网络功能提供计算资源和存储资源。虚拟化网络资源以虚拟网络链路的形式为虚拟化网络功能或虚拟机提供通信链路。

2. 虚拟化网络功能

虚拟化网络功能运行在网络功能虚拟化基础设施之上，它旨在将基于于硬件的网络功能通过软件来实现，并部署于虚拟化资源（如虚拟机）中。一个虚拟化网络功能可能包含多个功能组件，每个功能组件部署于单独的虚拟机，因而一个虚拟化网络功能可能部署于多个虚拟机。多个虚拟化网络功能构成一个服务链以实现服务功能。常见的网络功能有用于提升网络安全的网络功能（如防火墙、入侵检测系统、入侵防护系统等）和提升网络性能的网络功能（如代理、负载均衡器等）。

3. 网络功能虚拟化管理与编排

网络功能虚拟化管理与编排负责对整个网络功能虚拟化基础设施资源的管理和编排，以及业务网络和网络功能虚拟化基础设施资源的映射和关联。主要包含虚拟化设施管理器、虚拟化网络功能管理器和虚拟化网络功能调度器。其中，虚拟化设施管理器的功能是进行资源管理和虚拟设施监控；虚拟化网络功能管理器的功能是进行虚拟化网络功能生命周期的管理；虚拟化网络功能调度器主要协调虚拟化网络功能管理器和虚拟化设施管理器来实现网络功能服务链在虚拟化设施

（二）软件定义网络

1. 软件定义网络的基本概念

软件定义网络是由美国斯坦福大学 CLean State 课题研究组提出的一种新型网络创新架构，是网络虚拟化的一种实现方式。其核心技术 OpenFlow 通过将网络设备的控制面与数据面分离开来，从而实现网络流量的灵活控制。使网络作为管道变得更加智能，为核心网络及应用的创新提供了良好的平台。软件定义网络是一种通过分离和抽象网络元素来建立计算网络的方法。与现有网络设备对流量和转发都要进行控制不同，软件定义网络的核心是从路由器和交换机中的控制平面分离出数据平面网络，网络设备采用通用的硬件平台，只负责单纯的数据转发；原来负责网络逻辑控制的功能被迁徙及提炼出一个独立的，相对集中的控制器，衍生出特有的网络操作系统 具有整个网终的全局视野，相当于网络的指挥机构。通用的数据转发设备与控制器通过标准的接口进行数据流表的交互，通过控制器制定的流表进行匹配和数据转发。上层的网络服务与应用通过控制器提供的标准接口对底层的网络基础设施进行调用，从而把整个网络看作一个逻辑的或虚拟的网络实体，通过可编程方式对这个"实体"进行高效灵活的管控。

软件定义网络的本质就是开放网络资源，通过软件调用实现网络应用。

2. 将软件定义网络应用到边缘计算的好处

将计算基础设施放到用户附近并不能解决所有技术挑战。如果不小心处理，

其自身的复杂性将会有所提高,如下所示。

(1)一是服务同步和协同问题。云服务的"客户端—服务器"样式交互基于两层。但是,边缘计算需要至少3层架构。中间网络层应该协同边缘服务器及边缘服务器和云计算中心之间的交互。

(2)二是无缝服务交付。计算基础设施的连通可能因为移动而出现间歇性。为实现无缝服务交付,在相同边缘云中的移交机制需要考虑多租户,也需要考虑多个服务提供商。

(3)三是以服务为中心的结构。随着关注点转移到服务本身而不是其位置,传统的基于 IP 的操作将不可能处理客户端和服务器之间的交互。在边缘计算中,这个问题变得更加突出,因为服务本身可能在许多本地服务器上以及它可能部分驻留在本地服务器和云上,以服务为中心的设计需要降低其自身的复杂性。软件定义网络是编排网络,服务和设备是最好的候选者,因为其隐藏了异构环境的复杂性。

3. 软件定义网络与网络功能虚拟化

软件定义网络作为一种新型的网络架构,将设备紧耦合的网络架构解耦成应用、控制、基础设施分离的3层架构。通过标准化的交互协议可实现数据转发层面和控制层面的分离。解耦后的架构提供网络应用的接口,实现网络的集中管理和网络应用的可编程。软件定义网络理念试图打破现有紧耦合的组网模式,为网络灵活控制与统一管理提供思路。如果说软件定义网络是对网络的抽象,网络功能虚拟化则是对网络功能的抽象。软件定义网络是控制转发分离,网络控制集中化,流量灵活调度;而网络功能虚拟化是软件、硬件分离,网络功能虚拟化,业务按需部署。网络功能虚拟化不希望使用软件定义网络的机制,而是使用数据中心中现有的技术来实现,但是在实现过程中会使用软件定义网络。

二、LXC 容器

1. LXC 是什么

LXC(Linux Containers)是 Linux 内核容器功能的一个用户空间接口。通过功能强大的 API 和简单的工具,它将应用软件系统打包成一个软件容器(Container),内含应用软件代码及其所需的操作系统核心和库,通过统一的名字空间和共用 API 来分配不同软件容器的可用硬件资源,创造出应用程序的独立沙箱运行环境,使得 Linux 用户能够轻松地创建和管理系统或应用程序容器。LXC 示意图如图 6-7 所示。

LXC 利用了 Linux 内核控制组(Cgroups)与命名空间(NameSpace)功能，为应用软件提供一个独立的操作系统环境。LXC 不需要 Hypervisor 这个软件层，软件容器本身极为轻量化，从而提升了创建虚拟机的速度。

LXC 是一种操作系统层虚拟化(Operating System-Level Virtualization)技术。该技术将操作系统内核虚拟化，可以允许使用者空间的软件物件(Instances)被分割成几个独立的单元。在内核中运行，而不是只有一个单一物件运行。这个软件物件，也被称为容器、虚拟引擎(Virtualization Engine)。

图 6-7 LXC 示意图

操作系统层虚拟化之后，可以实现软件的即时迁移(Live Migration)，使一个软件容器中的物件即时移动到另一个操作系统下，再重新执行起来。但是在这种技术下，软件即时迁移只能在同样的操作系统下进行。

在类 UNIX 操作系统中，这个技术最早起源于标准的 chroot 机制，再进一步演化而成为现在的形式。除了将软件独立化的机制之外，内核通常也提供资源管理功能，使得单一软件容器在运作时，对其他软件容器造成的交互影响最小化。

2. LXC 组件

目前的 LXC 使用下列内核功能来控制进程。

(1)内核命名空间(进程间通信、uts、mount、pid、network 和 user)。

(2)AppArmor 和 SELinux 配置。

(3)Seccomp 策略。

(4)chroot(使用 pivot_root)。

(5)Kernel Capibilities。

(6)控制组(Cgroups)。

LXC通常被认为是介于chroot和完全成熟的虚拟机之间的技术。LXC的目标是创建一个尽可能与标准安装的Linux相同但又不需要分离内核的环境。

LXC可以为容器绑定特定的CPU和内存,分配特定比例的CPU时间、IO时间,限制可以使用的内存大小(包括内存和Swap空间),提供设备访问控制,提供独立的NameSpace(网络、pid、ipc、mnt、uts)。

在资源管理方面,LXC依赖于Linux内核的Cgroups子系统。Cgroups子系统是Linux内核提供的一个基于进程组的资源管理的框架,可以为特定的进程组限定可以使用的资源。

在隔离控制方面,LXC依赖于Linux内核的NameSpace特性。

第四节　边缘计算网关的可维护性与可靠性

一、可维护性概述

边缘计算网关作为边缘设备,提供边缘计算服务。边缘计算网关在运行过程中,会不可避免地发生故障或者需要升级。重新更换设备是一项不小的投资,因此要提高生产效率,延长设备的工作寿命就需要不停地维护。边缘计算网关会根据当前网关的运行状况来选择维护策略,以保证自身的可持续性工作。

边缘计算网关的维护分为软件维护和硬件维护。硬件维护有存储器维护、CPU维护、外围接口维护等软件维护主要是网关系统的维护和网关应用功能的维护。

软件维护一般包括三大类:一是纠正性维护,主要是纠正当前软件存在的错误;二是适应性维护,是为了适应变化的外部环境和需求,对软件进行一系列修改;三是完善性维护,是为了提升软件性能或者增加新功能而对软件进行修改。可维护性动作主要包括配置的下发、软件包的升级。业务日志信息查询、设备告警状态查询及诊断信息查询。

提高可维护性有以下3种方法。

(1)提升软件模块化。如果需要改变一个功能模块,只需要改变这个模块,而不会影响到其他模块。如果需要添加一些功能,只需要增加一个完成这些功能的模块。

(2)制定精准的软件品质目标和优先级。因为不可能同时满足所有的要求,所以要根据不同的环境特点，制定合适的目标，以实现更好的可维护性。

(3)选择可维护性高的程序设计语言。低层次语言性能高但是难以理解和编写，维护就更是难上加难。因此应选择高层次语言、如面向对象程序设计语言。这样可以大大提高开发速度，降低维护难度。

维护的方法分为本地维护与远程维护。本地维护是指管理员通过网关本地登录接口(如Web、SSH、串口)执行维护操作。由于边缘计算设备是分布式部署的，本地维护相对困难，需要大量人力物力，因此，下一代维护技术——远程维护应运而生。远程维护是指工作人员通过局域网或者互联网连接到需要进行维护管理的目标网关，对网关进行安装、配置、维护、监控等操作。即通过在云端部署控制器对网关进行远程维护。工程师不需要亲临现场就能查看并处理问题，大大降低了网关维护的成本，最大限度减少了用户损失，实现高效率、低成本的服务方式。

在实际应用场景中，边缘计算网关连接工业装置，无人看守。因为数量繁多，环境恶劣，本地维护成本高、不方便，所以远程维护是边缘计算网关维护的主要方式。

二、可靠性概述

边缘计算网关作为缓解云端巨大压力的设备，必须在可靠性上严格把关。作为边缘设备，边缘计算网关具备互联网连接和智能化处理功能，并通常设置为无人看守及远程维护。因此，在外部人力资源投入减少的同时，边缘计算网关设备的可靠性要求在增加。

对于可靠性，需要关注两个方面：硬件可靠性和软件可靠性。硬件可靠性主要包括以下两点：元器件的选型以及制作的工艺和流程。只有正确地组合使用各种元器件，才能使系统硬件发挥最高的性能。除此之外，还有环境因素的考量。同样配置的边缘计算网关在不同的条件下会受到不同的影响，这也是不可忽视的。软件可靠性是在底层硬件合格的条件下，对整个设备正常运行的另一层保障。操作系统是铺设在硬件上的第一层软件，管理着主机的硬件资源，其重要性不言而喻，但若系统软件出现异常，毫无疑问，将发生设备宕机、无法提供服务的问题，只有运维人员去现场才可恢复。这样会大大增加运维成本。而其在业务上带来的影响也是不可估量的。相对于物联网网关，边缘计算网关的一个重要特点就在于其在智能实时处理上能力突出，其实这与前面提到的硬件可靠性和软件可靠性是息息相关的，只有硬件和软件正常工作，才能在严格的时间限制内做出最佳响应。

要检验硬件与软件是否可靠，设计周全详细的可靠性测试验证方法是必不可少的。从硬件性能与可承受范围的统计，到软件对硬件调用方案的对比，再到面对突发故障时恢复能力的强弱，都能判断整个边缘计算网关的可靠性如何。得出评定后再对比事先制订的可靠性需求级别表，从而有针对性地进行改进。

可靠性的实现除了故障检测，还包括故障隔离。即在实时的工作环境下，对设备的各个部分进行检测，从而以最快速度锁定故障部件的措施。系统冗余则是最快的解决故障的手段。故障自恢复这种方式不仅可以处理硬件故障（例如自恢复故障处理电路可以在故障发生时锁定硬件进行保护，待故障解除再清除锁定状态），还可以根据预先设定的故障跳转方案，保存故障现场，再用备份匹配对应的问题或类似问题进行模拟处理。通过这些手段可以让设备尽快恢复工作，减轻业务受阻带来的影响。

三、网关维护技术

边缘计算网关的可维护性是衡量一个网关的可修复（恢复）性和可改进性的标准。所谓可修复性是指在网关发生故障后能够排除（或抑制）故障予以修复，并返回到原来正常运行状态的可能性；而可改进性则是网关具有接受对现有功能的改进和增加新功能的可能性。因此可维护性是可信性属性中一项相当重要的评价标准，可维护性的优劣可能直接影响到网关的可靠性和可信性。

（一）软件维护

软件维护包括边缘计算网关系统维护和功能维护。管理员通过软件维护修复网关存在的漏洞或者升级新功能、提高性能等。边缘计算网关连接着大量的边缘设备，本地维护需要耗费太多人力物力，因此业界主流方式是远程维护。边缘计算网关可自动进行自检，发现异常应有事件记录和告警功能。传统工业制造的维护方式通常可以分为事后维护和预防性维护。事后维护针对的是设备已经发生故障后再进行维修，而预防性维护指的是定期维护。随着科技的发展，借助云计算和机器学习技术，边缘计算网关已经实现了预测性维护；通过对设备运行状态的实时监测，以及使用大数据分析来检测设备隐患，从而预先判定可能要发生的故障。软件维护主要有以下两种维护方式，分别是本地维护和远程维护。

1. 本地维护

本地维护的优点是当存在一些硬件问题时，可以及时有效地来解决，并且在一些只有私有内部网络的场景。本地维护是不可缺少的。一些公司为了保证数据的安全性，专门设置了内部网络，从外界网络无法连接到内部网络，软件维护则只能通过本地维护来完成。

本地维护的流程是：运维人员近端接触设备，通过网关的本地操作维护终端（Local Maintenance Terminal）的串口连接到网关的调试串口，或者通过管理网口以 Web 方式与 SSH 方式登录网关，登录到设备上后进行设备的升级、设备状态查询、业务状态查询、设备配置和调试。

为了简化运维人员的操作，网关还可以支持 U 盘运维和远程主站功能，实现网关的升级，而无须登录到设备内。

2. 远程维护

针对大量部署的边缘计算网关后期的维护问题，可以采用将工业网关接入设备管理云平台的办法解决。在设备管理平台后端可实时监控工业网关通信状态，实现远程配置、远程故障排查、操作历史记录统计、用户权限控制、设备追踪定位等功能，并且通过基站定位的方法实现资产追踪，从而减少不必要的现场服务次数。

（二）硬件维护

边缘计算的关键技术是计算卸载。通过前面的学习我们知道，计算卸载就是把终端的一部分或全部计算任务放在边缘设备上进行，因此维护边缘计算网关硬件以保证边缘计算网关正常运行显得十分重要。硬件维护与软件维护具有同等地位。一般来说硬件维护包括 CPU 维护、存储器维护、外围接口维护，以及增加或者拆卸设备、更换设备、设备除尘、防火防潮等工作。

1. CPU 维护

运维人员通过查看 CPU 占用，确定是否需要升级计算能力更强的 CPU。损坏的 CPU 要及时更换。另外还要每时每刻监控 CPU 的工作温度，当工作温度达到非正常温度时，应发出蜂鸣声警告并且通过网络发送通知。因为 CPU 长时间在高温下运行的话，不仅会导致 CPU 主频降低，减弱 CPU 的计算能力，还会缩短 CPU 的使用寿命。另外还需要定期更换散热硅脂和检查散热风扇运行是否正常。此外很多莫名其妙的故障都是灰尘惹的祸，一般来说每个月都要拆机清理一次。运维人员应该避免对 CPU 进行超频，因为超频会缩短 CPU 的寿命。还要经常查看散热孔是否堵塞，散热风扇是否运转正常，如有需要则添加一些润滑剂，故障严重时需要更换散热风扇。

2. 存储器维护

在当今数据就是一切的时代，存储器的地位至关重要。一般可通过 RAID

(Redundant Array of Inexpensive Disks，廉价冗余磁盘阵列）增加数据可靠性。如图 6-4 所示，RAID5 是一种存储性能、数据安全和存储成本兼顾的存储解决方案。此外，运维人员应选用合适的文件系统，减少硬盘读写次数，定期查看硬盘性能状态，及时更换即将报废的存储器。要避免设备处于潮湿的环境，因为设备在潮湿的环境下长时间运行会导致内存条发生氧化。每个月必须对硬盘进行坏道扫描，及时对坏道进行屏蔽，以防硬盘进一步损坏。

四、网关可靠性技术

为了从本质上提高网关的可靠性，与传统方式相比，边缘计算网关做了以下方面的改变。

1. 提高边缘计算能力

边缘计算网关通过下放数据处理的权限，交予附近网关进行处理，解决了远程通信中传输不畅通的问题，这与普通物联网网关相比有着巨大的功能优势。

2. 增加可用接口

边缘计算网关支持 2 路 DI 数字量输入接口、2 路继电器控制接口、5 路以太网接口同时接入。

3. 网络接入多样化

边缘计算网关支持以太网、Wi-Fi、3G/4G/5G 网络接入；支持负载均衡、有线无线双链路备份等功能；可以实现不同链路之间的切换；内置多级链路检测与恢复机制，保障设备网络连接不间断。

4. 提高工业品质

边缘计算网关采用工业级金属外壳，具有高电磁兼容，耐高、低温，超强的防潮、防雷、防电磁干扰能力，能保障设备在更加恶劣环境下稳定运行。

5. 兼容多平台接入及设备主流协议

边缘计算网关支持包括阿里云/华为云/微软/亚马逊等平台的接入；兼容多种设备主流工业实时以太网协议和工业总线协议，如 Modbus TCP/RTU、Profinet 等协议。

6. 实现远程管理

边缘计算网关支持设备远程监测、配置、升级，可以对现场设备进行编程、诊断、调试，提高服务响应速度；实现故障告警；提升偏远地区设备在线率；智能网关与云端管理系统配合使用，极大地提升了管理效率。

第五节　边缘计算网关的安全性

一、边缘计算安全性概述

安全问题一向是所有网络技术面临的重要挑战，边缘计算也不例外。由于边缘设备并不具备云计算中心设备那么完备的安全措施，所以边缘计算的安全形势更严峻。到目前为止，已经发生了多起针对边缘设备的攻击事件。

2017 年 11 月，Check Point 研究人员发现 LG 智能家居存在设备安全漏洞，攻击者可以利用该漏洞完全控制使用者的个人账户，以设备内的集成摄像头、吸尘器作为窃取用户数据的工具。

2018 年 2 月，全世界程序员使用最为广泛的软件源代码托管服务平台 GitHub 遭遇大规模分布式！拒绝服务（Distributed Denial of Service，DDoS）攻击，流量峰值高达 1.35Tbit/s。五天后美国一家服务提供商遭 DDoS 攻击，流量峰值达到 1.7Tbit/s。

2018 年 5 月，思科 Talos 安全研究团队发现攻击者利用恶意程序 VPNFilter 感染了全球 54 个国家的超过 50 万台路由器与 NAS 设备，品牌包括 Linksys、MikroTik、Netgear、TP-Link、华硕、华为、中兴和 D-Link 等。攻击者利用恶意程序的中间人攻击模块 ssler，通过被感染路由器的流量注入恶意负载，甚至能悄悄修改网站发送的内容。后来，团队又发现了 7 个不同的漏洞利用模块。

由此可见，物联网安全依然是一个严重的问题，而在物联网和云计算基础上提出的边缘计算同样需要解决这个问题。

在边缘计算的模式中，边缘计算平台和边缘计算应用一般都部署在靠近用户的通用服务器、网关、路由器等边缘设备上。边缘设备的计算能力和存储能力有限，不能构建诸如防火墙这样非轻量的安全机制，因此边缘设备处于相对不安全的环境中。这也导致了非授权访问、敏感数据泄露、拒绝攻击服务（Denial of Service，DoS）攻击等多种安全问题的产生。边缘计算中的安全性问题正是学术界和产业界需要重点研究解决的关键问题之一。

2017 年 6 月 1 日正式生效的《中华人民共和国网络安全法》特别强调了关键信息基础设施的运行安全，而能源、交通、制造等关键基础设施的工业控制环境无疑将是安全建设的重中之重。2016 年中国信息通信研究院云计算白皮书指出："公有云服务提供商向用户提供大量一致化的基础软件（如操作系统、数据库等资源），这些基础软件的漏洞将造成大范围的安全问题与服务隐患。"可见安全问题已经成为左右云计算发展的关键因素。

通常，边缘计算使用了端到端（End to End，E2E）加密和以用户为中心的优先系统，试图保护云内的用户信息。除了加密来保护私有信息之外，还需要更安全的代理来使用不同的技术进行会合、通信和访问控制，例如在主机之间进行重新加密或基于属性的加密。此外，有时会创建用于隐私信息共享的新型安全中间件来提升整个边缘计算系统的性能。许多关于云安全的现有工作，如加密数据存储、加密数据查询、同态系统，都有助于创建新的边缘中心服务。

与传统云安全研究的一个重要区别是，边缘计算假设存在可信或部分可信的稳定资源，这些资源将用于那些部署在边缘的应用程序去执行通信、查询、计算等功能。边缘计算也考虑到了分布式中可信节点与恶意节点的共存问题。另一个关键的区别是，与集中式计算相比，边缘计算可以避免数据的集中化存储。以前关于信息碎片结合加密的云安全研究可能会与分散式覆盖技术相结合，以确保对敏感数据进行适当的数据保护。

二、边缘计算环境下的安全隐患

（一）硬件安全

在系统硬件方面，边缘计算的终端设备是开放的，且数量众多，包括人们日常使用的手机、笔记本电脑，还有智慧城市、智慧交通中使用的海量传感器等。边缘计算环境中的终端设备的计算资源、存储资源和能量都是受到限制的。终端部署的环境更加多样，有些终端具有移动性的特点，活动范围大，移动速度快；有些终端部署在偏远地区。因此，边缘计算的终端设备更易遭受物理攻击和人为破坏，导致终端失效、被仿冒、被控制和业务数据泄露，危害业务系统的正常运行。

（二）软件安全

在系统架构方面，边缘计算的体系架构如图6-8所示，主要包括核心基础设施、边缘数据中心、边缘网络和移动终端共4个层次的功能。

1. 基础设施安全威胁

核心基础设施的主要功能是为边缘设备提供网络接入功能和集中式云计算及设备管理功能。它可以为不同地理位置上的大量用户提供实时的服务。但是大多数情况下核心基础设施并不都是可信任的，反而极有可能发生隐私泄露、数据篡改和拒绝攻击服务的情况。

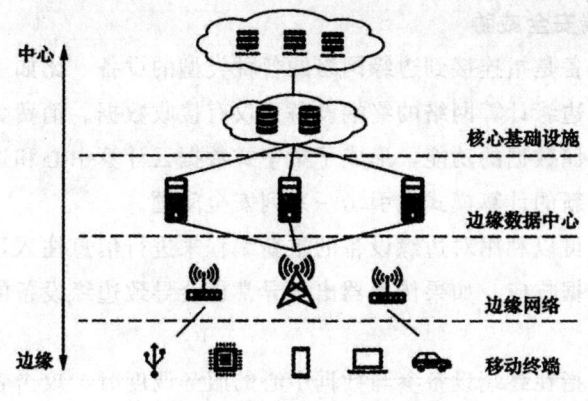

图 6-8　边缘计算体系架构

所有的通信网络都容易受到拒绝攻击服务(DoS)、分布式拒绝服务(DDoS)攻击和无线干扰,这些攻击会破坏边缘网络及其周边网络。但是在分布式环境下,如果网络的协议和服务设计为自治或者半自治的工作方式,这些攻击手段就不能完全破坏边缘数据中心的功能。

中间人攻击(Man In The Middle,MITM)是指攻击者通过控制网络的某个部分对网络其他部分发起恶意攻击、窃听或者流量注入。这种攻击既隐蔽又十分危险,可以遍历特定结点的所有信息。

由于边缘计算的开放性,攻击者可以用伪造网关的方法自己创建并部署网关来发起恶意攻击,这一攻击方式产生的效果与中间人攻击类似。

2. 边缘数据中心安全威胁

边缘数据中心作为边缘计算的核心组件之一,提供虚拟化和管理服务。边缘数据中心的分布式并行处理数据的模式使得电信公司内部员工和外部人员都有可能在未经允许的情况下访问边缘数据中心的信息流,通过边缘数据中心的信息流提取出用户的敏感信息,造成数据保密问题和隐私泄露现象。

攻击者在获得边缘数据中心某部分的控制权后可以滥用自己作为管理员的权限,从而操纵数据中心的服务发起对应的恶意攻击,比如拒绝服务攻击或者信息篡改。甚至通过各种方式控制整个边缘数据中心,从而完全掌控数据中心对外提供的所有服务,控制所有与外部系统的交互。

3. 边缘网络安全威胁

边缘网络部分由不同的网络架构组成,包括移动中心网络和互联网络来实现传感器的互连。这种融合的网络架构极易受到恶意攻击,攻击者可以对不同架构的网络的任意一部分发起攻击,从而导致更为复杂的安全问题。

4. 移动终端安全威胁

移动终端设备是指连接到边缘网络的各种类型的设备，比如手机等终端设备和物联网设备。边缘计算网络的终端设备不仅有接收数据、消费数据的任务，同时具有计算、存储数据的功能，形成了集中式数据云计算中心和边缘设备的双重计算模式。这种新的计算模式也引出一系列安全问题。

任何攻击者可以利用对边缘设备的重新编程来进行信息注入，从而对用户的查询以虚假的数据响应。如果传感器出现异常也会导致边缘设备的数据收集和计算产生错误。

服务操作是指在终端设备参与数据中心的服务调度时，攻击者获得其中一个设备的控制权，从而操作、篡改服务结果。

三、边缘计算网关安全体系

由上面的介绍我们知道，边缘计算网关安全可分为两个层次：硬件安全和软件安全。硬件安全以安全芯片为核心，辅以相关的接口等设备组成网关。软件安全以安全算法为核心，确保身份认证正确、访问控制无误，保证数据和隐私安全。硬件安全与软件安全并非完全独立的两个层次，两者相互辅助才能确保网关安全。

（一）安全芯片

1. 安全芯片简介

安全芯片是从硬件角度提出的解决方案，采用多种物理防护措施，能提供独立的数据存储和安全运行环境，具备出色的密码计算能力，可为业务系统提供基于硬件的安全基础，构建安全的应用环境。

安全芯片是在单一芯片的环境下提供包括 CPU、RAM、ROM 和 IO 接口的微型计算机环境，可以提供安全的存储环境和运行环境、密码算法计算能力和自身对外界攻击的安全防护能力。

2. 安全芯片的种类

根据应用类型、接口类型和集成类型的不同，可以把安全芯片分为以下种类。

（1）可插拔独立安全模块形态：通过标准外置接口与终端集成，例如 TF 密码卡和 UKey 等。已经在市场中得到广泛应用，是使用最广泛的安全芯片产品。

（2）嵌入式独立安全模块形态：通过贴片、焊接、合封等方式集成在终端主板上。由于集成难度相对较大，主要应用于定制终端。

(3)内置非独立安全芯片(inSE)：在终端芯片中实现全部或部分安全芯片功能，通常由独立的 CPU 核实现，使其运行环境独立于终端芯片的硬件环境。

各种类型的安全芯片特性如表 6-1 所示。

表 6-1　不同类型安全芯片的特性

类型	性能	功耗	成本	集成稳定性	集成难度	适用终端	主要应用场景
可拔插独立安全模块	指示其他某个对象是否与此对象"相等"	高	高	低	低	通用终端	个人通信、移动办公、金融支付
嵌入式独立安全模块		低	高	高	高	专用终端	个人通信、金融支付
inSE	受接口限制目前较低	低	无额外成本	高	低	通用终端	金融支付

3. 业界主流的安全芯片产品

TF 密码卡：TF 卡形态安全芯片，通过 SD memory 方式与终端通信，功耗 100mW 左右，部分产品同时支持大容量存储。TF 密码卡支持国际主流密码算法和国产商用密码算法，广泛应用于保密通信、移动办公等领域，一般都具有国产商用密码产品型号。

eSAM(Embedded Secure Access Module)：eSAM 是将一块具有 COS 操作系统的安全芯片封装在 DIP8 或 SOP8 模块中，做成一个安全模块，以完成数据的加密解密、双向身份认证、访问权限控制、通信线路保护、临时密钥导出、数据文件存储等多种功能。eSAM 支持国产商用密码算法和国际主流密码算法，目前广泛应用于智能电表、水表、燃气表、热力表和机顶盒等终端设备。

eSIM(Embedded-SIM)：eUICC 是由 GSMA 组织联合运营商、终端厂商、卡商共同提出的下一代 SIM 卡技术标准。eSIM 的核心思想是将 SIM 卡硬件 eUICC 的生产与运营商签约数据的生产分离。eUICC 预先置入终端设备，其中不包含运营商签约数据。用户在开始使用终端设备后，以空中写卡方式从网络平台下载运营商签约数据，安装到 eUICC 中。

除以上 3 种安全芯片的产品形态外，内置非独立安全芯片(inSE)是一种近年出现的安全芯片新形态，具有性能高、功耗低、成本低等优点，边缘计算是其未来应用的重要领域。

（三）数据安全

不论是传统的云计算模式还是边缘计算模式，用户数据都需要交给第三方

（如云计算中心或者边缘数据中心）来处理，这就会让攻击者有机可乘，极易造成数据的泄露和篡改等严重的数据安全问题。目前国内外学者对于边缘计算环境下的数据安全研究主要集中在将云计算、移动云计算等传统环境下的数据安全解决方案改造并移植到边缘计算的环境中。下面简单介绍一下数据安全算法。

1. 数据加密与安全传输

数据的加密，一般是发送方先把数据加密再发送给接收方，接收方收到后再进行解密。传统的加密算法主要分为对称加密和非对称加密，但是在边缘计算的受限环境下效率很低。代理重加密（Proxy Re-Encryption，PRE）最早在1998年由布雷泽（Blaze）等人提出。在 PRE 中，一个半可信的代理者能够利用重加密密钥（Re-encryption Key）将原本针对数据拥有者公钥的密文转换成针对数据使用者公钥的密文，并可以保证该代理者无法获知对应明文的任何消息。因此，代理重加密被广泛应用于数据转发、文件分发等多用户共享的云安全应用中。此后，国内外学者提出了一系列算法不断将其发展。算法描述如下。

A：将明文 M 用自己的公钥加密，其中的 M 就是 A 想要给 B 的内容。

A：将 M 发给半诚实代理商，并为其生成转化密钥，这个密钥是由 A 为代理商计算好生成的密钥。

Proxy：用 A 生成的密钥将密文转化为 B 的私钥能够解密的密文，其中 Proxy 只是提供计算转化服务，无法获得明文。

Proxy：将生成的密文发给 B。

B：解密获得 A 想要秘密共享的明文 M。

整个过程最大的优点就是解放了发送方 A。A 只需生成代理密钥，具体文件的传输、文件的转化、文件的存放都是半诚实代理商完成的。

2. 数据完整性校验

用户数据传送到边缘数据中心后要考虑的一个重要问题就是数据中心收到的数据是否完整。目前学界对边缘计算数据完整性的验证主要关注点在于动态审计、批量审计、隐私保护和低复杂度等方面。Merkle 树是支持数据完整性验证的常用数据结构，现在的研究大部分都是利用 Merkle 树进行改造。

如图 6-9 所示，Merkle 树是哈希大量聚集数据"块"（Chunk）的一种方式，它依赖于将这些数据"块"分裂成"较小单位"（Bucket）的数据块。每一个 Bucket 仅包含几个数据"块"。然后取每个 Bucket 单位数据块再次进行哈希，重复同样的过程，直至剩余的哈希总数变为 1。

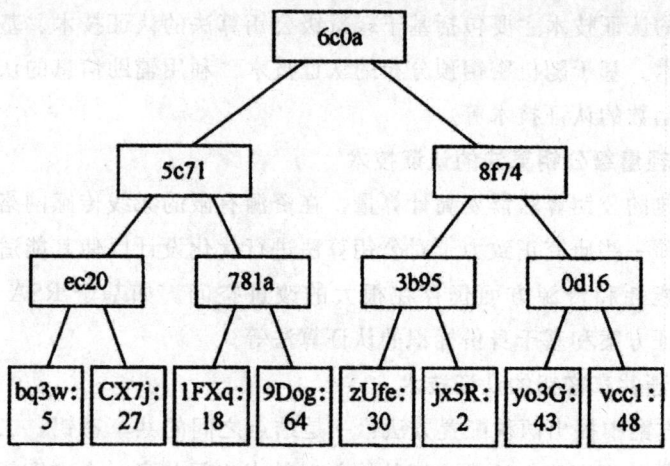

图 6-9　Merkle 树的结构

3. 可搜索加密

在边缘计算模式中，数据常常加密后保存在边缘数据中心。但是有时用户需要在第三方服务器的密文中搜索某个关键字，因此可搜索加密也是保护用户隐私的一个重要方法。传统的可搜索加密计算复杂度高，在边缘设备的受限环境下并不适用。

安全排名可搜索算法只按照相关性来返回部分搜索结果，更适合边缘设备。有关人员在对称可搜索加密（SSE）的基础上首次提出了一种安全排名对称可搜索加密（RSSE）算法，利用关键字频率和反向索引策略来度量关键字与密文数据之间的相关程度，实现云计算下安全排名的加密搜索。此外，有关人员还设计了一种新的密码原语 OPSE（Order Preserving Symmetric Encryption），利用一对多的保密映射来保护用户的数据隐私，同时能够对用户返回的搜索结果进行验证。有学者又在此基础上，考虑了一种多关键字的排名搜索算法（MRSE），该算法能够按照关键字顺序返回对应文件，通过在各关键字语义中构建"协调匹配"的有效相似性度量，来尽可能多地匹配以捕获数据文件与搜索关键字的相关性，同时结合"内积相似度"（Inner Product Similarity）对相关性进行定量评估。

（三）身份认证

边缘计算由多方参与组成，包括数据参与者（终端用户、服务提供商和基础设施提供商）、服务（虚拟机、数据容器）和基础设施（如终端基础设施、边缘数据中心和核心基础设施）。因此边缘计算是多方信任实体共存的，需要一种身份认证机制供任意实体之间相互验证。

在边缘计算的认证机制中，传感网的认证机制是需要重点研究的部分。无线传感网络中的认证技术主要包括基于轻量级公钥算法的认证技术、基于预共享密钥的认证技术、基于随机密钥预分布的认证技术、利用辅助信息的认证技术及基于单向散列函数的认证技术等。

1. 基于轻量级公钥算法的认证技术

鉴于经典的公钥算法需要高计算量，在资源有限的无线传感网络中不具有可操作性，当前一些研究正致力于对公钥算法进行优化设计以使其能适应无线传感网络，但在能耗和资源方面仍存在很大的改进空间。如基于 RSA 公钥算法的 Tiny PK 认证方案和基于身份标识的认证算法等。

2. 基于预共享密钥的认证技术

SNEP 方案中提出两种配置方法：一是结点之间的共享密钥，二是每个结点和基站之间的共享密钥。这类方案使用每对结点之间共享一个主密钥的方法，可以在任何一对结点之间建立安全通信。其缺点是扩展性和抗捕获能力较差，任意结点被俘获后就会暴露密钥信息，进而导致全网络瘫痪。

3. 基于单向散列函数的认证技术

该技术主要用于广播认证。单向散列函数可生成一个密钥链，利用单向散列函数的不可逆性，保证密钥不可预测。通过某种方式依次公布密钥链中的密钥，可以对消息进行认证。目前，基于单向散列函数的广播认证技术主要是对 TESLA 协议的改进。它以 TESLA 协议为基础，对密钥更新过程、初始认证过程进行了改进，使其能够在无线传感器网络有效实施。

（四）访问控制

1. 基于角色的访问控制

访问控制是指对用户合法使用资源的认证和控制，目前，对信息系统的访问控制主要采用基于角色的访问控制机制（Role Based Access Control，RBAC）及其扩展模型。RBAC 机制主要由桑德胡（Sandhu）于 1996 年提出的基本模型 RBAC96 构成，其认证过程为：一个用户先由系统分配一个角色，如管理员、普通用户等；登录系统后，根据对用户角色所设置的访问策略实现对资源的访问。

显然，同样的角色可以访问同样的资源。RBAC 机制是一种基于互联网的 OA 系统、银行系统、网上商店系统等系统的访问控制方法，是基于用户的。对边缘计算模式而言，末端是感知网络，即可能是一个感知结点或一个物体，采用用户角色的形式进行资源控制显然不够灵活。一是本身基于角色的访问控制在分布式网络环境中已呈现出不相适应的地方，如对具有时间约束资源的访问控制及访问控制的多层次适应性等方面均需要进一步探讨。二是结点不是用户，而是各类传感器。传感器种类繁多，基于角色的访问控制机制中的角色类型无法一一对应这些结点，所以 RBAC 机制难以实现。三是物联网表现的是信息的感知互动过程，包含了信息的处理、决策和控制，尤其反向控制是万物互联的特征之一，资源的访问呈现动态性和多层次性。而 RBAC 机制中一旦用户被指定为某种角色，其可访问的资源就相对固定了。因此，寻求新的访问控制机制是边缘计算方向研究的新问题。

2. 基于属性的访问控制

由于边缘计算是以数据为主导的计算模式，因此，边缘计算的访问控制通常采用加密技术来实现。传统的加密技术并不适用于分布式系统，而属性加密（ABE）能够很好地适用于分布式架构，实现细粒度数据共享和访问控制。

基于属性的访问控制（Attribute Based Access Control，ABAC）是近几年研究的热点。若将角色映射成用户的属性，可以构成 ABAC 与 RBAC 的对等关系，且属性的增加相对简单。通过基于属性的加密算法可以实现基于属性的访问控制。ABAC 方法的问题是属性数量较少时，加密解密的效率较高，但随着属性数量的增加，加密的密文复杂度将增加，使算法的实用性受到限制。目前 ABAC 有两个发展方向，即基于密钥策略和基于密文策略，其目标均是改善基于属性的加密算法的性能。

密文策略基于属性加密（Ciphertext Policy Attribute Based Encryption，CP-ABE）是目前学界研究的一个热点领域。所谓密文策略基于属性加密是指，密文对应于一个访问结构而密钥对应于一个属性集合。当且仅当属性集合中的属性能够满足此访问结构时解密。这种设计比较接近于现实中的应用场景。用户根据自身条件或者属性从属性机构得到密钥，然后管理员来制定对消息的访问控制。

密钥策略基于属性加密（Key Policy Attribute Based Encryption，KP-ABE）是另一种研究较多的基于属性的加密系统。所谓密钥策略基于属性加密是指，密钥对应于一个访问控制而密文对应于一个属性集合，当且仅当属性集合中的属性能够满足此访问结构时解密。这种设计比较接近静态场景。

此时密文用与其相关的属性加密，然后存放在服务器上。当允许用户得到某些消息时，就分配一个特定的访问结构给此用户。

（五）隐私保护

1. 数据隐私保护

由于用户的私密性数据将由不在用户控制之下的实体进行存储和处理，因此，在保证用户隐私不被泄露的同时允许用户对数据进行各类操作（如审计、搜索和更新等)是当前的研究重点。

帕苏普莱蒂(Pasupuleti)等学者提出了一种针对移动设备的外包云数据隐私保护方案(ESPPA)。该方案采用概率公钥加密技术(PPKE)和关键字排名搜索算法(RKS),在资源受限的移动终端上实现隐私保护的排名查询。首先,移动用户生成文件索引,并对数据和索引进行加密上传;其次,为了访问云中存储的密文数据,用户把由关键字生成的陷门发送到云端;最终,云服务器根据陷门搜索并向用户返回基于相关性得分的排序匹配数据,进而解密得到原始数据。

2. 位置隐私保护

随着基于位置服务的普及,位置隐私问题也成了广为关注的研究点。目前,对本领域的研究重点集中于利用 K 匿名(K-anonymity)技术来实现位置服务中的隐私保护。但基于 K 匿名的位置隐私保护方案在实际应用中会消耗大量的网络带宽和计算开销,并不太适用于资源受限的边缘设备。

法瓦兹(Fawaz)等学者设计了一个名为 LP-Doctor 的细粒度访问控制工具,用于防止移动应用程序中的位置服务带来的位置隐私威胁。LP-Doctor 是一种基于 Android 的移动设备工具,能够实现基于操作系统的位置访问控制,且不需要修改应用层和操作系统。LP-Doctor 定义的功能组件包括应用程序会话管理器、策略管理器、位置检测器、移动管理器、威胁分析器和匿名执行器。当一个基于位置的应用程序启动时,应用程序会话管理器将应用程序启动和退出时间设置为匿名位置;策略管理器用于维护隐私策略,包括阻止、允许和选择相关隐私策略;位置检测器用于检测用户的当前位置;当用户位置改变时,移动管理器则更新用户的位置信息;威胁分析器根据策略管理器选取的隐私政策决定是否允许保护当前位置,如果威胁分析器决定保护位置信息,那么匿名执行器则采取相应的匿名措施,例如增加一个虚假位置来确保位置匿名。当定位感知应用启动时,LP-Doctor 的运行流程如图 6-10 所示。

3. 身份隐私保护

目前,对边缘计算范式中用户身份隐私的保护尚未引起广泛关注,仅有一些在移动云计算环境下的探索性研究成果。卡里尔(Khalil)等学者指出,当前的第三方身份管理系统(IDM)容易遭受 3 种攻击:IDM 服务器妥协、移动设备妥协和网络流量拦截。针对这些攻击问题,该团队提出了一种综合的第三方身份管理系统(CIDM),该系统通过引入 IDM 服务器来代表服务提供商管理移动用户数字身份。首先,通过将授权凭证、IDM 服务器和服务提供商进行分离操作,来抵御非法访问 IDM 和流量拦截攻击;同时,添加额外的认证层以防止移动设备数据泄露。针对身份验证过程中的数字凭证泄露问题,有人提出一种基于动态凭证的轻量级身份隐私保护方案。该方案将身份认证动态凭证操作外包给第三方可信实体,以最小化移动设备的计算开销。此外,为了提高方案的性能和安全性,移动设备的凭证信息会根据移动云分组交换机制进行实时更新,以防止发生凭证窃取攻击。还有一种方案是在移动互联网服务中引入改进的身份管理协议 I2DM。该协议采用基于公钥基础设施(PXI)的 PGP 算法,实现了用户身份管理和隐私保护。I2DM 协议采用 256 位的加密密钥来保证会话安全性,并减少了来自信息处理和分组传输的负载,提高了移动网络性能。

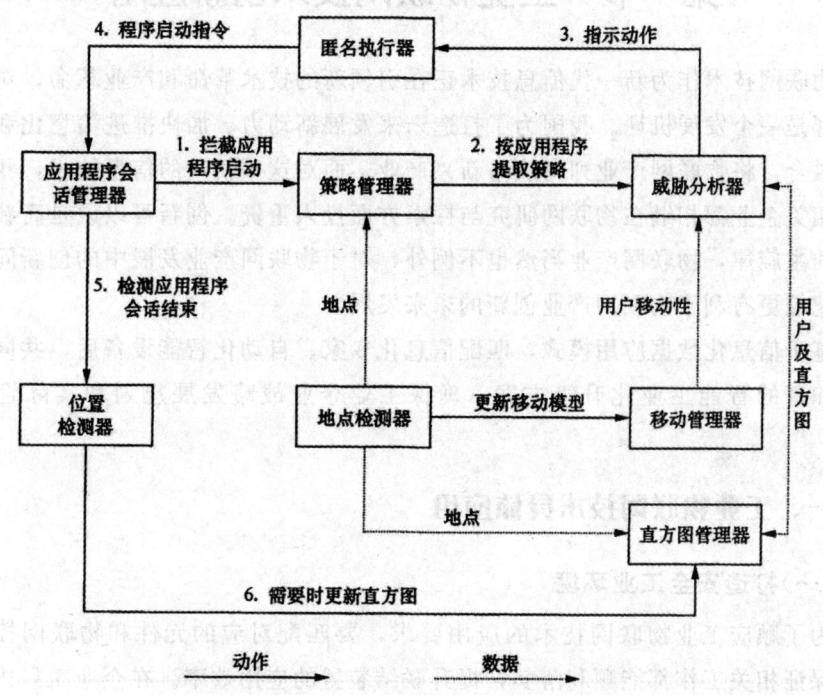

图 6-10 定位感知应用启动时 LP-Doctor 的运行流程

第七章　工业物联网技术的创新发展

第一节　工业物联网技术创新应用

物联网技术作为新一代信息技术正在引领新的技术革命和产业革命，对世界各国都是一个发展机遇。我国为了打造未来发展新动力、加快推进信息化和工业化的融合，将物联网产业列为战略新兴产业。面对这一新兴的信息技术，我国政府及相关企业都相继在物联网研究与探索方面投入重资。创新可以说是高新技术产业的主旋律，物联网产业当然也不例外，对于物联网产业发展中的创新问题的准确把控更有利于物联网产业创新的未来发展。

基于信息化数据应用模式，匹配信息化专家、自动化智能设备后，共同打造更加和谐的智能工业化升级方案，确保工业企业战略发展规划和实际管理相匹配。

一、工业物联网技术具体应用

（一）打造安全工业环境

为了顺应工业物联网技术的应用要求，要匹配对应的元件和物联网控制模块，保证相关工作都能顺利落实，提升联结装置的应用效率。在企业工厂内安装危险源感知测试装置，建立工业现场分布式信息系统，从而保证信息收集和统一汇总的规范性。并且，借助系统就能实时监控工业现场的可燃性气体、粉尘浓度等参数，以保证综合分析管控的规范性。例如，若是现场出现危险，借助声光控制元件、PC以及移动终端，就能及时完成信息汇总分析，从而在一定程度上减少现场事故的危害。

另外，在建立分布式监测点预警机制的过程中，能对工业现场环境予以实时监督和管理，若是预测工业现场区域可能会出现危险或者是安全隐患，就会借助声光短信及时通知相关抢修人员，保证智能物联网技术并行环境中能有效利用自动控制模块，对现场的气源和通风设备予以智能化启停。

(二)落实预测性维护

为了保证设备管理工作的基本水平，减少故障问题对其综合应用产生的影响，要打造更加合理且可靠性、稳定性高的预测性维护项目管理模块，以保证相关工作都能顺利开展。图 7-1 为某石化企业塑料事业部设备状态监测系统图，通过该系统实现重要设备健康状态的实时数据采集，为技术人员在线诊断提供及时可靠的信息，为实现设备状态实时监控、预防性维护及数据深度分析奠定基础。健康状态监测系统基于现场无线网络通过 OPC 协议传送的现场设备运行状态数据分析及预警，为设备技术人员提供实时在线数据支持及分析，从而提高整个塑料部设备可用率及可靠性。该系统包括装置和工业平台构建的相关信息，保证设备的健康管理预测性维护系统的合理性。利用旋转机械故障诊断和往复式机械故障诊断、模拟状态分析诊断、振动与噪声分析诊断等模块，就能更好地提升设备管理效率，减少设备故障问题对工业物联网技术产生的影响。

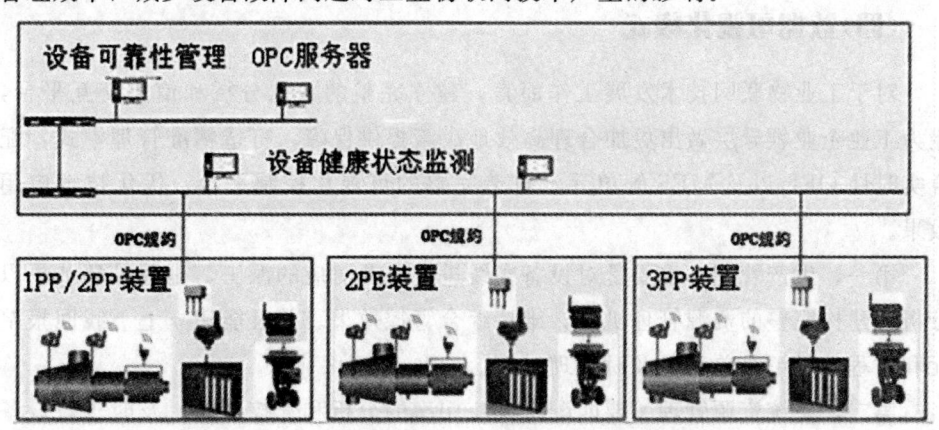

图 7-1　某石化企业塑料事业部设备状态监测系统

（1）边缘计算模块。主要是提取故障特征值，并且配合机械物理信号预处理实现综合管理，同时也能实现设备数据时域分析和设备数据小波分析，保证计算结果能为物联网实时性应用管理提供保障。

（2）信号采集和信息数据处理模块主要是应用对应的元件完成信息的集中管理。

（3）传感器匹配模块可适配不可厂家的振动、温度、压力等传感器，从而减少投资，保障系统的兼容性。

（4）专家库和故障识别模块要结合状态识别和专家系统建立故障问题的集中分析，并且有效维持工业物联网技术应用的规范性，打造更加完整的信息管控平台。与此同时,配合机械设备自回归模型实现实时监督。

(5)网络传输主要是建立工业通讯单元、网络安全监管单元以及网络发布管理单元。

(6)云服务模块使用云存储技术实现大数据的预测维护分析以及设备的健康管理。

(三)"软件+机器"工业模式

在工业物联网技术体系中,能真正意义上实现柔性制造线的管理,借助对应的关键系统就能替代超过60%的人力作业,配合加工中心、自动化物流技术以及信息控制软件技术等维持综合管理的效果。

与此同时,实现"机器人+视觉"处理系统,也能为工业物联网技术方案中建立物流自动化产品管理机制提供保障。

(四)数据可视化模式

对于工业物联网技术发展工作而言,建立完整的数据分析和信息交互平台,能为工业企业领导层做出更加合理高效地决策提供保障,打造精准管理模式,配合实时性OEE以及MES等单元,打造完整的可视化控制平台,优化技术应用效果。

第一,生产管理。主要是对设备在线进度以及对应的派工、排程等环节予以分析,建构完整的资源管理机制,维持综合管控效果。并且能建立上下线回报单元和过程数量汇总单元,及时管理进度。

第二,系统资源管理。要匹配资源应用率的分析和管控工序,及时进行设备预测维护和系统资源实时性监督等。

第三,建构生产数据云端整合分析模式,确保智慧预测的规范性。例如,厂务能源管理、设备自动化、设备监视诊断和效益优化、MES整合、机台监诊和预防保养等,共同实现生产应用管理结构。

第四,建立智慧工厂模式。①实现端对端集成处理,配合产品全生命周期,维持独立产业链,一般呈现出网状结构,应用和实现存在一定的难度;②实现横向集成处理,从企业所在的产业链入手,确保能更好地维系企业——供应商——经销商——客户的产业链条,维持数字化产业链应用效果;③实现纵向集成,从企业边界入手,打造更加合理的智能化处理模式,维持数字化企业和智能化工业发展的平衡。

二、工业物联网技术发展目标

伴随着物联网技术的不断发展和进步，工业物联网应用模式也将实现多元发展目标，建构更加合理且高效地应用体系，从而提升经济效益。

（一）生产过程工艺优化

将物联网技术全面应用在工业体系中，不仅能对常规化运营予以管理，还能将其应用在生产过程中，匹配数据监测模块、数据采集和生产过程监测模块，维持更加合理的资源应用结构。提升人力资源利用率的同时，还能减少生产过程中资源的浪费，为成本优化提供保障。生产过程中，借助物联网技术进行全方位监督管理，可保证生产过程更加优化。

（二）制造业供应链智能化管理

在工业物联网技术中融合大数据挖掘技术，能更好地掌握相关产品的基础信息，配合物联网信息管理模式，有效制定预测分析方案，预测商品价格的市场走向以及市场供应要求，保证客户满意度得以提升。工业物联网技术的推广，能为制造业供应链体系的全面发展提供支持。

（三）环保监测

工业发展和环保管理工作一直受到广泛关注，借助物联网技术能建构完整的产业链管理结构，将物联网技术和环保设备予以实时互联，就能对企业生产产生的有害物质以及排放量等予以实时性监测分析，减少环境污染问题造成的负面影响。

第二节　工业物联网技术创新发展策略

工业物联网技术的全面推广和应用具有非常重要的时代意义和价值，要着重发挥各个模块的应用优势，共同引领工业向智能化、现代化、数字化发展，在科研技术和管理水平全面进步的同时，实现经济效益、环保效益、社会效益的共赢。

一、在人工智能技术的广泛使用

人工智能的飞速发展，更赋予工业物联网全新的发展方向，明确分野自动化及智动化的差异，包括机器视觉、深度学习等利用算法分析为主的人工智能技术，已成为工业物联网未来发展的全新趋势，不仅让自动化与机器人的技术更为精准、制造业也开始进入如无人工厂等全新的科技领域。

二、在工业大数据平台的广泛使用

工业大数据分析平台是利用大数据技术开发搭建的信息一体化平台，从而为企业提供完善的服务。将产品数据作为核心内容进行分析，使数据在传统的工业范围中得到极大的拓展和充分的利用。以产品创新为例：通过对数据的深入分析和挖掘，能够帮助企业精准把握客户的需求，为产品创新做出贡献。总的来说，工业大数据分析平台的应用价值主要可以提高行业、企业生产效率，提升产品质量；降低生产成本，实现节能降耗；加快工业企业产品创新速度，有助于实现大规模定制生产；加快实现工厂的智能化管理、生产。

三、全面推动新型工业模式的发展

物联网不仅能够实现设备的互联，还能够通过优化产品类型、维护客户关系为企业服务，推动新的工业模式的产生和发展。消费者可通过在智能终端输入需求数据，制定自己需要的专属商品，从而实现商品的社会化大规模定制。同时，消费者还可通过工业智联网技术对商品的原材料、零件生产、拼装运输等流程进行回溯，保证生产过程的透明化，使商品的质量和可信度得到了有效的保证。相对于设备和资产信息而言，当前工业企业在生产过程中掌握的客户和产品的数据相对匮乏，所以企业在未来生产中想要开发更具吸引力的产品或提升现有客户关系，还需要收集更多关于客户和产品的数据和信息，以业务发展和效率的提升为企业的发展诉求，工业企业物联网未来需要更加的关注客户和产品。

随着科技的发展，工业物联网技术将会融合大数据、互联网、传感器以及人工技能等多项技术，使工厂发展逐步迈向智能化和数字化，从而降低企业的生产能耗、提高效能利用率。大规模地开发工业物联网是社会发展的必然趋势，随着智能制造人机交互与协同、智能工厂、工业大数据等技术的发展，工业物联网技术将在智能制造领域发挥更重要的作用，我国的制造业也会在世界制造业版图中占据有利位置。

四、未来工业物联网发展对策

（1）技术层面。近年来，国内在网络架构、传感器、M2M 等方面取得了一定的技术突破。但仍需要进一步强化工业物联网基础通用标准的建设，注重国家标准与国际标准的衔接，加强行业间的交流与合作。推进窄带物联网的技术研究，加大高端传感器、新兴短距离技术芯片的研发投入，以及建立信任的物联网体系架构，规范隐私管控。

(2)市场层面。中国移动互联网发展迅速，已成为全球移动互联网最大的市场。通过开放接口的方式连接工业物联网设备，使工业物联网依托移动互联网应用的入口优势，建设中国特色工业物联网。同时，鼓励行业龙头企业加大技术研发力度，推动商业模式和服务模式等方面的创新。

(3)应用层面。在工业制造领域，工业物联网在生产过程的工程优化、产品设备监控管理和工业安全生产管理等环节得到广泛应用。以培育多形式的工业物联网资源共享平台为切入点，加大产业研发和测试，促进资源流动与整合配置。

(4)政策层面。建设科学的产业发展整体规划并调整企业的财税支持方式，发挥财政税收政策调节作用，引导工业物联网产业健康持续发展。同时，改善物联网企业的融资环境，鼓励工业物联网企业、银行和保险公司三方合作，降低物联网企业的融资风险。

鼓励设立物联网发展创投基金，由物联网龙头企业和投资公司提供资金，委托专业机构运营管理，为有潜力的物联网企业提供及时的资金支持等。

参考文献

[1]车春鹏，高汝熹．工业物联网产业发展战略研究[M]．上海：上海社会科学院出版社，2013，12．

[2]胡典钢．工业物联网：平台架构、关键技术与应用实践[M]．北京：机械工业出版社，2022，3．

[3](美)斯拉瓦尼·巴塔查尔吉．马金鑫，崔宝江，李伟，译．工业物联网安全[M]．北京：机械工业出版社，2019，5．

[4]陈良银，陈彦如．工业物联网核心技术(边缘计算网关)[M]．北京：人民邮电出版社，2021，09．

[5]王平．工业物联网技术与应用[M]北京：科学出版社，2014．

[6]柯建东．工业物联网再出发：行业生态体系与企业价值体系再造[M]．宁波出版社，2020，5．

[7]柯建东．工业物联网战略创新[M]．宁波出版社，2021，6．

[8]黄海松，杜飞龙．工业物联网技术及应用[M]．成都：电子科技大学出版社，2018，6．

[9]刘军，阎芳．物联网技术[M]．北京：机械工业出版社，2017，6．

[10]彭力．物联网技术概论[M]．北京：北京航空航天大学出版社，2011，9．

[11] International Telecommunication Union. Ubiquitous networksocieties：their impact on the telecommunication industry[EB/OL]．(2006-12-11)[2010-08-25]．http：//www.itu.int/osg/spui/ubiquitous/Papers/UNSImpactPaper.pdf．

[12]IBM 中国商业价值研究院．智慧地球引领中国[EB/OL]．(2009)[2010-08-25]．http：//www-900.Ibmcorn/innovation/cn/think/download/smart_China.pdf．

[13]江泽民，新时期我国信息技术产业的发展[J]．上海交通大学学报，2008，42(10)：1589-1607．

[14] Weiser M. The computer for 21 st century[J]．Scientific American,

1991,265(3):94-104.

[15] Wikipedia. Ambient network[EB/OL].(2009-10-21)[2010-08-25].http:/en.Wikipedia,org/wiki/Ambient-intelligence.

[16]Saha D,Mukheqee A.Pervasive computing:a paradigm for the 21st century[J].Computer,2003,36(3):25-31.

[17] VInternational Telecommunication Union.Ubiquitous net work societies:the case of Japan[EB/OL].(2006-12-11)[2010-08-25].http:/www.itu.int/osg/spu hi/ubiquitous/Papers/UNSJpanCaseStudy.pdf.

[18]International Telecommunication Union.Ubiquitous network societies:the case of Korea[EB/OL].(2006-12-11)[2010-08-25].http:/www.itu.in/osg-spu/ni/Ubiquitous/Papes/UNSKoreaCaseStudy.pdf.

[19]Intemational Telecommunication Union,Y.2002(Y.NGN-UbiNet).Overview of ubiquitous networking and of its support in NGN[S].Geneva:ITU,2009.

[20]International Telecommunication Union,Internet Repots2005.The Internet of things[R].Geneva:ITU,2005.

[21]温家宝.2010年政府工作报告[EB/OL].(2010-03-15)[2010-08-25].http://www.gov.cn/2010h/con.tent_1555767.htm.

[22]曹淑敏.走向宽带泛在的无线移动通信[J].世界电信,2009,22(12):43-45.

[23]陈如明.泛在/物联/传感网与其他信息通信网络关系分析思考[J].移动通信,2010,

34(8):47-51.

[24]张平,纪阳,冯志勇.移动泛在网络环境(1)[J].中兴通讯技术,2007,13(1):58-62.

[25]续合元.泛在网络架构的研究[J].电信网技术,2009(7):22-26.

[26] Wang Chenshu.Tzeng Y R.A wireless networking technologies overview over ubiquitous service applications[C]//NCM'08.Gyeongju:[s.n.],2008:156-161.

[27]张平,冯志勇.认知无线网络[M].北京:科学出版社,2010:50-51.

[28]Ji Yang,Zhang Ping,Hu Zheng,etal.Toward mobile ubiquitous service environment[J].Springer WirelessPersonal Communications,2006,38(1):

67-78.

[29]张平,纪阳. 移动泛在业务环境及其体系结构设计的挑战[J]. 北京邮电大学学报,2005,28(5):1-3.

[30]蒋青,贺正娟,唐伦. 泛在网络关键技术及发展展望[J]. 通信技术,2008,41(12):181-182.

[31]Patten K, Passefini K. From personal area networks toubiquitous computing: preparing for a paradigm shift inthe workplace[C]/WTS 2005. Pomona:[s. n.], 2005:225-233.

[32]张平. 移动泛在融合的通信业务发展趋势[J]. 电信工程技术与标准化,2008,21(1):1-5.

[33]Dey A K. Understanding and using contex[J]. Personal and Ubiquitous Computing, 2001, 5(1):4-7.

[34]Akyildiz IF, Xie Jiang, Mohanty S. A suvey of mobility management in next-generation all-IP-based wireless systems [J]. IEEE Wireless Communications, 2004, 11(4):16-28.

[35]Kalasapur S, Kumar M, Shirazi B A. Dynamic service composition in pervasive computing[J]. IEEE Trans onParallel and Distibuted Systems, 2007, 18(7):907-918.

[36]黄怡,崔春风. 移动泛在网络的发展趋势[J]. 中兴通讯技术,2007,13(4):1-3.

[37]马骏,刘罡. 远程控制和物联网技术在工业自动化控制中的应用[J]. 电工材料,2021(2):31-32.

[38]刘晓悦,王泰达,王兴楠,等. 基于工业物联网的污水处理厂远程监控技术研究[J]. 电气传动,2020,50(11):60-64,71.

[39]陈文波,郑丽欧. 以嵌入式技术为基础的工业锅炉远程监测智能化物联网终端设计研究[J]. 工业加热,2019,48(6):34-37.

[40]张彦. 基于物联网的工业园区上下游一体化智能管控技术分析[J]. 给水排水,2021,47(6):144-147,154.

[41]贺耀宜,刘丽静,赵立厂,等. 基于工业物联网的智能矿山基础信息采集关键技术与平台[J]. 工矿自动化,2021,47(6):17-24.

[42]李延,耿震磊,袁艳芳,等. 工业物联网蓝牙安全及基于标识算法的分布式鉴权技术研究[J]. 信息安全与通信保密,2021(10):82-91.

[43]张启亮,韩键,姜丽萍.工业物联网大数据平台在工程机械行业的应用[J].信息技术与标准化,2017(04):26-31.

[44]郑树泉.工业物联网大数据平台架构与应用[J].软件产业与工程,2016(06):15-18.

[45]李龙新工业时代下中国工业物联网发展现状及趋势[J]电子产品世界,2016,23(Z1):9-12.

[46]李士宁,罗国佳.工业物联网技术及应用概述[J].电信网技术,2014(03):26-31.

[47]左培良,周琴,戴星.浅析智能工厂中的工业物联网技术[J].科技风,2019(8):88.

[48]耿翌卿.浅谈工业物联网技术的应用与发展趋势[J].数码设计(上),2018(12):226.

[49]刘伟民,黄冠,曹宏伟.工业物联网技术在煤化工企业户外大型设备监测中的应用研究[J].价值工程,2019,38(31):176-177.

[50]薛素芹,李道真.基于工业物联网技术的配电智能化系统设计及应用[J].通信电源技术,2020,37(14):117-119,122.

[51]陆正卿,方维岚,李娴.物联网技术在工业自动化方面的应用研究[J].数字技术与应用,2021,39(2):80-82.